INÚTIL POESIA

LEYLA PERRONE-MOISÉS

Inútil poesia

e outros ensaios breves

COMPANHIA DAS LETRAS

Capa
João Baptista da Costa Aguiar
sobre *Biblioteca* (1949), óleo sobre tela de Maria Helena Vieira da Silva.
Paris, Musée National d'Art Moderne, Centre Georges Pompidou.

Preparação e índice onomástico
Carlos Alberto Inada

Revisão
Carmen S. da Costa
Beatriz de Freitas Moreira

Dados Internacionais de Catalogação na Publicação (CIP)
(Câmara Brasileira do Livro, SP, Brasil)

Perrone-Moisés, Leyla
Inútil poesia e outros ensaios breves / Leyla Perrone-Moisés ;
— São Paulo : Companhia das Letras, 2000.

ISBN 85-359-0052-X

1. Crítica literária 2. Ensaios brasileiros I. Título.

00-3680 CDD-869.945

Índices para catálogo sistemático:
1. Ensaios : Século 20 : Literatura brasileira 869.945
2. Século 20 : Ensaios : Literatura brasileira 869.945

[2000]

EDITORA SCHWARCZ LTDA.
Rua Bandeira Paulista 702 cj. 32
04532-002 — São Paulo — SP
Telefone (11) 3846-0801
Fax (11) 3846-0814
www.companhiadasletras.com.br

Em memória de Decio de Almeida Prado

Sumário

Prólogo

Neste livro estão reunidos alguns dos mais de duzentos textos curtos que tenho escrito ao longo dos anos. São artigos de jornal, apresentações de livros, comunicações em encontros nacionais e internacionais, resenhas publicadas na revista *La Quinzaine littéraire*, de Paris.*

A forma breve sempre me agradou nos textos dos outros, e me seduziu como desafio de escrita pessoal. O máximo no mínimo, a complexidade na simplicidade, é o que me fascina nos melhores poetas e críticos. Tendo sido jornalista cultural antes de ser professora universitária, espero ter aprendido algo da arte de condensar a

* Indico em nota de rodapé os lugares, veículos e datas da primeira apresentação ou publicação dos textos incluídos neste volume. Os títulos nem sempre correspondem aos que foram conferidos pelos jornais; mas são aqueles que eu lhes dei originalmente, e agora recupero. Também corrigi alguns cochilos e omissões, dos jornais ou meus. No caso de comunicações em congressos e colóquios, os textos figuram aqui na forma em que foram apresentados oralmente, e não na forma mais extensa enviada para a publicação em atas.

informação e de me dirigir a um público ampliado, culto mas não necessariamente especializado.

Sempre considerei que a publicação de artigos na imprensa cultural é um serviço que os professores universitários podem e devem fornecer à comunidade. Não vejo nenhuma incompatibilidade entre a especialização e a clareza de estilo, nenhuma diferença essencial entre os alunos presentes na sala de aula e os leitores de suplementos culturais (exceto que esses últimos, espontâneos, são mais interessados e exigentes). As respostas de uns e de outros têm sido minha maior motivação.

Os textos aqui reunidos datam das duas últimas décadas, com exceção daquele dedicado a Francis Ponge. O motivo da inclusão desse artigo de 1969 é o fato de só nos últimos anos Ponge ter tido todo o reconhecimento que merece, e de estar sendo agora abundantemente traduzido e comentado no Brasil. Para esta publicação, o texto foi não reescrito, mas retocado, para não destoar demasiadamente dos outros, de escrita mais recente.

As seções que compõem o sumário espelham fielmente meus interesses e meu âmbito de atuação como crítica literária: a literatura francesa, por ser a área de minha especialização acadêmica; a literatura portuguesa, por ser a de minha língua; a literatura brasileira, por ser a de meu país e por eu ter tido a possibilidade de divulgá-la fora dele; a reflexão teórica sobre a crítica literária e o ensino da literatura, porque um crítico e professor que não reflita sobre as bases teóricas e os objetivos de seu trabalho é um amador ou um mero funcionário.

Tendo peneirado os textos que escrevi, reli os que ainda me pareciam ter algum interesse ou graça, e verifiquei algumas teimosias com relação a certos tópicos de literatura e certos autores que os ilustram. Dentre as recorrências, a principal talvez seja a da definição da poesia como "palavras certas" ou "signos motivados", o que repousa numa concepção da linguagem não como representação do real ou revestimento transparente de conteúdos preexistentes, mas como reinvenção do mundo e instauração de sentidos. Dessa concepção, decorre meu ceticismo com relação ao "realismo", correlato da recusa de uma leitura baseada exclusivamente no referente, no contexto ou na ideologia. Considerando que "poesia" é trabalho de linguagem que pode ocorrer em qualquer gênero literário, são também constantes minha desconfiança da pura inspiração e a insistência no conhecimento do ofício: trabalho do texto, pelo escritor, e cultura literária, no exercício da crítica.

É com muito gosto que procuro mostrar as ambigüidades, as contradições e os paradoxos dos grandes escritores, os seus "nós" (metáfora recorrente em meus textos), para contestar as leituras monológicas, piedosas ou politicamente corretas. A literatura é arte (perdão pelo truísmo); como representação, expressão ou documento histórico-ideológico, a obra literária pode servir a outras disciplinas; mas a crítica literária, embora necessite de apoio em outras disciplinas, é em primeiro lugar crítica estética. Mesmo em suas formas mais fantásticas e "artificiais", a literatura não se separa do mundo; entretanto, sua relação com ele é indireta, filtrada por inúmeras mediações. Seus efeitos sobre o real também são indiretos, incomensuráveis em termos práticos, mas sensíveis em termos de valorização da práxis. Daí sua "inutilidade" e sua indispensabilidade. Daí, também, a possibilidade de inverter o percurso determinista que vai do mundo à obra, e de ler certos dados biográficos dos escritores como extensões de suas obras, o que por vezes faço.

Os autores que habitam meu discurso, como entidades tutelares, são Lautréamont, Pessoa, Baudelaire, Mallarmé, Flaubert, Barthes, Guimarães Rosa. Eles aparecem aqui a torto e a direito, quando se espera (Baudelaire em Cesário Verde, Pessoa em Saramago), e quando menos se espera (Lautréamont em Flaubert, Flaubert em Carlos Sussekind, Pessoa em Ponge ou em Raul de Leoni etc.). Assim, mesmo que originalmente esparsos, separados por anos ou países, estes textos se interligam, senão numa coerência pontificante, que não pretendem ter, pelo menos numa insistência amorosa.

Mais não direi, porque um prólogo longo não condiz com ensaios breves.

L. P.-M.

I
ALGUNS FRANCESES

La Fontaine, a borboleta do Parnaso*

Ele se auto-intitulava "a borboleta do Parnaso", e dizia, parafraseando Platão: "Eu sou coisa ligeira e vôo à toa, de flor em flor e de objeto em objeto". Num século de pompa e circunstância, La Fontaine tinha a delicadeza de não se levar a sério. Subestimava seu talento, pretendia apenas divertir seus ouvintes contando historinhas rimadas. Também afirmava ser muito preguiçoso: "Só tive duas ocupações em minha vida, dormir e não fazer nada". Muito malandro é o que ele era, porque nada do que dizia era verdade. A leviandade alegada era uma maneira de passar à margem do poder e conservar sua independência. A pretensa preguiça é desmentida por uma obra extensa e trabalhada nos mínimos detalhes.

Assim como enganou seus contemporâneos, enganou também a posteridade. Passou a esta como um amável velhinho contador de fábulas para crianças. Na verdade La Fontaine é, em muitos momentos, amargo e feroz, inclusive com relação às crianças, que

* *Mais!*, *Folha de S.Paulo*, 9/4/1995. Comemoração do tricentenário da morte do escritor.

ele não apreciava tanto assim. "Essa idade é sem piedade", observa ele em "Os dois pombos"; e em vários textos caracteriza os meninos como *fripons* (delinqüentes). Alguns leitores não acreditaram nessa fábula do bom velhinho. Rousseau denunciou-o como um autor de má influência para a infância, pelo pessimismo e pelo cinismo de sua moral. Valéry contestou sua imagem de "sonhador distraído", e considerou-o como um grande artista, um poeta que sabia tudo de seu ofício.

O século de La Fontaine, não por acaso chamado de *grand siècle*, desenrolou-se todo à luz (ou à sombra) do Rei Sol, Luís XIV. Este favoreceu um extraordinário florescimento das artes do espetáculo (teatro, música, dança) e da decoração, também concebida como cenografia (arquitetura, pintura, paisagismo). Com a condição de que o ator e o espectador número 1 fossem ele mesmo. Das boas graças do rei dependia a subsistência de todos os artistas. La Fontaine conseguiu, com muito jeitinho, cair fora do grande teatro de Versalhes, e sobreviver muito bem, apesar de tudo. Em sua mocidade, tivera uma experiência que o marcaria para sempre. Essa experiência poderia ser contada como uma fábula.

Um jovem Rei Leão foi convidado, por seu ministro Raposa, a um jantar na casa deste último. Quando chegou lá, viu um palácio maravilhoso, com um jardim de sonho, provido de lagos e fontes, grutas e estátuas deslumbrantes, tudo muito mais bonito do que na casa do rei. O jantar foi servido e era muito melhor do que os que o rei oferecia. A noitada contou ainda com espetáculos apresentados por novos artistas que o monarca nem conhecia. Em vez de sair agradecido, o rei saiu furioso. Como é que esse ministro ousava viver melhor do que ele? E com que dinheiro, ele que era ministro das Finanças, mantinha tudo isso? O Rei Leão mandou então prender o ministro Raposa, pelo resto de seus dias, confiscou tudo o que era dele e contratou todos os seus artistas para construírem e entreterem um palácio maior, destinado a ele mesmo. Moral (cínica) da história: come bem quem come quieto.

Essa história aconteceu, exatamente como narrei, com o ministro Fouquet e Luís XIV, e os palácios respectivos são Vaux-le-Vicomte e Versalhes. Ora, La Fontaine era um dos artistas protegidos por Fouquet, e o poeta nunca perdoou o rei. Mas como também aprendeu a lição, tratou de não o demonstrar demasiado. Passou a viver sob a proteção de grandes damas (Madame de la Sablière, Madame d'Hervart) em seus castelos longe da corte, ao mesmo tempo que assegurava, nesta, a simpatia de outras damas poderosas (Madame de Thiange, Madame de Montespan), que acalmavam o rei quando este se lembrava do impertinente fabulista.

Assim, longe das patadas do Leão, podia escrever coisas como esta: "Defino a corte como um lugar onde as pessoas, tristes, alegres, dispostas a tudo, a tudo indiferentes, são aquilo que agrada ao príncipe ou, se não o podem ser, tratam ao menos de o parecer. Povo camaleão, povo macaco do dono, dir-se-ia que um espírito anima mil corpos. É aí que as pessoas são simples mecanismos". E a moral da fábula é a seguinte: "Divirtam os reis com sonhos, bajulem-nos, ofereçam-lhes amáveis mentiras. Por maior que seja a indignação que encha seus corações, eles morderão a isca, e vocês serão seus amigos".

Ninguém, naquele momento, ousava publicar uma crítica tão dura ao rei e aos cortesãos. Mas, como tudo isso está numa fábula ("O enterro da Leoa"), passava. Também está expressa nesses trechos, como em outros, a gênese das fábulas, que era a observação dos homens de seu tempo e sua animalização (leões, camaleões, macacos). E, no fim do primeiro texto citado, uma alusão a Descartes, que pretendia serem os animais simples mecanismos.

La Fontaine humanizou os animais, mas foi um atento observador dos bichos de verdade, cuja aparência e movimentação ele sabia captar em poucos traços. Tendo herdado de seu pai a poética profissão de "mestre das águas e das florestas" (guarda-florestal), passou grande parte de sua vida no campo. Assim a natureza, praticamente ausente da literatura francesa de seu século, aparece sob todos os seus aspectos em sua obra. Pela mesma razão, nela aparecem também os camponeses, os vilões, os artesãos, os moleques, toda aquela gente humilde excluída da corte e das obras aristocráticas.

La Fontaine ficou célebre por suas *Fábulas*. Mas cultivou outros gêneros, como os *Contos*, de fundo erótico e inspirados de Boccaccio, ou a poesia lírica elevada, como em *Adonis*. Foi o único grande autor francês do século XVII que não escreveu para o teatro. No entanto, suas fábulas são um pequeno teatro com animais-atores extremamente expressivos e diálogos dotados de uma vivacidade dramática. Todas as características da arte de seu século se encontram nessas fábulas: a obediência à regra maior, que era a de agradar ao público; a análise aguda e pessimista dos comportamentos humanos; a moral baseada na prática social e no equilíbrio pessoal. Em La Fontaine há um pouco das crônicas de Saint-Simon, algo das comédias de Molière, alguns alexandrinos sublimes como os melhores de Racine, certas máximas dignas de La Rochefoucauld, numa mistura que era só dele.

Embora a grande maioria de suas fábulas fossem apenas novas versões de fábulas antigas, do grego Esopo ou do indiano Pilpay, o adjetivo que seus contemporâneos mais usaram a seu respeito foi *original*. Assim o qualificaram, entre outros, La Bruyère e Perrault. Toda a originalidade de La Fontaine está na sua maneira de dizer. La Fontaine manejava a língua e a versificação com uma liberdade e uma facilidade que só se conseguem com muito talento e trabalho. O que foi reconhecido pelos mais atentos de seus leitores. Já no século XVIII, o crítico Marmontel dizia que ele possuía "a arte de dissimular a arte". O que Valéry reafirmaria: "a facilidade, o cúmulo da arte".

Os melhores momentos de suas fábulas são efeitos de concisão, de sugestão visual e de surpresa vocabular ou métrica. A mistura de registros discursivos ou de tipos de verso (o verso variado, precursor do verso livre) cria efeitos marcantes. Podemos nos esquecer da moral da fábula, mas não de suas personagens e falas, para sempre fixadas em palavras certas. Os versos de "A leiteira e o pote de leite" são saltitantes como a moça da história, leves e curtos como sua roupa estival; o canto inútil da cigarra está na onomatopéia contida em "ayant chanté tout l'été" (tendo cantado o verão todo); a tola pretensão do corvo já está no primeiro verso, "Maître Corbeau sur un arbre perché" (Mestre Corvo empoleirado numa árvore), pelo contraste entre o título de Mestre e a ridícula posição em que ele se encontra. E seu grasnido é evocado pela abundância de *r* no verso em questão.

La Fontaine detestava os gêneros longos, e buscava a brevidade. Isso faz com que corresponda a nosso gosto atual. Ele tinha todas as qualidades que Calvino propõe para a literatura do próximo milênio: leveza, rapidez, exatidão, visibilidade, multiplicidade. E algumas de suas fábulas orientais ou científicas o tornam um precursor dos modernos fabulistas, o próprio Calvino ou Borges.

Durante séculos, discutiu-se a veracidade e a moral de La Fontaine. Hoje, não tem a menor importância saber que a cigarra da natureza não "canta" e os corvos reais não comem queijo. E sua ética pragmática é mais facilmente aceita do que em seu tempo. Se suas fábulas passaram à posteridade, e continuam a ser apreciadas hoje como há três séculos, não é por seu conteúdo científico ou moral, mas por sua forma artística. Os franceses as sabem de cor porque elas contêm formulações notáveis, prazerosas ao ouvido e estimulantes para a imaginação. Se não me engano, isso ainda se chama poesia.

O silêncio de Rimbaud*

No dia 10 de novembro de 1891, morria num hospital de Marselha, aos 37 anos, o poeta Arthur Rimbaud. Na verdade, o poeta já havia morrido dezessete anos antes, por livre e espontânea vontade. Aquele que ali jazia era um negociante-aventureiro repatriado *in extremis* da Abissínia, com uma perna gangrenada.

A posteridade guardaria, assim, duas imagens do mesmo homem, tentando sobrepô-las ou articulá-las, para recuperar aquela unidade lógica que preside à nossa concepção do sujeito. A primeira imagem é a do gênio adolescente, inspirado, angelical e rebelde; a segunda é a do homem de ação, aventureiro, prático e passavelmente cínico. A transformação do primeiro no segundo não é difícil de explicar, quando se mantém a oposição arte × vida, e se concebem as duas de maneira romântica. A arte seria o canto puro e espontâneo do coração jovem, que se revolta contra o mundo em nome de um ideal, e a vida, a imersão silenciosa neste

* *Cultura, O Estado de S. Paulo*, 9/11/1991. Comemoração do centenário da morte do poeta.

"E tudo foi assim, porque

mundo impuro e real. Uma outra concepção, moderna, abole a oposição arte × vida e a antiga noção de "obra", para ver um prosseguimento da atividade artística na própria existência do poeta.

Os fatos conhecidos continuam, entretanto, dificultando toda e qualquer leitura articulada dessa vida-obra. O "anjo" era porco e mal-educado; o "rebelde" era o primeiro da classe; o "marginal" pedia a aprovação do *establishment* literário, que o reconheceu e homenageou de imediato; o "comunista" teria apenas usado essa máscara para fins interesseiros; o "aventureiro" posterior era um empregado exemplar, obediente, poupador e bastante aborrecido com a vida que levava; o "inimigo da família" compactuava com a mãe-megera para sabotar o casamento do irmão com uma mulher inconveniente; e assim por diante.

Rios de tinta correram, nesses cem anos, para explicar as contradições de Rimbaud, para dar uma visão coerente de sua trajetória humana e artística. Ele, intratável como sempre, não explicou nada. Desde que abandonou a literatura, aos vinte anos, depois de uma carreira fulminante, não disse nem escreveu nenhuma palavra que ajudasse à interpretação de sua obra ou de sua vida. Mas justamente esse silêncio se transformou na pedra de toque das especulações críticas, e no principal elemento da elaboração do "mito de Rimbaud".

Esse mito teve três grandes momentos, três ocasiões em que o poeta provocou interesse ou paixão. O primeiro momento foi o de sua morte, quando se tentou compreender o que significara sua passagem pela vida e pela literatura. O primeiro balanço foi feito por Mallarmé, que registrou suas impressões acerca de um homem inquietante (com olhos de anjo e mãos de lavadeira, ou talvez de carrasco) e sua certeza de ter presenciado uma aventura única na história da arte: "Brilho de um meteoro, aceso sem outro motivo a não ser sua presença, aparecido, sozinho e logo extinto". Em vez de interpretar o silêncio de Rimbaud, Mallarmé propunha mais silêncio: "Calemo-nos, enigmaticamente, e reflitamos, como se muito silêncio e, ao mesmo tempo, muito devaneio se impusessem, ou muita admiração inacabada".

O segundo momento de exaltação de Rimbaud foi o de sua recuperação pelos surrealistas. Dentro do espírito de capela do grupo, estes lhe dedicaram um verdadeiro culto, na qualidade de mago, de inimigo da razão e precursor da "escrita automática". O terceiro momento foi maio de 68, quando se cultuou um Rimbaud "hippie", antiburguês, andarilho, contracultura e esquerdista, que queria "mudar a vida" e "reinventar o amor". A imagem do poeta e algumas de suas frases apareceram, então, nos muros de todas as grandes capitais.

Depois que o sonho acabou, Rimbaud saiu de cena, continuando a ser cultivado apenas pelos que vivem no mundo dos livros. Agora ele volta à cena por razões de calendário. Mas tudo indica que o mito perdeu força. Nosso momento não é propício à exaltação dos traços do homem Rimbaud. Os adolescentes que cospem na cara das pessoas ou as ameaçam com facas estão hoje nos grupos neonazistas, e os traficantes de armas não provocam nenhuma simpatia. Assim, as especulações sobre os episódios da vida do poeta se tornaram menos passionais. Enquanto isso, seus textos passaram às antologias escolares. É portanto um bom momento para reler Rimbaud e pensar no que ele significa hoje.

Quando lhe perguntaram o que queria dizer em "Une saison en enfer" (Uma temporada no inferno), ele respondeu: "Quis dizer o que ali está dito, literalmente e em todos os sentidos". Nessa fórmula extraordinária, uma das muitas deixadas pelo poeta, está sintetizada a modernidade poética de que ele é um dos maiores representantes.

Na segunda metade do século XIX, o conceito de poesia sofreu uma transformação radical. Durante os séculos clássicos, a poesia era apenas uma entre outras formas de comunicação: uma forma codificada, submetida a certas normas técnicas e certos padrões ornamentais, cuja interpretação e fruição decorriam de um acordo entre o poeta e seu público, com base numa racionalidade e num bom gosto comuns. O romantismo fez da poesia o gênero por excelência, elevou-o acima de todos os outros, como palavra sagrada e profética. Buscando a expressão acima da representação, e abolindo as normas, o poeta romântico reduziu sua comunicação a um diálogo de almas escolhidas. A partir de Baudelaire, deu-se o passo a mais que constituiria a modernidade. A poesia não pretende mais, então, a simples primazia entre os discursos: assume-se como linguagem à parte, não comunicativa, hermética. Enquanto no classicismo a palavra poética tinha um valor representativo, e, no romantismo, um valor expressivo, na modernidade ela terá um valor em si mesma, tornar-se-á núcleo irradiador de sentidos infinitos, desafiando o leitor a dar prosseguimento ao ato criativo. Tudo isso está condensado na fórmula de Rimbaud. A literalidade, na poesia moderna, é a irredutibilidade da letra ao mundo, o fechamento da palavra no seu próprio universo, onde a imagem do real se estilhaça em mil parcelas de sentidos, possíveis mas jamais seguros.

Com Rimbaud, a modernidade atinge a plenitude, e o romantismo chega às suas últimas e irônicas conseqüências. Baudelaire, o último romântico e o primeiro moderno, concebeu a poesia como maldição e heroísmo, oscilando entre a culpa e o dandismo. Discípulo assumido de Baudelaire, Rimbaud conceberá a poesia como rebelião e vidência, sem nenhuma culpa e nenhuma concessão ao público.

Em três anos de criação, Rimbaud percorreu todas as fases da transformação da poesia, do classicismo à modernidade. A rapidez com que executou esse percurso, queimando etapas, faz com que percamos um pouco de vista o quanto este foi sistemático e consciente. O menino Arthur começou por uma sólida base clássica, arrebatando, no liceu, prêmios de composição poética em latim. Seus primeiros poemas, aqueles que enviou aos poetas de Paris como cartão de visita, eram uma demonstração de destreza no ofício, e de informação acerca do que agradava na capital, tanto do lado dos parnasianos consagrados como no dos novos decadentistas.

Já reconhecido e instalado nos meios literários, ele lhes apresenta o poema "Le bateau ivre" (O navio bêbado), onde as marcas de Hugo, Gautier, Baudelaire e do primeiro Mallarmé são surpreendentemente assimiladas a suas leituras de adolescente. O sonho de aventuras marítimas e ilhas exóticas é aí animado por peles-vermelhas de "incríveis Flóridas". O poeta não é mais o viajante mas o próprio navio, perdido e suicida. Visões grandiosas alternam com delicadas lembranças de infância, e o leitor vai sendo arrastado e sacudido nas sucessivas mudanças de tom. Mas essa imensa bebedeira verbal ainda está escorada em soberbos alexandrinos, e balizada pela divisão regular das estrofes e das rimas. Depois dessa performance espetacular, Rimbaud sentiu-se pronto para ultrapassar seus mestres e levar a poesia a mares nunca dantes navegados. "As invenções de desconhecido reclamam novas formas", declarou então.

Em "Uma temporada no inferno", ele abandona as formas tradicionais em proveito de uma prosa poética alquímica e alucinatória. "É preciso ser vidente, fazer-se vidente. O poeta se torna vidente por um longo, imenso e racional desregramento de todos os sentidos." Não se deve ver, nessa proposta, uma entrega à "inspiração" ou ao automatismo do inconsciente, como quiseram os surrealistas. Os delírios de Rimbaud são controlados, e suas visões, obtidas pela "alucinação das palavras". Sua "ópera fabulosa" resulta da prática desabusada da colagem e do intertexto, da mescla do discurso poético com "o latim de igreja", os "livros eróticos de má ortografia", os contos de fadas, as canções populares, os manuais escolares.

É a partir daí que Rimbaud se torna um fantástico manipulador de imagens e de ritmos, o criador de um novo lirismo que ganha força impressiva por ser antiexpressivo e despersonalizado. "Eu é um outro", declara o poeta, cifrando em mais uma fórmula seu conhecimento dos fingimentos implicados na linguagem poética, e dos ganhos imaginativos auferidos com o abandono do eu confessional.

Finalmente, nas "Iluminações", Rimbaud vai ainda mais longe. Sua linguagem se afasta definitivamente tanto da "velharia poética" como da linguagem corrente. A sintaxe é subvertida, e o leitor é guiado apenas pelo ritmo encantatório das frases. As imagens evocadas já surgem associadas, sem que se conheçam os passos que levaram à aproximação. A associação livre cria uma comunicação extra-racional, com zonas obscuras que nos inquietam e zonas luminosas que nos enternecem. Nesse fantástico universo de "vertigens fixadas", ora assistimos a cenas cósmicas — geleiras que desmoronam sob o fogo dos vulcões, astros que se chocam no infinito —, ora à ingênua dança de um adolescente numa campina estival despertada pela aurora. Subjacente a todas essas cenas, como um refrão, o horror declarado por tudo o que é velho, e o anúncio profético de um tempo em que as almas não estarão mais à venda e a voz feminina da poesia se fará ouvir sobre os escombros.

E, depois dessa explosão, o silêncio. Um dos melhores críticos franceses, Jean-Pierre Richard, interpreta esse silêncio como um malogro do projeto paradoxal de construir destruindo; Rimbaud não teria, afinal, encontrado a linguagem total e instantânea que buscava. Outros críticos invocam a decepção do poeta com uma

Europa de revoluções sufocadas e guerras estúpidas; só não explicam por quê, em vez de se refugiar na literatura, como outros, ele a jogou fora com o resto. Nunca teremos a certeza. Mas prefiro ver, nesse silêncio, o fim natural de um percurso realizado. Rimbaud declarava que era necessário ser "absolutamente moderno". Ele o foi. Para além de certo extremo, por ele tocado, tudo estava fadado a ser "pós". Seu silêncio pode ser lido como a intuição precoce de que o suicídio da arte estava previsto no próprio programa da modernidade, condenada à repetição exaustiva da negação. No arrebatamento inaugural da modernidade, ele decidiu calar-se, recusando, de antemão, a "tradição do novo". O impacto revolucionário de seu texto permaneceu assim inteiro, e este, cem anos passados, absolutamente moderno.

No caminho da rebeldia verbal, do lirismo desencadeado, das "imagens em liberdade" e da polifonia dissonante, não era possível ir mais longe do que ele foi. Restavam, felizmente, outros caminhos à poesia, como a calma explosão da sintaxe realizada por Mallarmé e a definitiva implosão do sujeito, efetuada por Pessoa.

A inútil poesia de Mallarmé*

Há alguns anos, dei um curso sobre Mallarmé a estudantes do quarto ano de graduação em letras. Quando lhes mostrei, pela primeira vez, "Um lance de dados", a reação de um grupo foi forte. Primeiro, eles ficaram espantados; depois trocaram comentários, abanaram a cabeça e começaram a rir. Uma das alunas bateu o dedo na testa, querendo dizer: "É doido". Quem se espantou, então, fui eu. A resistência daqueles alunos, leitores presumidamente especiais por terem escolhido o curso de letras e por estarem no fim de sua formação, obrigou-me ao que me parecia dispensável: defender o poema de Mallarmé.

Os poemas românticos, sentimentais, não encontram tal resistência entre os leitores. Todos têm sempre um tempinho a perder, comparando a experiência existencial do poeta com as suas, projetando-se nela. O mesmo quanto a poemas que defendem causas políticas ou comemoram eventos. Victor Hugo louvando paternalistamente os pobres ou Castro Alves defendendo os escravos são

* *Folha de S.Paulo*, 13/3/1992.

sempre bem aceitos. Porque, nesses casos, a poesia "serve para alguma coisa", e, assim sendo, as excentricidades desse tipo de linguagem (métrica, rima, palavras raras e sonoras) podem ser toleradas. Em nossa sociedade, tudo tem de ter serventia ou trazer lucro. Já dizia Baudelaire que Hugo era benquisto pela burguesia porque oferecia uma lição de moral como forma de lucro. E Barthes observava que o ator de teatro que chora e sua muito em cena faz sucesso porque o espectador sente que o dinheiro do ingresso foi bem compensado. Ora, quando disseram a Mallarmé que ele não chorava em seus versos, o poeta respondeu: "Também não me assôo neles". Um poema como "Um lance de dados" dá trabalho ao leitor e não lhe oferece nenhum prêmio imediato, de prazer narcísico ou de informação prática. E é sobretudo essa falta de compensação, mais do que a dificuldade de leitura, que cria a resistência dos leitores.

O emprego de diferentes tipos gráficos e do branco da página não é, de modo algum, estranho aos leitores de hoje. O jornal, o cartaz e o anúncio fazem largo e cotidiano uso desses recursos. Mas no poema essas coisas funcionam de modo mais difícil, objetavam meus alunos renitentes. De fato, para começar a entender "Um lance de dados" é preciso descobrir que determinadas palavras, ou blocos de palavras, impressos em determinados tipos, atravessam o texto todo, formando frases autônomas; que essas palavras também funcionam, criando outros sentidos, com as que as cercam e são de outro formato; que o branco está no lugar do silêncio, e que esse silêncio não é quieto; que o texto pode ser lido na vertical como na horizontal; que uma página justaposta a outra não é, aí, apenas uma contingência de encadernação etc. Tudo isso é de fato complicado.

Mas será mesmo tão difícil? Nossa vida cotidiana está cheia de impressos extremamente complicados, cuja decifração exige o domínio de códigos complexos. Um extrato de banco ou o formulário de imposto de renda, por exemplo. O jornal cotidiano também exige mais proficiência do que a simples alfabetização. Sabemos que ele não precisa ser lido na ordem, da primeira à última página, mas permite uma leitura salteada ou diagonal. Que podemos ler só o que está escrito em letras grandes, isto é, as manchetes. E ninguém estranha, e muito menos morre de rir diante deles, extratos, formulários ou notícias de jornal.

A grande diferença, que para o leitor comum justifica o esforço (tornado até imperceptível pelo hábito), é que todos esses impressos "servem para alguma coisa". E "Um lance de dados" é difícil sem ser prático. Uma vez decifradas as frases que atravessam o poema, verificamos que elas não nos informam nada de útil, e nem ao menos têm um sentido seguro. A diferença, pois, que enfarruscou meus alunos de letras, não é tanto a dificuldade quanto a utilidade presumida.

Ora, se nos dispusermos a "perder tempo" e penetrar no que o inútil poema nos diz, é toda a utilidade dos outros impressos que será posta em causa. E até mesmo a sanidade mental dos usuários dos impressos úteis. Afinal, será realmente sensato e necessário, para vivermos plenamente a única e breve vida que nos é dada, passarmos tanto tempo às voltas com esses impressos? Comparemos: CH COMP T 1O7242 19.000 D é mais sério do que O NÚMERO EXISTIRIA COMEÇARIA E CESSARIA CIFRAR-SE-IA ILUMINARIA? (Preciso dizer que a primeira fórmula pertence a um extrato bancário, e a segunda a Mallarmé, em tradução de Haroldo de Campos?) E uma manchete qualquer de jornal é mais verdadeira e esclarecedora do que UM LANCE DE DADOS JAMAIS ABOLIRÁ O ACASO? Ainda mais: as fórmulas de Mallarmé não seriam, exatamente e de viés, um questionamento do extrato bancário e das notícias do jornal?

Chegamos então ao X do problema, que é uma questão de valor. Não podemos responder seguramente às perguntas acima formuladas porque as fórmulas comparadas pertencem a linguagens com função e objetivo evidentemente diversos. Também não podemos afirmar de imediato a superioridade qualitativa do poema, a menos que nos apoiemos em valores absolutos como o Espírito, o Ideal ou a Beleza. Ora, mesmo que não se afirme *a priori* a qualidade superior do impresso-poema, podemos afirmar que ele tem uma superioridade sobre os outros: ele coloca a questão do valor, de seu próprio valor e de todos os outros textos que consumimos passivamente, sem duvidar de nada. Por sua própria "inutilidade", o poema nos obriga a repensar a "utilidade" dos outros impressos.

Usando as palavras com outros fins que não os práticos, sendo um "inutensílio" (Paulo Leminski), o poema põe em questão a utilidade dos outros textos e da própria linguagem. Afirmando coisas inverificáveis, irredutíveis a um referente, o poema questiona a verificabilidade e a referencialidade das mensagens que nos chegam cotidianamente. O poema vem lembrar, imperiosamente, que tudo é linguagem, e que esta engana. Que a linguagem está o tempo todo fingindo-se de transparente, de prática e de unívoca, e nos enreda num comércio que nada tem de essencialmente verdadeiro e necessário.

Não por acaso Mallarmé comparou a palavra à moeda que passa de mão em mão e se gasta, perdendo o relevo e o brilho. Banalizada e desgastada no manuseio cotidiano, a linguagem perde seu valor-ouro e adquire um mero valor venal. Contaminadas pelas relações econômicas, todas as relações humanas, trocadas no miúdo da fala, se corrompem e se desgastam. A função do poeta moderno, assumida exemplarmente por Mallarmé, é opor-se a esse comércio aviltante, e propor a utopia de outras trocas linguageiras. Seu trabalho consiste em "dar um sentido mais puro às palavras da tribo", fazer com que elas, em vez de funcionar apenas como valores de representação da realidade, instaurem uma realidade de valor.

Essa é a alta função dos poetas, aqueles inúteis, aqueles doidos que passam seu tempo tirando as palavras da circulação normal, para lustrá-las e ilustrá-las num outro circuito, mais livre e essencial. E essa função — crítica, restauradora, utópica — obriga-nos a repensar o ainda tão malvisto hermetismo, a tão malfalada "torre de marfim" dos poetas da modernidade. Há mais de cem anos se têm condenado aqueles "elitistas" e "alienados", que voltaram as costas para as questões "sérias" de seu tempo e, aristocraticamente, ficaram brincando com seus bibelôs sonoros, enquanto a História urgia e rugia: Poe, Baudelaire, Mallarmé, Pessoa e *tutti quanti.*

Aos racionalistas incomoda o vago da linguagem poética, sua ausência de sentido imediato, claro e fixo. Como se isso fosse um luxo indecente, um atentado contra a humanidade, que necessita de respostas concretas e soluções rápidas. O que esses críticos não vêem é que a abertura do sentido, na poesia, é um luxo doado a todos os homens, o direito a todos os desejos e a todos os futuros, a contracorrente do sentido único da ética oficial, dos governos e das finanças.

As "torres de marfim" em que se fecharam os poetas da modernidade foram uma reação, nunca um reacionarismo. Sua atitude não era de fuga, mas de protesto contra uma sociedade utilitarista, uma ciência arrogante e uma literatura naturalista. Mallarmé ocultou-se sob a modesta condição de professor de inglês para dedicar-se, nas horas vagas, ao escândalo de sua sintaxe. Semelhante a ele, Flaubert, o ermitão de Croisset, que trabalhava a prosa como se fosse poesia, decidiu passar os seus dias pesando as palavras de uma única frase. Ambos tinham plena consciência da escolha que faziam, da recusa que ela implicava e do repúdio que sofreriam.

Mallarmé afirmava: "A poesia é um edifício estranho ao resto do mundo". O que não era vivido por ele como uma festa, mas como uma condição assumida: "Tristeza de que minha produção fique, para estes, por essência, como as nuvens ao crepúsculo ou as estrelas, vã". E escrevia a Verlaine, em novembro de 1885: "No fundo, considero a época contemporânea um interregno para o poeta, que a ela não deve se misturar: ela está por demais caduca e em efervescência preparatória para que ele tenha outra coisa a fazer senão trabalhar em mistério, com vistas a mais tarde ou a jamais".

Neste outro fim de século, teremos já saído da caducidade e da "efervescência preparatória" de um tempo hostil à inútil poesia? Na mesma época que Mallarmé, Hölderlin perguntava: "Para que poetas num tempo de indigência?". E respondia que, enquanto "uma cabeça ajuizada pondera lucros e perdas", o poeta "é o que permanece, o que traz o rastro dos deuses desaparecidos às trevas ínferas dos sem-deuses" (tradução de José Paulo Paes).

Mallarmé permanece exemplar. Tendo exercido a poesia como um sacerdócio, sua lucidez e sua integridade foram absolutas. Seu valor estético é hoje reconhecido; talvez ainda não tenha chegado o tempo de seu reconhecimento político, do reconhecimento da poesia como valor social. Lembremo-nos do que diz Roman Jakobson em *Questões de poética*:

> A obra poética, no conjunto dos valores sociais, não predomina, não triunfa sobre os outros, mas não deixa de ser o organizador fundamental da ideologia, constantemente orientada para esse objetivo. É a poesia que nos protege contra a automatização, contra a ferrugem que ameaça nossa formulação do amor e do ódio, da revolta e da reconciliação, da fé e da negação [...] É somente quando uma época acaba de morrer, e quando se dissolveu a estreita interdependência entre seus diversos componentes, é somente então que, do famoso cemitério da história, se levantam, acima de toda espécie de velharias arqueológicas, os monumentos poéticos.

A obra de Mallarmé é um desses monumentos.

Villiers de l'Isle-Adam: a vida como arte*

Em 1886, Villiers de l'Isle-Adam publicou o romance *A Eva futura*. Narra a história de um lorde inglês que vai procurar seu amigo Thomas Edison, nos Estados Unidos. O lorde conta ao cientista que pretende se matar. A razão de seu desespero: encontrara, finalmente, a mais bela das mulheres, fisicamente mais perfeita do que qualquer deusa imaginária. Mas essa mulher é irreparavelmente tola e vulgar, e o contraste é insuportável. Compadecido, Edison propõe-se a ajudar o amigo. Fabrica, com os novos recursos da ciência, uma andróide idêntica à beldade tola, e projeta nesta, com os velhos recursos da parapsicologia, a personalidade admirável de uma moribunda. Surge então Hadaly, a boneca viva que nenhuma mulher real poderia superar. *Hadaly*, em persa, quer dizer "ideal". O lorde apaixona-se por ela e adia o suicídio. Volta para a Europa levando as duas: a mulher e a andróide. Não vou contar o fim. Mallarmé, que uma vez fez o resumo desse livro, suspende-o dizendo: "Leiam, leiamos, é preciso, logo".

* *Jornal da Tarde*, São Paulo, 18/6/1983.

Fantástica mistura, para os leitores de hoje, da mais atual ficção científica com os requintes decadentes do fim do século passado. Hadaly, cujo corpo é constituído de milhares de circuitos elétricos, recobertos de uma matéria plástica idêntica à carne, é uma "replicante", um ser do futuro, que poucos ousavam imaginar no fim do século XIX. Mas seu visual é o daquele momento. A andróide de Villiers parece saída de um quadro de Gustave Moreau ou de Klimt: surge atrás de reposteiros de veludo carmesim e pele de pantera, os botões que a põem em movimento são seus anéis de rubi ou as pérolas de seu colar, e ela "dorme" numa urna de cânfora forrada de seda negra.

Os *Contos cruéis* de Villiers são igualmente notáveis. Pertencem, alternada ou concomitantemente, a vários gêneros, passados, presentes ou futuros. Alguns têm todos os ingredientes do folhetim romântico, outros são de um realismo exacerbado até a caricatura e outros, ainda, atingem um fantástico à altura de Edgar Poe. Certos contos são ficções científicas que o século XX tornou realidades. "A máquina de fazer glória" propõe um teatro dotado de uma aparelhagem elétrica que dispensaria a claque, já que risos e aplausos seriam reproduzidos artificialmente — exatamente como ocorre agora em alguns programas de televisão. Em "Cartazes celestes", Villiers sugere a utilização do céu para fins publicitários, o que os aviões e os raios laser tornaram perfeitamente viável. Outra proposta sua, "o aparelho para a análise química do último suspiro", parece até modesta diante dos avanços da medicina.

"Sombria narrativa, narrador mais sombrio" é o título de outro conto. Villiers não foi só um fantástico escritor; foi uma personagem que qualquer ficcionista gostaria de ter inventado, e que talvez só ele mesmo pudesse inventar. Quando ele morreu, escritores que o conheceram lançaram-se logo à tarefa de reinventá-lo tal qual fora. Mallarmé, Léon Bloy, Anatole France e outros escreveram retratos de Villiers. São textos que, sem mentir, dispensam a realidade; ficções com referente real.

Quem era, afinal, esse indivíduo capaz de fascinar Mallarmé e tantos outros? Jean-Marie Mathias Philippe Auguste de Villiers de l'Isle-Adam era descendente de uma das famílias mais antigas da França. Sua árvore genealógica remontava ao século XIII. A família arruinara-se com a Revolução Francesa, emigrara, voltara pobre e humilhada. O pai, o marquês Joseph, viveu desde então no delírio: procurava tesouros escondidos e vendia atestados falsos de nobreza.

Villiers gozava e sofria com o peso de seu nome quilométrico. Paranóico, proclamava-se "um dos maiores senhores de França", "mais nobre do que o rei". Vivia entretanto sem dinheiro e sofria de hipocondria. Alegando que um antepassado seu fora o fundador da Ordem de Malta, intentou um processo contra a Inglaterra para recuperar o que esse país roubara à sua família. Dirigiu-se a Napoleão III e ao papa, a fim de reivindicar para si o trono da Grécia; não foi recebido por nenhum dos dois. Enquanto isso, vagava pelas ruas de Paris, tentava vender textos aos jornais ou aparecia de surpresa na casa dos amigos, carregando uma mala quase vazia, com alguns lenços, uns pares de meia e uma cruz-de-malta.

Léon Bloy assim o descreveu:

> Na extremidade do último ramo de uma grande árvore eleita pelo raio, pende sempre um fruto de deleite ou pavor, no qual a essência preciosa faz escala, antes de desaparecer para sempre. Ele era uma súmula das genealogias reais, como aquelas que os manuais escolares fornecem: muitos séculos condensados, empilhados, comprimidos em algumas páginas. Na flagrância, nas torturas, seus menores gestos recuperavam imediatamente os antigos gestos de toda a sua linhagem, que morria de pé nos ventrículos de seu coração.

Seria necessário ter conhecido Villiers para descrever a "personagem"? A descrição do fictício Roderick Usher, por Edgar Poe, conviria perfeitamente a Villiers:

> Uma tez cadavérica; um olho largo, líquido e luminoso para além de qualquer comparação; lábios um tanto finos e muito pálidos, mas de uma curvatura insuperavelmente bela; um nariz de delicado modelo hebraico, mas com narinas largas que se aliam raramente a essa forma; um queixo finamente moldado, mas cuja falta de proeminência acusava uma falta de energia moral; cabelos de uma maciez e de uma fineza aracnídea; esses traços, acompanhados de um desenvolvimento frontal excessivo, criavam uma fisionomia que não se podia esquecer facilmente. ["A queda da casa Usher"]

Basta olhar um retrato de Villiers para comprovar a exatidão dessa descrição. Literatura? Vida? Será por acaso que Mallarmé designou o domicílio parisiense de Villiers como "uma alta ruína inexistente", onde ninguém o visitava, sugerindo a queda iminente e definitiva da nobre casa, como ocorre no conto de Poe?

Todos os contemporâneos de Villiers se referem à sua alta estatura e à sua magreza espectral, aos seus enormes olhos de um azul tão transparente que desconcertavam. E Mallarmé, evocando a silhueta de Poe, compara-a... à de Villiers: "Villiers de l'Isle-Adam, algumas noites, de redingote, jovem ou supremo, evocou com um gesto a sombra toda, silêncio". Segundo Mallarmé, era "o mesmo estado de rarefação em direção à beleza". Um conto de Villiers traz uma epígrafe de Poe: "Não há, em toda a região, castelo mais carregado de glória e de anos do que minha melancólica mansão hereditária". Originalmente, esse conto se chamava "El Desdichado", como o famoso poema de Nerval, e terminava assim: "Carrego em minha alma as riquezas estéreis de um grande número de reis esquecidos". Intertexto ou intervida?

A vida de Villiers comportou cruzamentos tão fascinantes quanto os entrelaçamentos literários de seus textos. Sua história pessoal é um admirável "conto cruel" onde as personagens coadjuvantes, como na *Eva futura*, têm nomes reais e ilustres. Villiers foi um daqueles excêntricos que, no crepúsculo do século passado, perseguia coisas dificilmente mencionáveis agora, sem a reserva prudente da ironia: o Ideal, a Beleza, a Arte. Decadente, tão decadente... Louco e marginal, pertencia àquele bando esparso de desajustados e anacrônicos — chegaram tarde ou cedo demais? — que arrastaram com nobreza seus trapos nas ruas das metrópoles burguesas e que, de tanto olhar para cima, caíram na sarjeta: Poe, Nerval, Baudelaire, Verlaine, Rimbaud. Outros dois, do mesmo bando, disfarçaram sua marginalidade e assumiram uma voluntária invisibilidade social: Flaubert, o solteirão da casa de campo, e Mallarmé, o professor de inglês. Como um pouco mais tarde aquele outro, correspondente comercial em Lisboa. Os franceses desse bando se conheciam, se reconheciam e se estimavam. Só não encontraram pessoalmente o irmão mais velho americano, e o mais moço português, por uma questão de tempo e espaço que um ficcionista como Villiers resolveria facilmente.

Aquele espaço-tempo francês da segunda metade do século XIX permitiu encontros reais absolutamente fantásticos. Em sua juventude, é bem provável que Villiers tenha cruzado o "desdichado" Nerval em alguma redação de jornal, e talvez tenham falado de sua paixão comum pelas árvores genealógicas (verdadeira, a de Villiers, falsa, a de Nerval). Que diferença fazia, se ambas eram historicamente espectrais e poeticamente verdadeiras?

Em 1859, Villiers conheceu Baudelaire na Cervejaria dos Mártires (75, rue des Martyrs). No olhar dos dois, talvez, o mesmo ódio candente dos reis humilhados, dos albatrozes mancos. Baudelaire aconselhou a Villiers a leitura de Poe. Numa outra ocasião, Villiers marcou um encontro com Flaubert, no Hôtel du Brésil (16, passage Dauphine). No olhar dos dois, talvez, o mesmo brilho fosco da necrofilia. Flaubert havia escrito: "Como gostaríamos de vê-la nua, e nua até o coração"; desejo realizado pelo Edison de Villiers, que abre o corpo da andróide para revelar seus segredos aos olhos ávidos do lorde. Que conversas sublimes ou repugnantes teria tido Villiers com o amigo Verlaine, em alguma mesa suja de café, entre cachimbadas e goles de absinto? A afinidade estava garantida. Verlaine havia escrito: "Eu sou o Império no fim da decadência". Em 1869, Villiers, que era também músico, foi hóspede de Wagner, na Alemanha. Precisamente nessa época, Nietzsche freqüentava essa casa. Que teria achado o filósofo daquele louco de outra espécie?

Mallarmé foi seu amigo mais constante e fiel. Certos encontros casuais de ambos, nas calçadas de Paris, ficaram fixados na prosa estranha do primeiro:

> Aonde corria ele, já, com um matinal fular em volta do pescoço? às paixões? só uma única ele conheceu, que o absorveu e venceu suas famosas forças, devido a este revés, a penúria — e foi a Literatura. A negócios, talvez? eis que não sorrio, e respondo: "Precisamente, sim, é isso". Estupefacientes negócios, fantasiosos, emaranhados, a realçar narrativas. Após um desses encontros súbitos na calçada, estilhaços como que de um vidro, de onde despencava a joalheria, o tom, ninguém o esquecerá, como se fosse estranho, e contrário ou ocioso, que ele estivesse vivo, com que dizíamos ao ouvido, entre os seis ou sete que éramos a conhecê-lo: "Vi Villiers!", e esta pergunta, infalivelmente: "Que disse ele?". O mesmo, em toda parte, ou o único, sobre o asfalto e em sua nuvem, esse personagem, enunciador de

maravilhosos discursos há pouco repercutidos, pelo menos gozava de sua situação, estrangeiro quase com as mesmas palavras, mais bem empregadas — ficava-se, tendo ele partido, certamente espantado como que pela grandiloqüência de um texto, em suspenso, exceto por não se perceberem, agora, no espaço, outras maiúsculas senão as das vitrines e dos anúncios.

Entre os amigos de Villiers havia outra estranha figura, que teve um papel oculto mas relevante na literatura de época: Charles Cros — poeta, matemático, orientalista, ocultista, físico, químico, inventor. Em seu laboratório, Cros inventava coisas como a fotografia colorida, o paleófono, precursor do fonógrafo de Edison, um aparelho com frases prontas para uso dos surdos-mudos e outras tantas maravilhas, oscilantes entre a ciência e a magia. Ali Villiers pode ter se extasiado em companhia de um adolescente curioso que, pela finura dos traços e a clareza do olhar, assim como pela elegância esfarrapada das roupas, tinha certas semelhanças com ele. Esse adolescente se chamava Arthur Rimbaud, e guardou muitas palavras oraculares de Cros para compor sua obra futura, *As iluminações*. Villiers, por sua vez, achou no laboratório do cientista muitas sugestões para sua *Eva futura*.

Ninguém levava a sério os grandiosos projetos de Cros. Este se indignava com a incompreensão, mas era dotado de tal senso de humor que encerrava suas queixas com gargalhadas, transformando ele mesmo suas experiências em grandes brincadeiras. O sombrio Villiers também tinha essa veia humorística e, se havia naquele laboratório algum aparelho para medir o teor das conversas, a agulha devia oscilar loucamente entre a Solenidade e a Farsa.

Em 1871, Villiers aderiu, efemeramente, à Comuna. Tendo morrido a tia que o sustentava, viu-se na miséria. Tentou a "operação casamento com uma rica herdeira inglesa", que falhou. Juntou-se, então, com a faxineira Marie Dantine, com quem viveu até a morte. Casou-se com ela *in extremis.* Mallarmé cuidou do enterro e, depois, da viúva e do filho, assim como de sua herança literária. Villiers tinha tantas dívidas, quando morreu, que seus pertences (entre os quais um piano) seriam confiscados pelos credores, se Mallarmé não tivesse tido uma boa idéia: fez o agonizante assinar um documento declarando que entregava tudo a ele, como pagamento de dívidas; depois da morte do amigo, Mallarmé doou tudo à viúva e ao filho. Um lance de dados pode mudar o acaso.

A herança que Mallarmé mais prezava não tinha preço, era a obra de Villiers. Este não fora apenas o protagonista de um cruel folhetim verídico, mas principalmente um grande escritor. Mallarmé não deixava por menos: "Um gênio! Assim o compreendemos". A figura humana de Villiers só adquire sua plenitude por desembocar na figura do Livro, e isso é o que, ao falar dele, seus amigos sublinharam. Léon Bloy o compara a "séculos condensados em algumas páginas"; Mallarmé fala dele como "um fólio vivo".

A descrição de Villiers por Mallarmé culmina, admiravelmente, num pormenor. Esse pormenor é o manuscrito, apresentado por Mallarmé como um acessório da vestimenta:

> A moda manda que um toque qualquer de brancura, lenço, luva, sei lá, ou alguma pálida flor de estufa interrompa a monotonia da vestimenta contemporânea: ele, dândi de outra maneira, tinha, uma vez por todas e ao abrigo das variações, escolhido sua insígnia, e foi fiel àquilo que o distinguia, efetivamente, dos outros: a página sobre a qual se escreve, evocatória e pura; pela metade ele a ocultava, e também a mostrava, com inquietude, até sentir uma interrogação amiga ali pousar e puxar, vitoriosa. [...] Entregue ao fato ignóbil do qual queria escapar, e certamente costeando hediondezas, era — presença do eterno e palpável germe da obra-prima em curso — o aviso ingênuo, junto ao coração, de que ele devia desertar certo revés

malévolo: as duas mãos tão orgulhosas, probas e intactas do homem agarravam-na como um talismã e opunham, à luz vinda de um duvidoso céu, vários signos certos, legíveis já em imortalidade, para salvar, tanto quanto a dignidade ameaçada, sua alma, sua antiga alma em que acreditava, a integridade constituída por seu pensamento, especial e magnífico. Ele partilhou a existência dos menos favorecidos justamente por causa dessa folha leve, interposta entre o resto e ele! Penso então nas armas da família e, principalmente, no fato de que esse papel, portado como um lírio, tenha desabrochado, legítimo e imaculado, naquela mão.

O manuscrito compunha, isolava, protegia, justificava Villiers, e o ressarcia de todas as humilhações. A folha coberta de "signos certos" era a senha que aqueles loucos trocavam entre si, enquanto os homens sérios passavam, de mão em mão, papel-moeda ou letras de câmbio. Como membros de uma sociedade secreta, permutavam aqueles papéis sem valor mercantil e que, para eles, eram sagrados.

Assim, Mallarmé enviou um dia a Villiers o manuscrito de *Igitur*. O destinatário, maravilhado, apressou-se a partilhar o encantamento com algum eleito. Munido de um tambor como acompanhamento, foi ler o poema para sua cozinheira, segundo ele "o ser mais digno". Assim, Mallarmé recebeu mais tarde o manuscrito de *Axel*, poema dramático de Villiers, cuja publicação póstuma o poeta providenciou em 1890. *Axel* tem por personagens dois amantes que se suicidam para curar-se do mal de existir. As semelhanças entre *Axel* e *Igitur* são claras: os heróis das duas peças buscam o absoluto filosófico, assim como seus autores buscavam o absoluto literário, no limite de abstração em que a linguagem se rarefaz, aspirando à brancura imaculada do papel e beirando o silêncio, raiz e termo de toda fala.

Mallarmé chegou mais perto desse ideal, e por isso foi maior poeta que Villiers. Não porque esse seja o único caminho da literatura, mas porque a realização se mede pelo projeto e pela descendência. Villiers era demasiadamente enfático, grandiloqüente, e teimava em misturar o Sonho com o Riso, o que incomodava Mallarmé. Este lhe aconselhou tirar muitas partes humorísticas da *Eva futura*, mas acabou aceitando a impureza do amigo e reconhecendo que "a conjunção de duas faculdades inimigas atesta uma inteligência soberana".

Quanto à descendência, a capacidade de suscitar continuadores, o papel de Mallarmé foi incomparavelmente maior do que o de Villiers. Mas a história da escritura oscila, trançada à da leitura. Talvez seja exatamente aquela impureza paradoxal de Villiers que lhe dê uma chance (diversa da de Mallarmé) de leitura atual. Além disso, depois de um século de demolição da intriga na ficção, parece renascer agora um desejo geral de ouvir histórias; e Villiers é um notável contador de histórias.

Afinal, em nome de que "essência" da literatura moderna elegeríamos uma única linha na história literária de nosso século? Também, em nome de que pureza textual limitaremos o texto ao livro? A vida de Villiers não pode ser "lida" como um romance, cujas personagens são os escritores franceses do fim do século XIX? Que na mesma cidade, na mesma época, pudessem encontrar-se tantos loucos geniais capazes de mergulhar "no fundo do desconhecido para buscar o novo" é o que parece, de repente, a mais fantástica das ficções.

Atualidade de Balzac*

Passados dois séculos desde seu nascimento, e um século e meio desde sua morte, Balzac resiste com espantoso vigor. Maior responsável pelo êxito do romance como gênero maior desde o início do século XIX, o autor da *Comédia humana* permanece novinho em folha. O tempo passou, a humanidade conheceu as maiores transformações de sua história em termos científicos e tecnológicos, a vida dos homens mudou em função dessas transformações; entretanto, ler Balzac é reconhecer, no passado, nosso presente. Um presente tão ou mais preocupante quanto aquele que ele retratou em seu tempo.

Nos dois últimos séculos, Balzac mereceu a atenção de grandes escritores, pensadores e críticos, confirmando sua importância e fixando determinadas leituras de sua obra. Para lembrar apenas alguns daqueles que o admiraram e sobre ele escreveram, podemos citar Victor Hugo, Flaubert, Zola, Dostoievski, Tolstoi, Gorki, Marx, Engels, Proust, Lukács, Curtius, Auerbach, Adorno, Zweig,

* *Mais!*, *Folha de S.Paulo*, 16/5/1999. Comemoração do bicentenário do nascimento do escritor.

Blanchot, Barthes, Butor. Alguns juízos se firmaram, tornando-se lugares-comuns da crítica balzaquiana: a criação de um gênero literário que continua sendo imitado ou contestado até os dias de hoje; a acuidade do olhar do romancista sobre a realidade circundante, capaz de captar ao mesmo tempo os grandes conjuntos e os pormenores mínimos; a capacidade de invenção ficcional, insuperável em número de personagens e variedade de intrigas; a importância da obra como documento sociológico e mesmo como fundadora das ciências sociais.

Balzac é aquilo que se pode chamar um monstro literário. Se considerarmos que a *Comédia humana* se compõe de mais de oitenta narrativas, contando histórias diferentes e interligadas, chegamos à seguinte observação, que nos assusta e encanta: se lermos dois livros de Balzac por ano, teremos leitura para mais de quarenta anos de nossas vidas! Isso não deve assustar, mas alegrar aqueles que ainda não começaram, porque ler Balzac não é uma tarefa tediosa; muito pelo contrário, seus livros não nos caem das mãos, mas nos prendem desde a primeira frase até a última. Esses livros todos foram escritos num período de vinte anos, o que constitui um feito atlético por si só admirável, não fosse ainda mais admirável a qualidade desses livros.

As qualidades do romance balzaquiano não são definíveis a partir dos parâmetros da alta literatura moderna, e nem mesmo de um ponto de vista apenas literário. Balzac é um escritor impuro, imperfeito, desigual, anterior à elevação da escrita literária à categoria de atividade à parte e acima da vida cotidiana, como ocorreria mais tarde com Flaubert e Mallarmé. Ele foi um escritor profissional, no sentido literal da expressão. Encarando a literatura como profissão, criou a Société des Gens de Lettres e esboçou a primeira lei francesa de proteção aos direitos autorais. Os objetivos visados por ele, ao se lançar em sua grande empresa literária, nada tinham de transcendente. Eram objetivos muito práticos e pessoais: sair da condição de jovem burguês anônimo vindo da província, tornar-se conhecido (o que ele conseguiu, acrescentando ao seu nome a partícula nobiliária *de* e alcançando a fama com sua obra), ganhar dinheiro (o que em parte alcançou) e conquistar mulheres da alta sociedade (o que ele realizou, sendo amante de aristocratas e casando-se com uma condessa). Na busca desses objetivos, passou a sua vida às voltas com problemas financeiros e de autopromoção, que o impeliam a escrever abundantemente, até a exaustão final.

Balzac poderia ser uma personagem típica da *Comédia humana*, um Rastignac, por exemplo. Como todos os jovens burgueses do início do século XIX, ele era fascinado pela figura de Napoleão, modelo do *self-made man* que conquistou a ascensão social e o poder de forma fulgurante. "O que ele fez com a espada, eu farei com a pena", declarou o jovem escritor, mais atinado do que tantos outros de seus contemporâneos, retratados por Stendhal na figura de Julien Sorel. Enquanto este confiava apenas em seu charme e aspirava somente a um bom casamento, Balzac apostou no caminho burguês do trabalho. Foi como ganha-pão que ele escolheu a literatura, profissão que lhe trouxe mais glória do que dinheiro e que acabou por matá-lo.

Balzac viveu num período de agitação política e grandes transformações sociais, que foi registrando "ao vivo" em sua obra, como um super-repórter. Diferentemente de seus contemporâneos românticos, ele não buscou nenhuma evasão temporal ou espacial, mas fez do que via e vivia a matéria de seus romances. Nascido no ano do 18 Brumário (ascensão de Napoleão ao poder), e falecido logo após a Revolução de 1848, ele testemunhou o Império, a Restauração da monarquia e a Revolução de 1830, que efetuou um pacto entre a monarquia formal e a burguesia reinante de fato. Sua primeira obra importante foi publicada exatamente em 1830, quando o ministro do Interior de Luís Filipe lançava o lema "Enriqueçam!", e seu ministro das Finanças dizia: "O reino dos banqueiros começa". Era o início do período em que a sociedade teria o dinheiro como valor maior, buscado por todos os meios, lícitos ou ilícitos. Em *A prima Bette*, Balzac caracteriza o dinheiro como "o único deus moderno no qual se tem fé".

A imensa maioria das histórias de Balzac termina com a vitória dos maus, dos mais fortes e mais espertos, e a derrota das personagens boas e honestas. Na sociedade burguesa que então se redesenhava, ele detectou claramente quais seriam os vencedores e quais os perdedores. Entre os primeiros está o banqueiro Nucingen, que fez fortuna graças a várias falências programadas, grandes calotes e jogos com papéis podres. Conseguindo burlar as leis e parecendo sempre muito honesto, Nucingen foi ampliando a circulação de seus títulos até "a Ásia, o México e a Austrália, entre os selvagens" (*A casa Nucingen*). Também são vencedores os políticos manipuladores da nova ordem social (de Marsay), os caça-dotes, os inescrupulosos de toda espécie, os jornalistas venais que se assumem como "vendedores de frases" (*As ilusões perdidas*), os advogados que se fazem cada vez mais necessários para garantir fortunas e encobrir falcatruas. Um desses advogados, o eficiente Derville, acaba por se retirar no campo, enojado de tudo o que viu passar por suas mãos: "Escritórios de advocacia são esgotos que ninguém pode limpar" (*O coronel Chabert*). Entre os perdedores estão todos os que apostaram em sentimentos e ideais: o amor (o Pai Goriot, Eugénie Grandet, Madame de Mortsauf, Paul de Manerville e outros), o conhecimento metafísico (Louis Lambert), a honra militar (o coronel Chabert), a perfeição artística (o pintor Frenhofer, de *A obra-prima desconhecida*). Muitas das vítimas do sistema são mulheres, manipuladas como valores de troca ou sufocadas no casamento, instituição que a marquesa de Aiglemont define como "uma prostituição legal" (*A mulher de trinta anos*).

A obra de Balzac é irregular em sua fatura. A *Comédia humana* foi escrita atabalhoadamente, num ritmo de produção industrial, sem tempo para muitas releituras e revisões. Os estudos recentes de seus manuscritos provam, entretanto, que, como todos os grandes escritores, ele era um eterno insatisfeito, que buscava sempre o aperfeiçoamento, retocando seus manuscritos, as provas e mesmo as páginas já impressas em livro. Mas a pressa de viver e o assédio dos credores o impediam de levar a cabo esse aprimoramento. O que fez com que o perfeccionista Flaubert dissesse dele: "Que formidável escritor ele teria sido, se soubesse escrever!". Mas acrescentando em *off*, para os íntimos, que com um gênio e um fôlego como o de Balzac o belo estilo era dispensável.

De fato, muitos foram os críticos que apontaram as fraquezas estilísticas do texto balzaquiano, eivado de chavões do senso comum, de clichês literários, de digressões reveladoras de um verniz cultural bastante ralo etc. Mas mais numerosos e constantes foram os leitores que, como Flaubert, reconheceram a genialidade e a grandeza do conjunto. Apontar as imperfeições de Balzac é como se, ao contemplar o rio Amazonas, fixássemos nossa atenção apenas nos detritos que ele eventualmente carrega; ou como um míope que ficasse olhando de perto um imenso painel composto para ser olhado à distância. O próprio escritor já indicara o que buscava, no prólogo de sua obra: "Assim descrita, a sociedade devia levar com ela as razões de seu movimento".

Embora a leitura crítica de Balzac tenha se renovado, e aumentado numa proporção já fora do domínio de qualquer especialista, alguns pontos fixados por seus grandes leitores permanecem imutáveis. Ninguém põe em dúvida a afirmação de Marx e Engels de que ele viu e fixou, melhor do que ninguém, a sociedade resultante da Revolução Francesa, a cidade grande na qual os indivíduos travariam uma luta feroz e amoral pela sobrevivência, a passagem do mundo rural para o mundo industrializado, o novo poder constituído pelo jornalismo, o naufrágio dos valores do *Ancien Régime* e o predomínio absoluto do dinheiro na nova sociedade burguesa. Entretanto, ator tanto como documentarista dessa sociedade, o homem Balzac invejava a velha aristocracia e temia o povo, cujas revoluções perturbavam as novas regras do jogo, dentro das quais ele mesmo pretendia vencer. A personagem principal da *Comédia humana* é o bandido Vautrin, que joga segundo as regras e termina como chefe da polícia.

O que a crítica tem revisto e nuançado é o famoso *realismo* de Balzac. O realismo de Balzac não é simplesmente documental, um realismo de representação e reflexo, mas um realismo que intui as razões ocultas dos fatos, e um verismo de pintor expressionista, que exagera os traços para arrancar a verdade íntima dos seres. Muitas das intrigas da *Comédia humana* são inverossímeis, e algumas francamente fantásticas. As fulminantes reviravoltas nos destinos de suas personagens, que passam de repente da miséria à opulência ou vice-versa, podem ser exageradas, mas a volatilidade do capital e a submissão de todos às suas regras cruéis estão ali registradas da maneira mais realista. Da mesma forma, suas personagens, muitas vezes estereotipadas em sua total vilania ou em sua imaculada pureza, são animadas por desejos e sofrimentos que reconhecemos como absolutamente verdadeiros e universais.

Contestando a leitura de Lukács, Adorno já apontara, no ensaio intitulado "Leitura de Balzac", que a visão certeira desse escritor não é objetiva mas apaixonada e épica, muito diversa do racionalismo hegeliano ou comtiano. O realismo de Balzac é um realismo dos processos e não dos fatos imediatos; "não é um realismo primário, mas derivado: um realismo por perda da realidade". Segundo Adorno, trata-se de uma obra épica que não domina mais o objetal que ela busca recolher, e por isso é obrigada a exagerar, a fixar com uma precisão excessiva um mundo que se tornou estranho e intangível. É essa nova objetalidade que faz de Balzac o iniciador e precursor do romance do século XX, nas suas formas experimentais e aparentemente irrealistas. A mesma "rápida visão das coisas", não analítica mas analógica e intuitiva, característica da modernidade, foi ressaltada por Curtius em seu estudo *Balzac*. E os procedimentos literários que criam "a ilusão da referencialidade", apontados por Barthes em Flaubert, valem igualmente para Balzac (Barthes, "O efeito de real", em *O rumor da língua*).

Os críticos franceses mais recentes, autores da numerosa safra motivada pela comemoração do bicentenário, têm concentrado sua atenção nos aspectos negligenciados pelos leitores-críticos do século XIX e da primeira metade do XX. Contrariando a falsa visão de uma obra una e coesa, retroprojetada por Balzac no prólogo tardio, e consolidada artificialmente pelos editores e críticos, leitores como Lucien Dällenbach (*La canne de Balzac*, 1996) põem em evidência o aspecto fragmentário, inacabado e "mal-acabado" da obra, que o próprio Balzac caracterizava como um "mosaico", composto de pedaços que o acaso ou a leitura futura se encarregariam de harmonizar, e de restos culturais reciclados, o que aproxima o autor da *Comédia humana* dos escritores e artistas plásticos do século XX.

Na Idade Média, Dante concebeu sua *Divina comédia* como um mundo fechado e completo, cuja hierarquia dependia do comando divino. Na modernidade, a *Comédia* é humana, caótica e imperfeita, sujeita aos desejos individuais que as leis do mercado ou do acaso contrariam. A leitura dessa *Comédia* só pode ser uma leitura aberta, sem chave final. Michel Butor, que desde os anos 50 apontava o caráter experimental da obra de Balzac, e sua semelhança com um móbile de Calder, acaba de publicar *Improvisations sur Balzac*, estudo em três volumes originado em cursos ministrados na Universidade de Genebra entre 1979 e 1990. Butor aí propõe a leitura de um subtexto latente na *Comédia humana*, um subtexto utópico, imaginativo, criador, que deixaria em aberto a possibilidade de o homem se libertar do real opressivo e caótico que a obra descreve. Esse subtexto utópico constituiria o engajamento secreto do escritor, cuja mensagem não poderia ser recebida por seus contemporâneos de forma explícita. A pluralidade da leitura, segundo vários códigos dentre os quais o hermenêutico, também foi proposta por Barthes em *S/Z* (1970).

Ao avesso das leituras tradicionais, outros críticos recentes têm estudado os primeiros romances (publicados sob pseudônimos), as obras fantásticas e metafísicas, os artigos jornalísticos sobre temas os mais variados, a correspondência com a musa Madame Hanska. As 414 cartas escritas entre 1832 e 1848 revelam os pormenores de uma intriga balzaquiana verídica, a do burguês endividado que busca, por todos os meios, casar-se com uma condessa polonesa e salvar as propriedades da mesma, ameaçadas de confisco.

Uma das iniciativas atuais mais instigantes dos especialistas de Balzac é a digitalização de sua obra, e a elaboração de um enorme programa dotado de hipertexto que nos permitirá navegar pela *Comédia humana.* Ora, a "leitura" de Balzac num programa de computador não é apenas um aproveitamento novidadeiro dos recursos da informática, aplicados a uma obra antiga, mas é profundamente coerente com o projeto balzaquiano. A *Comédia humana* oferece uma adequação estrutural ao hipertexto, por numerosas razões. A obra foi concebida como um conjunto que pode ser abordado em qualquer ponto, cada livro se prestando à leitura autônoma, ao mesmo tempo que remete a outros (muitas vezes de modo explícito, nas notas de Balzac: "Ver tal outro livro"). As centenas de personagens que aparecem e reaparecem são dotadas de todos os elementos que podem ser reunidos em fichas: nome, data de nascimento, data de aparecimento no texto, dados genealógicos e familiares, traços físicos e sociais, lugar de residência, data de morte.

Isabelle Tournier, uma das participantes do projeto, observa:

> Todo fragmento de texto, personagem, lugar, palavra, situação, é o eco virtual de um ou de outros, simétricos, sinônimos, adicionais, que ressoam ao lado, em algum ponto do grande texto da *Comédia humana*. Em Balzac, tudo funciona simetricamente, ou entra num paradigma. Como janelas na tela, superpostas mas levemente deslocadas e visíveis, que aparecem alternadamente no primeiro plano, conforme são acionadas; um nome esconde uma história, sua declinação ou sua retomada, uma história remete a outra história, uma origem a outra mais antiga, um segredo a outro mais bem guardado, uma cena chama outra, um lugar revela uma personagem ou vice-versa. ["Balzac-hypertexte", *Magazine littéraire*, fevereiro de 1999]

A realização desse programa evidencia a extraordinária potência e a extensíssima memória de que era dotado o cérebro-computador de Balzac, gerador e gerenciador de todas essas informações cruzadas. Tudo nos leva a crer que, se pudesse dispor dos recursos da informática, ele os teria adotado com entusiasmo. Em seu tempo, ele foi dos primeiros a detectar e a utilizar os novos recursos da tipografia, que permitiram à literatura entrar em sua fase de produção industrial e consumo de massa.

Evidentemente, a "navegação" na *Comédia humana* não substitui a leitura da obra, e só tem sentido como auxiliar dessa leitura. Nada impede, porém, que a informatização da obra abra caminho a outras leituras até agora insuspeitadas, já que muitos processos e relações difíceis de captar na leitura corrente desse enorme texto poderão ser postos em evidência. Outra possibilidade, que já se começa a explorar graças à informática, é o rápido e eficiente confronto dos diferentes estados do texto, dos manuscritos às provas e edições corrigidas pelo autor.

Entretanto, todas as informações e interpretações jamais explicarão o prazer intenso que a leitura da *Comédia humana* tem dado a sucessivas gerações de leitores. Esse prazer nos vem, em grande parte, das origens folhetinescas do texto. Atento às possibilidades novas da imprensa diária, Balzac foi o primeiro grande romancista publicado em forma de folhetim. No caso particular da *Comédia humana*, o prazer do leitor é o prazer bisbilhoteiro de conhecer uma multidão de pessoas, todas interessantíssimas quando vistas de perto, de saber de suas vidas, de entrar em suas casas e vasculhar seus guarda-roupas, seus guarda-comidas e suas camas. O que descobrimos é fascinante, embora nada agradável.

Mais do que realista, Balzac foi profético. Sua obra pretendia mostrar os podres da nova sociedade burguesa para pregar uma volta ao passado, aos valores da monarquia, da aristocracia e do catolicismo. Ele reconhecia que o dinheiro era o novo mestre do mundo, mas pensava que uma distribuição mais hábil do mesmo, comandada por uma aristocracia, poderia manter a sociedade em relativa calma. Pelo menos é o que ele declara nas teses explícitas de sua obra. Mas o que ele mostrou, não totalmente à sua revelia (como se pretendeu durante certo tempo), é que essa volta era impossível, que as portas do futuro estavam abertas para o domínio do capital, do mercado e da mídia sobre os destinos dos homens. E este é o avesso do prazer que ele nos dá: o desprazer de ver o quanto ele estava certo, quanto sua visão sombria da sociedade francesa do início do século XIX se tem confirmado, em termos globais, até os dias de hoje. A força revolucionária de sua obra permanece assim inteira. Balzac não aponta soluções, mas mostra claramente, para quem quiser ver, as razões e os processos pelos quais esta sociedade assim se constituiu e assim se encontra.

Bouvard e Pécuchet, um romance assassino*

Há livros que matam. *Bouvard e Pécuchet* é um desses livros assassinos. No dia 8 de maio de 1880, Flaubert morreu subitamente, sem conseguir terminar esse livro infernal, essa aventura sem volta que o deixara, segundo ele diz numa carta, "corroído de dúvidas e arrasado de cansaço". Em outra carta, ele previa mesmo que esse livro ia liquidar com ele. E, no entanto, a "historinha" tem um ar bem inocente. Tanto que alguns críticos desavisados, surpreendidos por sua publicação póstuma em 1881, viram na obra a prova de que Flaubert estaria já esclerosado, em franca perda de suas faculdades mentais.

O resumo do livro que nos é fornecido na orelha da tradução brasileira dada agora a público (reedição de uma boa tradução de Galeão Coutinho e Augusto Meyer pela Editora Nova Fronteira) é bastante fiel. Assim sendo, copio (deixando para mais tarde alguns puxões nessa orelha):

* *Jornal da Tarde*, São Paulo, 31/10/1981.

Bouvard e Pécuchet, após se conhecerem por acaso num bulevar parisiense, resolvem mudar de vida: ambos são pequenos funcionários insatisfeitos com as limitações e a mediocridade de sua existência. Uma providencial herança recebida por Bouvard facilita-lhes levar a cabo sua decisão. Adquirem então uma propriedade no interior da França. É a partir daí que se põem em busca de toda espécie de experiência — intelectual e prática — que lhes amplie os horizontes, e tornam-se estudiosos de agricultura, horticultura, história, química, física, teologia, filosofia, ginástica, hipnotismo, literatura, gramática, política, pedagogia... Ocorre, porém, que Bouvard e Pécuchet só conseguem acumular erros e equívocos, além de conquistarem a incompreensão daqueles que os cercam. O manuscrito de Flaubert ficou inacabado, mas há um plano em que ele traçou as linhas gerais do segundo volume do romance: neste, os dois desastrados personagens, desiludidos, voltam a ser simples "copistas", entregando-se à coleta e transcrição de toda "estupidez" que ouvem ou lêem, em jornais e mesmo nos melhores autores.

Como se vê, nada há nessa história que pudesse cansar e desesperar até a morte um escritor que sobrevivera galhardamente ao trabalho de ourivesaria frásica efetuado em *Madame Bovary* e à monumental reconstituição arqueológica levada a cabo em *Salambô*; sem falar da delicada mistura de ficção e história contemporânea, nas centenas de páginas de *A educação sentimental*, e do longo delírio imagético que é *A tentação de santo Antão*. Comparado a esses livros, *Bouvard e Pécuchet* parece uma brincadeira. Sim, mas uma brincadeira muito perigosa: a brincadeira da inteligência com a estupidez. (Traduzo aqui *bêtise* por "estupidez", mas com algumas reservas: *bêtise* é mais leve que estupidez, mais ocasional que burrice, mais grave do que bobagem ou tolice; recorrerei a essas nuanças oportunamente.)

Brincar com a estupidez é perigoso porque esta é contagiosa. Flaubert pretendia escrever um livro onde coligiria todas as tolices orais e escritas que circulavam na sociedade de seu tempo, um livro onde não houvesse, segundo ele, "uma única palavra de minha lavra". Mas, pouco a pouco, a dúvida o invadia: "Acabarei por não poder mais escrever uma só linha [...] Acho-me desmesuradamente estúpido"; "Creio que o público não vai entender grande coisa [...] Talvez seja uma enorme tolice? A menos que seja algo de muito forte? Não sei de nada!".

O perigo ronda também (sobretudo?) quem se dispõe a escrever acerca de *Bouvard e Pécuchet*. O crítico tem sempre a pretensão de ser inteligente e o vício de discorrer gravemente sobre a obra analisada, exibindo, de preferência, um vasto saber. Com tais disposições, está prontinho para ser o porta-voz da bobagem, pois, como demonstra o livro de Flaubert, querer ser inteligente, instruído, e exprimir-se com inabalável seriedade e certeza é próprio dos mais consumados imbecis. (Participei, no ano passado, em um congresso internacional sobre Flaubert; ouvindo as comunicações, pasmei-me com tanta gente tentando provar que era mais sabido do que o escritor. Fiquei com vontade de tomar nota de algumas tolices que ouvi. Mas pasmar-se, julgar tolice o que dizem os outros, copiar, não são atitudes típicas de Bouvard e Pécuchet?) Melhor reconhecer logo que todos temos algo da adorável dupla. Vou proceder como eles, metodicamente, e enfrentar a obra por partes. Todas as obras têm um começo, um meio e um fim. Comecemos pelo começo, principalmente porque esta não tem fim.

A obsessão pela estupidez acompanhou Flaubert desde sempre: "Sofremos somente de uma coisa: a Estupidez. Mas ela é formidável e universal" (*Correspondência*). Flaubert foi uma criança considerada retardada, com dificuldades para aprender a ler e escrever (aludindo a isso, Sartre escreveu *O idiota da família*). Mas, quando começou, não parou mais. Dos nove aos 22 anos, quando sofreu a primeira "crise nervosa", escreveu mais de vinte obras (peças de teatro, romances fantásticos e históricos). Nessas obras juvenis, já estão todos os temas de suas obras futuras e, em especial, o tema da estupidez. Aos nove anos ele já propunha a um amiguinho, numa carta cheia de erros de gramática e de ortografia: "Se tu queres nos associar para escrever, eu escreverei comédias e tu escreverás teus sonhos: e como tem uma senhora que vem na casa do papai e nos conta sempre bobagens, eu as escreverei". Com seus irmãos, ele gostava de brincar de teatro, e inventou uma personagem chamada Garçon, que se caracterizava pelas tolices de suas falas. Já antes de 1850, como atestam suas cartas, ele pensava em fazer um *Dicionário das idéias feitas*, projeto que seria parcialmente realizado, trinta anos depois, no segundo volume de *Bouvard e Pécuchet*.

Com o passar dos anos, Flaubert foi descobrindo autores que, como ele, se interessaram pelo tema da tolice. Antes mesmo de saber ler, já se encantava com o sublime imbecil Don Quixote, cujas aventuras um amigo da família lhe contava. Mais tarde, as influências marcantes foram Voltaire em *Cândido* e Dickens nos *Papéis de Pickwick*. Aos dezessete anos, ele manifestava sua admiração por Rabelais e Byron, que, segundo ele, escreveram "com a intenção de causar dano ao gênero humano e rir na sua cara". Como fonte mais próxima e mais obscura, ele teria aproveitado um folhetim de B. Maurice, intitulado *Os dois escrivães* e publicado em jornal, em 1841 e 1858.

O tema dos "dois amigos", cujo relacionamento permite mostrar determinadas concepções da vida, tem uma longa tradição literária. Na França, esse tema aparece pontualmente em cada período: Roland e Olivier, na canção medieval; Pantagruel e Panurge (além de Montaigne e La Boétie), no Renascimento; Alceste e Philinte, na comédia clássica de Molière; Cândido e

Pangloss (além de Jacques, o Fatalista, e seu mestre), no século XVIII. Na vida pessoal de Flaubert, os amigos Bouilhet e Du Camp foram fundamentais. Literariamente, foi Don Quixote a influência decisiva, a figura que está por detrás de Bouvard e Pécuchet, como de Ema Bovary. Como dupla picaresca, Bouvard e Pécuchet têm a particularidade de não serem contrastados mas quase especulares ("Eu também!" e "Que coincidência!" são as frases que eles se dizem). Ambos são Don Quixote sem Sancho Pança, isto é, sem que nenhum deles assuma o "real". Ao duplo delírio tolo de suas personagens, Flaubert contrapõe um real estúpido, numa visão pessimista da sociedade em que o delírio acaba por ser preferível ao real.

Bouvard e Pécuchet foi concebido como um "conto filosófico", e não um romance. A história dos dois funcionários não tinha, para Flaubert, um interesse especial; suas cartas e papéis deixam perceber que as personagens e suas peripécias foram criadas em função do *Dicionário das idéias feitas* e do imenso dossiê de frases tolas que constituiriam o segundo volume da obra. Flaubert queria experimentar um gênero novo: "o cômico das idéias". A grande novidade, com relação ao gênero tradicional do conto filosófico (a sátira menipéia ou anatomia, estudada por Northrop Frye), é que não haveria em seu livro nenhum centro regulador ou ponto da verdade, de onde um enunciador mais sábio se risse das tolices compiladas. E, mais uma vez, para Flaubert tudo seria uma questão de estilo: "pintar a tolice de maneira elevada", sem que o autor aparecesse em nenhum momento ("nenhuma palavra de minha lavra"); o discurso da bobagem no esplendor de sua perfeição, sem fissuras: "É preciso que seja perfeito. É o único modo de fazer passar o fundo".

E é aí que a empresa começa a ser perigosa para o autor, e para a literatura em geral: "Existem idéias tolas e grandes idéias? Isso não depende da execução?". Entrar pela bobagem adentro sem se reservar um lugar de julgamento é descobrir a própria linguagem como lugar da repetição, *lugar-comum*, é assumir em si mesmo a bobagem. À força de mimetismo (executar "com perfeição" o discurso tolo), o escritor acabaria por se apresentar como o mais perfeito dos imbecis. Primeiro, Flaubert desconfiou desse risco: "Se eu tratar a tolice brevemente, de modo conciso e leve, será uma fantasia mais ou menos espirituosa, mas sem alcance e verossimilhança; enquanto detalhando e desenvolvendo, darei a impressão de crer em minha história, e pode-se fazer dela uma coisa séria e mesmo assustadora". Pouco a pouco, ele foi vendo que se metera em "uma empresa esmagadora e apavorante". E comentou: "É preciso ser louco e triplamente frenético para empreender um livro como este!".

As suspeitas de tolice se alastram, atingindo a própria intenção da obra: "Escrever, não escrever... publicar é uma idéia feita". A obra nascera de uma intolerância crítica. Flaubert queria "despejar todo o ódio" que a estupidez circundante provocava nele. Mas, ao conceber o projeto de uma paródia tão perfeita que não se denunciasse como tal, não apenas pôs os leitores em dúvida quanto às intenções do livro, como ele mesmo começou a duvidar se, escrevendo num estilo tão perfeitamente imbecil, ele era o crítico ou o criticado.

Os primeiros críticos, querendo ser mais "inteligentes" do que o autor, ou rejeitaram o livro como tolo, ou decidiram positivá-lo como um requisitório contra a falsa ciência (resguardando a "verdadeira") e contra a bobagem, da qual Flaubert, como eles mesmos, estaria isento. E é aqui que vem o puxão de orelha na apresentação da tradução brasileira, que diz: "Bouvard e Pécuchet, o mundo em que se movem, os personagens com que se relacionam, são tudo aquilo que não se deve ser — embora, cem anos depois, ainda sejam os protagonistas da vida que anda por aí". Não posso concordar. Dizer que *Bouvard e Pécuchet* é um livro educativo ("tudo aquilo que não se deve ser"), um livro que aponta e simplesmente rejeita a tolice, é o mesmo que dizer que *Don Quixote* nos ensina a recusar as fantasias, ou que *Madame Bovary* prova que muita imaginação leva ao adultério, e que este não compensa; o que seria uma brutal redução. Bouvard e Pécuchet não são só "os protagonistas da vida que anda por aí", fora de nós; Bouvard e Pécuchet somos nós mesmos, estão em nós, em maior ou menor grau; estão em todos os seres falantes, e ameaçam particularmente aqueles que têm pretensões intelectuais. Bouvard e Pécuchet são Flaubert ele mesmo, assim como Ema Bovary. Ao pôr em evidência a ingenuidade de suas personagens, Flaubert exorciza a sua própria, e secretamente se enternece, se autocompadece.

Em outros livros de Flaubert há personagens que representam o que ele detesta e rejeita, como o solene cretino que é o farmacêutico Homais em *Madame Bovary* (inspirador do conselheiro Acácio de Eça de Queirós). Mas sua relação com Bouvard e Pécuchet é muito mais ambígua. Os dois escriturários são tolos, mas em momento nenhum eles cometem qualquer baixeza ou revelam qualquer mesquinharia. Pelo contrário, eles são grandes em sua empresa louca e inútil, e por isso não são pequenos-burgueses típicos. Um pequeno-burguês verdadeiro (odiável, para Flaubert) nunca empregaria sua herança de modo tão perdulário, jamais se arruinaria por um sonho de saber. Como Ema Bovary, que, se fosse uma burguesa mais esperta (e não uma sublime desvairada), teria sabido ser adúltera sem se arruinar e sem ser pilhada. Diga-se de passagem que essa mesma ambigüidade já estava no *Burguês fidalgo* de Molière. Por que Monsieur Jordain não é detestável mas apenas ridículo? Porque, contrariamente à realista Madame Jourdain, burguesa típica, ele esbanja seu capital em sonhos de grandeza que são, no fundo, sonhos de natureza estética.

Além de não serem simplesmente recusados por Flaubert, como aquilo que não se deve ser, Bouvard e Pécuchet transformam-se eles mesmos em críticos da estupidez, como o seu criador: "Então uma lamentável faculdade desenvolveu-se em seu espírito, a de ver a estupidez e de não mais a tolerar". A primeira condição para escapar (relativamente) à tolice é reconhecê-la em nós mesmos. Quem lê *Bouvard e Pécuchet* sem nunca se identificar com eles é suspeitíssimo. Porque, como diz Flaubert, "a estupidez não está de um lado e a inteligência do outro. É como o vício e a virtude; esperto aquele que os distinguir" (*Correspondência*). Aliás, criticar a tolice também é tolo: "Essa atitude, por um lado, revela uma preocupação com a tolice tão tola quanto a tolice, uma contaminação invertida por ela. É tão tolo não poder suportá-la quanto ser verdadeiramente tolo, pois é o mesmo que indignar-se com a chuva!" (ibidem).

Apesar da parte redigida da obra, e dos projetos para sua continuação, ainda pairam dúvidas ("acrescentar sempre o verbo *pairar* a *dúvidas*", diria o *Dicionário das idéias feitas*) sobre sua composição final. Muitos críticos pensam que o que os dois escriturários copiam, no fim da história, é o *Album* ou *Sottisier* (coletânea de bobagens). Mas a correspondência de Flaubert sugere outras possibilidades. Sabe-se, além disso, que o *Dicionário* tinha, nos projetos do escritor, uma existência autônoma muito anterior a *Bouvard e Pécuchet*.

O certo é que a Biblioteca de Rouen conserva oito volumes manuscritos do *Sottisier*, totalizando 2186 (duas mil cento e oitenta e seis) páginas. Por isso é pena que a edição brasileira não tenha uma introdução informativa, nem indique claramente a edição francesa usada para a tradução, deixando um assunto, já por si complicado, ainda mais obscuro para o leitor brasileiro. Por exemplo: só numa nota da página 288 se indica, indiretamente, que o *Apêndice* que se está lendo é de Maupassant. A orelha diz que

Flaubert deixou "um plano do segundo volume do romance". Na verdade, ele deixou um plano do final do romance; o segundo volume seria a coletânea de bobagens.

Desde os anos 60 já existem edições mais completas e ordenadas do "segundo volume", onde figuram muitos verbetes que não estão no *Dicionário* desta edição brasileira, muitos outros exemplos de frases tolas em vários estilos, além do inventário completo do acervo de Rouen. Compreende-se a dificuldade em traduzir e publicar tudo isso; mas, para ter uma idéia exata do projeto de Flaubert, o leitor deveria ser informado de que há muito mais material disponível.

Em algumas cartas, Flaubert falou de *Bouvard e Pécuchet* como de um "romance filosófico"; em outras, como uma "enciclopédia da estupidez humana"; em outras ainda, como de um "prefácio" a um livro futuro. Isso nos faz pensar imediatamente em Lautréamont e em Mallarmé. Depois dos *Cantos de Maldoror*, Isidore Ducasse publicou as *Poesias*, apresentadas por ele exatamente como o "prefácio a um livro futuro". Nas *Poesias*, Ducasse também faz uma recolha paródica da tolice discursiva, num tom indeciso entre a solenidade e a farsa, com a mesma intenção declarada por Flaubert numa carta: "Indicar que a obra foi feita com o objetivo de trazer o público de volta à tradição, à ordem, à convenção geral" para, na verdade, "olhar o mundo como um espetáculo e rir dele". Mallarmé, por sua vez, sonhava com o *Livro* impossível, que contivesse todos os livros existentes. Flaubert não conseguiu terminar *Bouvard e Pécuchet*; Ducasse morreu logo após as *Poesias*, sem deixar "o livro futuro"; Mallarmé nunca realizou o *Livro*. Como mostra Maurice Blanchot, o projeto do livro total e impossível acompanha a modernidade literária. A realidade tornou-se demasiadamente complexa para caber num livro, e a literatura chegou a uma tal saturação que numerosos escritores modernos sentiram que só no trabalho em cima do já feito (paródia, pastiche, ou mesmo cópia) ela podia ter prosseguimento. O Pierre Menard, de Borges, reescrevendo o Quixote, é uma alegoria dessa situação.

Informados ou não pela obra de Flaubert, muitos escritores posteriores embrenharam-se na selva do lugar-comum, realizando um trabalho de pastiche que funciona como desmontagem crítica dos discursos dominantes. Ezra Pound mostrou a relação entre *Bouvard e Pécuchet* e a obra de Joyce. Borges escreveu uma "Reivindicação de *Bouvard e Pécuchet*" (*Discusión*), em que aponta Swift e Voltaire como ponto de partida e Kafka como um continuador da obra. Sartre, embora não tenha compreendido esse livro, recupera na figura do Autodidata de *A náusea* algo dos escriturários flaubertianos.

Para não me alargar muito num assunto que exigiria um estudo à parte, citarei apenas alguns exemplos de sucessores do *Bouvard e Pécuchet* entre nós. Em *O Ateneu*, Raul Pompéia faz alguns pastiches de discursos magistrais, semeados de "pérolas" como as que Flaubert recolheu no *Sottisier*. Na *Revista de Antropofagia*, havia uma seção de compilação de tolices históricas ou de bobagens publicadas nos jornais da época (podemos dizer que Bouvard e Pécuchet eram dois vorazes "antropófagos"). Nelson Rodrigues teve um notável "ouvido" para os clichês da fala brasileira, de tal modo que, ao assistir a qualquer de suas peças, ninguém pode vangloriar-se de nunca haver pronunciado algumas das frases tolas, piegas ou melodramáticas de suas personagens. Dalton Trevisan é outro que produz sua admirável ficção (cada vez mais sucinta e mordaz) a partir de uma fala classe-média ou de jornais tipo *Notícias Populares*. No jornalismo, Sérgio Porto e Millôr Fernandes exploram, com graça, o campo da bobagem.

Na França, um notável cultor de *Bouvard e Pécuchet* foi Roland Barthes. Em sua perseguição tenaz ao estereótipo, à Doxa ou

Opinião Dominante, Barthes prosseguiu o trabalho de Flaubert. Como os dois escriturários, Barthes dizia ter desenvolvido não uma faculdade, mas uma *doença*: "Eu vejo a linguagem" (*Roland Barthes por Roland Barthes*). Na linguagem, o que lhe parecia insuportável era a repetição, o coágulo do lugar-comum, a necrose do estereótipo: a ideologia apresentando-se como natureza. Como Flaubert, Barthes sentia que a obsessão pela tolice tinha algo de tolo. Também como Flaubert, ele sabia que ninguém está isento da tolice, porque ela é inerente à linguagem como instituição, como repetição. E, ao mesmo tempo, via nessa fragilidade da inteligência um aspecto amável, enternecedor, uma delicadeza involuntária oposta à arrogância do saber imperturbável, este sim, absolutamente tolo. Certo tipo de bobagem (precisamente o tipo Bouvard e Pécuchet) tem algo de um estado de graça. Barthes dizia que os dois escriturários formavam um dos raros "casais" felizes da literatura moderna (e sublinhava que isso não tinha nada a ver com homossexualismo, mas tudo a ver com a afetividade correspondida). O ser amoroso é particularmente permeável à bobagem ("Todas as cartas de amor são tolas", dizia Pessoa). Daí a reaparição triunfante de Bouvard e Pécuchet nos *Fragmentos de um discurso amoroso*, de Barthes. Mas enternecer-se com a tolice não é ideologicamente perigoso? O amor será incompatível com o espírito crítico?

Poderíamos falar indefinidamente de *Bouvard e Pécuchet*, porque falar desse livro é levantar todas as questões relativas à linguagem e à literatura. A tolice compilada por Flaubert não é, finalmente, uma tolice das idéias, mas uma tolice das linguagens em que as idéias se cristalizam. *Bouvard e Pécuchet* também é inesgotável porque a matéria para o *Sottisier* (o *Tolicionário*, como sugeriu Augusto de Campos) continua crescendo em toda parte e a todo instante. Não vou concluir porque, como disse Flaubert, "querer concluir é a pior tolice". Vou apenas citar uma frase recente de uma alta personalidade brasileira, prova de que Bouvard e Pécuchet continuam entre nós: "O problema da seca se resolve com água". E o da tolice?

VERBETES EXTRAÍDOS DO *DICIONÁRIO DAS IDÉIAS FEITAS*. FESTIVAL DE BESTEIRAS QUE ASSOLAVA A FRANÇA (ASSOLAVA? SÓ A FRANÇA?) HÁ CEM ANOS. (VÁRIOS DELES NÃO CONSTAM NA EDIÇÃO BRASILEIRA, OU ESTÃO MAL TRANSCRITOS.)

AMBIÇÃO. Sempre precedida de "louca", quando não é "nobre".

BALESTRA. Boa ocasião para contar a história de Guilherme Tell.

BANDEIRA (NACIONAL). Sua vista faz bater o coração.

BARBA. Sinal de força. Muita barba faz cair os cabelos. Útil para proteger as gravatas.

BIBLIOTECA. Deve-se ter sempre uma em casa, principalmente quando se mora no campo.

CAMARILHA. Indignar-se quando se pronuncia essa palavra.

CHATEAUBRIAND. Conhecido sobretudo pelo bife que leva o seu nome.

CÍRCULO. Deve-se sempre fazer parte de um.

CRIANÇAS. Fingir por elas uma ternura lírica, quando houver pessoas por perto.

DIPLOMA. Distintivo da ciência. Não prova nada.

DOCUMENTO. Os documentos são sempre da maior importância. Não há conspiradores presos que não sejam portadores de documentos comprometedores.

DURO. Acrescentar invariavelmente "como ferro". Há também "duro como pedra", mas é menos enérgico.

EREÇÃO. Só se diz com referência a monumentos.

EXASPERAÇÃO. Está constantemente "no cúmulo".

EXCEÇÃO. Diga que ela "confirma a regra"; não se arrisque a explicar como.

FULMINAR. Belo verbo.

GENERAL. Sempre "bravo". Faz geralmente [*généralement*] o que não compete à sua função, como ser embaixador, vereador ou chefe de governo.

HOMERO. Nunca existiu. Célebre por sua maneira de rir: um riso homérico.

IMBECIS. Aqueles que não pensam como nós.

INCAPACIDADE. Sempre notória.

JAPÃO. Tudo lá é de porcelana.

LOURAS. Mais ardentes do que as morenas (ver *Morenas*).

MATERIALISMO. Pronunciar essa palavra com horror, destacando cada sílaba.

MORENAS. Mais ardentes do que as louras (ver *Louras*).

NEGRAS. Mais ardentes do que as brancas (ver *Morenas* e *Louras*).

ÔMEGA. Segunda letra do alfabeto grego, já que se diz sempre alfa e ômega.

PARTES. As "partes" são vergonhosas para uns, naturais para outros.

PRESENTE. Não é o valor que faz seu preço ou, então, não é seu preço que faz seu valor. "O presente não é nada, o que vale é a intenção."

PROFESSOR. Sempre sábio.

PROPRIEDADE. Uma das bases da sociedade. Mais sagrada do que a religião.

QUADRATURA DO CÍRCULO. Não se sabe o que seja, mas deve-se dar de ombros quando se fala de quadratura do círculo.

TERRA. Dizer "os quatro cantos da terra", já que ela é redonda.

UNIVERSIDADE. "Alma Mater".

VIAJANTE. Sempre "intrépido": "Ei-lo aí, intrépido viajante". Sempre precedido de "Senhores", em estilo de estrada de ferro: "Senhores viajantes".

ALGUMAS OPINIÕES SOBRE *BOUVARD E PÉCUCHET*

"A justificação de *Bouvard e Pécuchet*, atrevo-me a sugerir, é de ordem estética, e pouco ou nada tem a ver com as quatro figuras e os dezenove modos do silogismo" (Jorge Luís Borges).

"*Bouvard e Pécuchet* continua o pensamento e a arte flaubertianos, mas não continua a tradição do romance ou do conto. Pode-se vislumbrar na 'Enciclopédia crítica em farsa', que tem como subtítulo 'Defeito de método nas ciências', a inauguração de uma forma nova, uma forma que não teve precedentes" (Ezra Pound).

"*Bouvard e Pécuchet* é um momento histórico da crise da verdade. Percebe-se então que a linguagem não apresenta nenhuma garantia. Não há nenhuma instância reguladora, nenhuma garantia da linguagem. É a crise da modernidade que se abre" (Roland Barthes).

"Só um homem profundamente desconfiado e desiludido com as idéias, mas também fortemente atraído por elas, poderia ter escrito esse livro. Nesse diálogo interno, e de ponta a ponta na obra de Flaubert, podem-se perceber duas vozes. De um lado, a voz erosiva da dúvida, do pessimismo, da negação, que proclama a loucura do sonhador. Mas a essa voz da razão responde uma outra voz que se recusa a calar e que mantém, apesar da evidência do mundo, que toda insatisfação tem sua beleza, que toda pesquisa, mesmo sob a forma da odisséia estéril de dois copistas medíocres, continua sendo uma empresa nobre" (Victor Brombert).

"Poderíamos afirmar que Flaubert, admirador do Oriente, com seu Buda de porcelana sempre à vista sobre a mesa de trabalho, tenha querido que a humanidade, com *Bouvard e Pécuchet*, se submetesse a um tratamento de modéstia no estilo zen" (Maurice Nadeau).

"O 'grau zero da escrita' de Flaubert, nesses não-textos, leva, antes, sem continuidade literária, ao mecanismo plástico da 'colagem' e ao gesto anárquico de Duchamp, renunciando a toda pintura retiniana e se apropriando dos *ready-made*— do vaso sanitário promovido a *Fonte*, à Monalisa com bigodes e, depois, sem bigodes, desnudada pelos nossos olhos, mesmo" (Augusto de Campos).

Espaços proustianos*

Como muitos dos fanáticos de Proust, fiz uma vez a peregrinação a Illiers-Combray. Vi a praça da aldeia, a casa da Tia Léonie, entrei no quarto onde o pequeno Marcel aguardava ansiosamente o beijo de sua mãe. Através da janela, avistei o portãozinho pelo qual chegavam os visitantes e, para lá da cerca, o "lado de Swann". Depois, num barzinho da praça, tomei uma tisana de tília acompanhada da obrigatória "madeleine". A experiência foi decepcionante. A igreja da aldeia é uma igreja qualquer, a casa da Tia Léonie se parece com muitas outras da província, o "lado de Swann" é apenas um terreno lamacento, a "madeleine" é um bolinho seco e sem graça. No fundo da minha xícara de tília não havia nada. Estava tudo lá, menos o deslumbramento do texto proustiano.

Barthes distinguia o "marcelismo" do "proustismo", sendo o primeiro um interesse pela pessoa e pela vida de Marcel e o segundo, um interesse pela obra de Proust. São marcelistas os que vão a Illiers e colecionam os álbuns onde figuram as pessoas e lugares que

* *Cultura, O Estado de S. Paulo*, 25/7/1992.

inspiraram a obra. O marcelismo também tem seus encantos, com a condição de que não seja apenas uma busca do real originário, necessariamente pobre, mas uma projeção de nossa lembrança do texto sobre esse real. Estar fisicamente no espaço de Marcel não é estar no espaço proustiano. Essa lição nos é dada pelo próprio autor de *Em busca do tempo perdido*. Os lugares, para ele, não existem como puros referentes; eles ganham existência graças a um forte investimento de afetos e de alusões culturais. Proust jamais descreve uma paisagem, no sentido de reconstruir um verossímil espacial, como o faziam os escritores realistas. A descrição objetiva, na *Busca*, nunca vai além de uma frase. A seguinte já é divagação, projeção, transfiguração.

Essas considerações me ocorrem em virtude da releitura de um clássico da crítica proustiana, agora traduzido e publicado entre nós: *O espaço proustiano*, de Georges Poulet (trad. Ana Luiza B. Martins Costa, São Paulo, Imago). "Não há nada de menos objetivo que os verdadeiros lugares proustianos", escreve o crítico. E o modo de entrar nesses lugares, para o leitor, só pode ser o da "participação nos sonhos dos outros, que é um dos efeitos da arte".

O estudo de Poulet, que os jovens proustianos brasileiros lerão com quase trinta anos de atraso (a primeira edição é de 1963), resiste ao tempo perdido: é uma leitura aguda exposta numa escrita elegante, que por vezes mimetiza e prolonga a de Proust. Poulet, nascido na Bélgica em 1902, é um "crítico filósofo", decano da Escola de Genebra em que se destacariam Jean Rousset, Jean-Pierre Richard, Marcel Raymond e Jean Starobinski. Poulet fez uma brilhante carreira universitária internacional, com passagens por Edimburgo e pela Johns Hopkins de Baltimore, onde deixou discípulos. Seu lugar na crítica de expressão francesa se situa na grande virada entre o historicismo lansoniano e a "nova crítica", e sua obra mais importante é *Estudos sobre o tempo humano*, da década de 50.

Não é sem interesse lembrar que *O espaço proustiano* apareceu seis anos depois de *O espaço poético*, de Bachelard, e que seria seguido, um ano depois, pelo notável *Proust e os signos*, de Deleuze.

O breve ensaio de Poulet desenvolve uma dupla tese: 1) "a obra proustiana se afirma como uma busca não somente do tempo, mas também do espaço perdido"; 2) a posição de Proust é "diametralmente contrária" à de Bergson, que "denuncia e rejeita a metamorfose do tempo em espaço". Essas duas afirmações nos parecem, hoje, indiscutíveis, mas no momento da publicação do ensaio de Poulet a crítica, compreensivelmente obcecada pelo tempo, ainda não havia estudado a questão do espaço em Proust; e, por outro lado, vista a admiração expressa de Proust por Bergson, não atentara para a fundamental diferença entre ambos.

De fato, a primeira observação é uma daquelas descobertas do "óbvio" que só se torna tal depois de feita. Na própria física, as noções de tempo e espaço são inseparáveis; a definição mais simples do primeiro está ligada à distância entre dois pontos. A segunda observação é mais fina, já que a "duração" buscada por Bergson era exatamente o abandono dessa visão linear, espacial, do tempo, enquanto o tempo recuperado por Proust é um conjunto de momentos-lugares memoráveis separados por imensas distâncias, sem continuidade. Nesse sentido, a tentativa de recuperar o tempo perdido é malograda, pois "o que é reencontrado não é o tempo, mas apenas alguns momentos". Da mesma forma, o espaço recuperado por Proust não é o da extensão geográfica, mas uma série de "quadros", como nos retábulos.

Uma leitura crítica é notável quando ela nos revela, como óbvio, algo que não víramos antes. Ora, Poulet chama a nossa atenção para o número extremamente reduzido de "ressurreições" efetuadas por Marcel em seu passado, e para o caráter limitado dos espaços por ele revisitados, que a extensão e a profundidade do texto nos levam a achar respectivamente numerosas e ilimitados. Se a vitória obtida contra o tempo, no episódio da "madeleine", fosse definitiva, não haveria a procura sempre recomeçada que constitui o restante da obra. Para que essa vitória seja real, faltam a continuidade do tempo e a comunicabilidade total dos espaços.

Segundo Poulet, a recuperação do espaço, na *Busca*, se efetua em duas etapas: a primeira é a vacilação, a segunda é a localização. Depois de uma sensação de vertigem, quando dois momentos e dois espaços, o do presente e o do passado, se sobrepõem, ora fundindo-se, ora alternando-se, a consciência triunfa desse tropeço e localiza a lembrança. Ao situar a lembrança no tempo, Proust a espacializa, dá-lhe um cenário. Cada personagem, na obra, tem um fundo que ela parece carregar por toda parte: Gilberte se perfila sobre as aléias das Tulherias, Albertine sobre o mar de Balbec, Madame de Guermantes sobre os bosques de sua propriedade. O espaço proustiano é assim um espaço fragmentário, como o dos vitrais, e essa fragmentação advém das irregularidades da memória, tão intermitente quanto o coração. A distância é um dos grandes temas proustianos: distância entre o amante e o amado, entre as classes sociais, entre o mesmo indivíduo em dois momentos do tempo. Toda a obra de Proust, para Poulet, é uma tentativa de preencher essas lacunas e anular essas distâncias.

Dentre os processos utilizados nessa empresa, distinguem-se o deslocamento e a justaposição. Os numerosos passeios e viagens do livro são tentativas de ligar lugares separados; mas o máximo de proximidade que Marcel consegue entre as coisas e os seres é a justaposição, ilustrando a lei inelutável (e trágica para os amantes) de que dois corpos não podem ocupar o mesmo lugar no espaço. Uma leitura psicanalítica, que não foi feita por Poulet, apontaria que o lugar ideal para Marcel é o útero, onde imaginariamente ocorre a fusão de dois corpos no mesmo espaço, e o local mais adequado a repetir esse paraíso é o quarto. No quarto onde ele se fechou para escrever sua obra, repetia-se o quarto da infância, com a lanterna mágica que permitia ao "corpo astral" do cavaleiro projetado ocupar o mesmo lugar que a cortina ou a porta. Mas a superposição, segundo Poulet, também não é a desejada unidade, porque as imagens sobrepostas exigem a decisão racional entre uma e outra.

A continuidade e a unidade buscadas por Proust não se encontram na existência, mas elas são possíveis no espaço poético, ou naquilo que Poulet chama de "espaço espiritual". À terrível lei da descontinuidade e da separação do mundo físico, Proust opõe o fluxo contínuo de suas imensas frases, que capturam, no espaço do livro, imagens de pessoas e lugares para sempre ligados. O espaço ilimitado é o da palavra. Não nos esqueçamos de que, para Proust, o nome do lugar não é um acréscimo, mas é ele quem gera o lugar e concentra todas as suas qualidades. Essa motivação do signo se chama poesia.

O *parti pris* de Ponge*

Le parti pris des choses é um livro-armadilha. O leitor o folheia e encontra ao acaso: "A chuva, no pátio em que a olho cair, desce em velocidades diversas"; "o mar, até a proximidade de seus limites, é uma coisa simples que se repete vaga por vaga"; "a ostra, do tamanho de um seixo médio, é de uma aparência mais rugosa, de uma cor menos uniforme, brilhantemente esbranquiçada". Uma espécie de modelo de composição escolar, como se poderia encontrar num manual de redação. Eis um estilo que, aparentemente, nada exige do leitor: nem adesão sentimental, nem dispêndio de energias cefálicas, nem mesmo uma grande admiração, que também cansa. O leitor começa a ler e cai na armadilha. A poesia de Francis Ponge — como a chuva, o mar, a ostra — não é nem fácil, nem simples, nem destituída de drama. E a grandeza do poeta se impõe aos poucos, não pelo ofuscamento mas pela insidiosa sedução.

Ponge escolheu o partido das coisas: "Não vejo por que não começaria, arbitrariamente, por mostrar que a propósito das coi-

* *Suplemento Literário, O Estado de S. Paulo*, 12/7/1969.

sas mais simples é possível fazer discursos infinitos, inteiramente compostos de declarações inéditas, enfim, que a propósito de qualquer coisa não só ainda não se disse tudo, mas praticamente tudo está por dizer" (*Proêmes*). Uma questão de dizer. Toda questão de dizer implica uma questão de ver, prévia ou resultante. O modo como *não vemos* as coisas habitualmente decorre do modo como entramos em contato com elas, e de um modo de ouvir falar delas. Um modo de entrar em contato: o utilitarismo. Usamos as coisas e, encarando-as como utilidades, não as vemos. Um modo de ouvir falar delas: muito se tem dito sobre as coisas, ou melhor, usando as coisas como pretexto. Os escritores têm descrito exaustivamente o mundo, mas quase sempre de um ponto de vista subjetivo, projetando-se nas coisas, deformando-as pela atribuição a elas de sentimentos e idéias.

Ora, Ponge quer descrever as coisas do ponto de vista delas mesmas. As coisas no sentido heideggeriano do *das Ding*, como "o que está ali no mundo". Alcançar o ser das coisas através do dizer: "Existe uma ocupação a cada instante disponível ao homem: é o olhar-do-modo-como-falamos, a observação do que o cerca e de seu próprio estado no meio que o cerca. Ele reconhecerá de pronto a importância de cada coisa e a súplica muda, as mudas instâncias que elas fazem para que as falemos, em seu valor e por elas mesmas — fora de seu valor habitual de significação —, sem escolha e no entanto com medidas; mas que medidas? a delas mesmas" (*Proêmes*).

Ponge não ignora a dificuldade da empresa, seu iminente malogro: "Isso é um termo, uma perfeição impossível. Se isso pudesse ser alcançado, cada poema agradaria a todos, a todos e a cada momento, como agradam e impressionam os próprios objetos de sensações. Mas isso é impossível. Sempre há um relacionamento com o homem... Não são as coisas que falam entre si, mas os homens entre si que falam das coisas, e não se pode, de modo algum, sair do homem". Não podemos alcançar o ideal de dizer as coisas do ponto de vista delas mesmas. Mas podemos aproximar-nos desse ideal, alcançar um dizer que não seja divagação em torno da coisa, que se mantenha aderente a ela, não no plano da interpretação ou da simbolização, mas no plano da nominação.

Contemplar e nomear. Descrever o ser da coisa, não seu uso ou qualidade. Precisar, sem relacionamento com as outras coisas, sua cor, seu volume, sua textura. Afirmar a cada passo que as coisas são apenas as coisas, como dizia Alberto Caeiro: "O que nós vemos das coisas são as coisas". Manter essa ótica é quase impossível: "Que difícil ser próprio e não ver senão o visível", dizia ainda o heterônimo de Pessoa. Ponge tem o mesmo objetivo de Caeiro: ser "o Descobridor da Natureza", mostrar que "as coisas são o único sentido oculto das coisas" (*O guardador de rebanhos*).

Manter essa ótica é um grande e constante esforço, pois é preciso defendê-la contra a antropomorfização, contra a ideologia, contra a ilusão. Lembrar-se de que "não se pode sair da árvore por meio de árvores" e que "as árvores só dizem: as árvores" (*Le parti pris des choses*). Para atingir e conservar essa óptica, Ponge utiliza vários processos. O primeiro é a descontextualização. Falar da coisa fora do seu uso habitual, como na descrição da ostra, em que o poeta descreve o ato de abrir a ostra sem se referir ao caráter comestível da mesma. Por esse processo, o objeto readquire sua estranheza primitiva, revela seu ser.

Outro processo é o da comparação insólita entre propriedades de seres pertencentes a diferentes reinos da natureza. Dizer que a vegetação une o solo ao céu como a chuva, comparar a vela acesa com uma planta, as chamas com borboletas, a laranja com a esponja etc. Outro processo, ainda, é o da relativização do tamanho: falar do pequeno como se fosse grande: "A superfície do pão é maravilhosa, primeiramente por causa da impressão quase panorâmica que ela nos dá: como se tivéssemos à nossa disposição, sob a mão, os Alpes, o Taurus ou a cordilheira dos Andes" (*Le parti pris des choses*). Ou considerar o grande como pequeno: no poema "Bord de mer", o mar é comparado à medusa, "imagem reduzida dele próprio" (ibidem).

Um modo de se aproximar do ser das coisas é identificar-se com elas, não a identificação romântica, que consiste em atribuir à coisa sentimentos de homem, mas, ao contrário, procurar despir-se de sentimentos e idéias para viver a coisa por dentro. Em seu ensaio sobre Ponge, Sartre diz que a paixão que o poeta empresta às coisas "são significações que ele retira do homem, processos para manter aquele desequilíbrio sutil no qual ele nos quer pôr" ("L'homme et les choses", *Situations I*, 1947). Mas esse processo, evidentemente, está fadado ao malogro. Assim como não se sai das árvores por meio de árvores, também não se sai do homem por meios humanos. Pronunciada qualquer palavra, as significações humanas se reinstalam imediatamente. Assim como as árvores "dizem" as árvores, as palavras dizem a linguagem.

O que Ponge procura, pois, não é o ser das coisas, inatingível, mas o ser da linguagem das coisas. Uma disciplina de objetividade, um exercício ascético: procurar alcançar, no máximo de simplicidade, o máximo rendimento na descrição dos objetos. Esse modo de dizer é tudo. Ponge se aproxima de mansinho para apanhar a linguagem desprevenida. A primeira frase é geralmente anódina: "A concha é uma coisa pequenina [...]". Quando a linguagem se distrai na descrição, de um salto o poeta alcança a síntese definitiva e irrevogável: "LÍQUIDO é por definição o que prefere obedecer à gravidade a manter sua forma, o que recusa toda forma para obedecer à gravidade". O poema é armadilha para o leitor e armadilha para a própria linguagem.

Por que as coisas, em Ponge como em Caeiro? Sartre afirma que existe em todo homem o desejo de "ser em si", conservando inteira sua consciência. Fugir da dificuldade de "ser para si", de escolher sempre, de ser livre. Talvez isso exista em alguns momentos de Ponge, mas não creio ser esta a explicação de sua opção pelas coisas. Ponge volta as costas ao homem, mas é para melhor o ver. O homem já não consegue alcançar a si mesmo através das palavras; já falou demais, já gastou a linguagem dos sentimentos. Ponge descreve as coisas por desespero, porque o homem escapa por detrás das máscaras verbais que para si criou. Por detrás do *parti pris* de Ponge há um drama, mas esse drama não transparece em sua poesia, não deve transparecer. O poeta quer criar uma poesia feliz: "Nada de desesperador. Nada que favoreça o masoquismo humano" (*Proêmes*).

A superfície lisa desses poemas parece negar que eles tenham nascido de um drama. Em *Proêmes*, porém, Ponge levanta a ponta da cortina e nos deixa perceber que sua obra é fruto do drama filosófico e do drama da expressão, a impossibilidade de conhecer e a impossibilidade de exprimir. Ponge é contemporâneo dos existencialistas e, embora isolado, viveu o problema filosófico do "absurdo" com a mesma intensidade que Sartre e Camus. Entretanto, para Ponge o absurdo não é um ponto de chegada mas um pressuposto. Sua obra é uma resposta ao absurdo e, como tal, o supera. Em *Proêmes* lê-se: "Claro que o mundo é absurdo! Evidente, a não-significação do mundo! Mas que há nisso de trágico? Eu tiraria de bom grado ao absurdo seu coeficiente de tragédia"; "Tendo escolhido meu partido do absurdo, resta-me publicar o relatório de meu malogro. Numa forma agradável tanto quanto possível. Aliás, o malogro nunca é absoluto".

Finalmente, sua posição filosófica é próxima da de Camus: é preciso imaginar Sísifo feliz. "A sabedoria", diz Ponge, "é contentar-se com isto, não ficar doente de nostalgia" (*Proêmes*). A escritura é uma resposta ao absurdo, a escolha de uma revolta, mas uma revolta sem tragédia. Na verdade, Ponge é um neoclássico, amante do equilíbrio e do bom senso, inimigo das paixões que desvirtuam as capacidades humanas. "É para um homem simples que tendemos. Branco e simples. Novo classicismo. A partir do mais profundo e do mais negro (onde os séculos precedentes nos lançaram). Sair das brumas e das fumaças religiosas e metafísicas, dos desesperos" (ibidem).

Ponge não esconde sua simpatia pelos clássicos: La Fontaine, Boileau, Malherbe... A suprema sabedoria, para ele, é a do caramujo, que segrega uma casca à sua medida, "obedecendo precisamente à sua natureza". E sua moral é: "Conhece-te a ti mesmo. E aceita-te tal qual és. De acordo com teus vícios. Em proporção com tua medida". Essa preocupação com a medida do humano é eminentemente clássica. São freqüentes, na obra de Ponge, palavras como *medir*, *inferir*, *tamanho*, *dimensão*, *medida*, que revelam intenção muito próxima à que levou Voltaire a escrever *Micromégas*.

Assim, o *parti pris* das coisas não é uma recusa do humano, mas uma inferência do humano a partir daquilo que o cerca. Um humanismo que corta volta pelas coisas, através da linguagem. A aplicação da linguagem humana ao inumano pode dar-nos a medida do homem. Muitas vezes, essa "lição de coisas" toma o aspecto de fábula, dotada de moral. Na maioria das vezes, porém, a lição nos é dada pela própria linguagem, que ao tentar definir o ser das coisas define seu próprio ser, que não é outro senão o ser do homem.

As coisas põem à prova a capacidade nominativa do homem. O homem moderno já não confia mais na linguagem. O conceito lhe parece oco. Exprimir sentimentos é um círculo vicioso, a linguagem dos sentimentos já não pode mais revelar o homem a si mesmo. Resta-lhe a descrição: "Então eu descrevo, por raiva fria, porque é preciso fazer alguma coisa, tomar alguma atitude, sob pena de morte ou loucura imediatas (ou próximas)" (*Proêmes*). "Um espírito carente de noções deve aprovisionar-se de aparências" (*Le parti pris des choses*).

Decorrente do drama filosófico, existe em Ponge o drama da expressão. O poeta censura Camus por não ter citado, entre os temas do absurdo, "um dos mais importantes (o mais importante historicamente para mim), o da infidelidade dos meios de expressão, o da impossibilidade para o homem não só de se exprimir, mas de exprimir qualquer coisa" (*Proêmes*). Diante dessa impossibilidade de adequar a palavra à coisa (o arbitrário do signo lingüístico), é grande a tentação do silêncio. A linguagem está conspurcada pelo uso cotidiano, só o silêncio é puro: "A linguagem só se recusa a uma coisa, a fazer tão pouco barulho quanto o silêncio". Mas o silêncio é uma cumplicidade com o absurdo e a palavra é o único meio de protestar. Protestar não no sentido de exprimir protestos, mas protestar pelo simples ato de escrever, de tecer paciente e incansavelmente sua teia de palavras para captar a realidade.

Cada pequena vitória de expressão é uma derrota do acaso, do absurdo: "Poeta, não para exprimir o silêncio. Poeta para cobrir as outras vozes surpreendentes do acaso". O poeta aceita a luta, e esta é terrível. As palavras vêm prontas e se exprimem sozinhas; não exprimem as coisas mas elas mesmas. O uso as gastou, as contaminou: "Um monte de trapos que não se pode pegar nem com pinças, eis o que nos oferecem para mexer, sacudir, trocar de lugar. Na esperança secreta de que nos calaremos. Pois bem! Aceitemos o desafio". A *lessiveuse*, aparelho para lavar roupa, tema de um poema posterior, torna-se o símbolo da função purificadora da poesia.

Já que as palavras não exprimem o homem, o homem falará contra as palavras: "É então que ensinar a arte de *resistir às palavras* se torna útil, a arte de só dizer aquilo que se quer dizer, a arte de violentá-las e submetê-las". Aí está todo o segredo da escritura-armadilha de Ponge: falar das coisas porque a linguagem se "distrai" mais facilmente de seus vícios quando discorre sobre os objetos do que quando fala do homem. Falar do modo mais simples e conciso possível, mantendo as palavras num rigoroso regime, para evitar que elas se ponham a papaguear por si mesmas, contra as intenções do falante.

Escrever para conhecer-se, mas não só: "Em verdade, a expressão é mais que conhecimento. Escrever é mais que conhecer; pelo menos, mais que conhecer analiticamente: é *refazer*. É, se não reproduzir a coisa, pelo menos produzir *alguma coisa*, um objeto de prazer para o homem". Assim, aquela linguagem que se propunha, como ponto de partida, descrever os objetos acaba por produzir novos objetos: o poema-objeto, a obra-objeto. Do desgosto do mundo tal qual é, do drama da dificuldade de expressão, nasce o objeto de deleite, um argumento para ser feliz. No texto intitulado "Razões de escrever", Ponge aponta como principal razão "a vergonha diante do arranjo das coisas como elas estão". E, no texto "Razões de viver feliz", os motivos apontados são os próprios poemas, a possibilidade de os escrever.

Vemos, portanto, que seria reduzir muito o problema afirmar que o objetivo de Ponge, ao descrever as coisas, é fugir da condição humana tal qual a concebia o existencialismo. As coisas são o caminho encontrado pelo poeta para estudar o funcionamento da linguagem e, através dele, o funcionamento do homem. Sua preocupação maior é o da linguagem escrita. Se bem observarmos os poemas de *Le parti pris des choses*, veremos que são constantes as metáforas da escritura. O problema do escritor aflui a cada passo. Em toda descrição pongiana existe a idéia subjacente da "danação" das coisas por não conseguirem exprimir-se. Longe de achar desejável a condição de coisa, Ponge manifesta por ela uma espécie de piedade.

As folhas são as "palavras" das árvores, os camarões são "vírgulas", a vaga "diz sempre a mesma coisa", o fundo do mar é "um livro nunca lido". Quando o poeta diz que o mar se repete "flot à flot" (vaga por vaga), é como se dissesse "mot à mot" (palavra por palavra). O que caracteriza a coisa é sua impossibilidade de dizer outra coisa senão ela mesma. O que caracteriza o homem é sua capacidade de inventar, de variar, de dizer outra coisa.

Onde a analogia coisa-palavra se faz sentir de modo particular é no texto acerca do seixo. O seixo é o estado individual da pedra, sua particularização: "A pedra na época em que começa, para ela, a idade da pessoa, do indivíduo, isto é, da palavra". O seixo participa de dois meios físicos: o mar e a praia. Na praia, ele está em desordem e é opaco. O mar o arrasta, embala, sacode e lustra; o mar, sobretudo, o faz luzir. É grande a tentação de dizer que o seixo seco, na praia, é a palavra em seu uso cotidiano, e que o mar é o texto do poema, no qual a palavra se põe em movimento e brilha.

Ponge não teve ainda o reconhecimento que merece. A importância de sua obra pode ser medida por sua ligação, em caráter precursor, com alguns dos principais movimentos filosóficos e literários de nosso tempo. Suas árvores são irmãs da famosa castanheira de Sartre em *A náusea*; elas exprimem, em seus gestos mudos, o drama da não-justificação. Sua filosofia da felicidade por absurdo, da felicidade apesar de tudo, aparenta-se à de Camus em *O mito de Sísifo*. O *parti pris* de descrever, em vez de definir, é o próprio processo da redução fenomenológica. E, por esse caminho, Ponge é precursor do *nouveau roman*, romance do olhar e do objeto, da descrição e da nominação. Sua aversão pela tragédia, seu desejo de retirar às coisas qualquer *páthos*, anunciam as teorias de Robbe-Grillet em *Pour un nouveau roman*. Alguns trechos de sua obra poderiam ser assinados por Nathalie Sarraute, como o poema "L'aigle commun", de *Proêmes*, onde há um exemplo da subconversa, procedimento típico da escritora.

A admiração por Ponge vem, se não de uma maioria, pelo menos de uma faixa da intelectualidade francesa, aquela que pensa os problemas da linguagem e da escritura, sobretudo os componentes do grupo Tel Quel. Como todos os precursores, Ponge precisou esperar pela compreensão dos leitores. Felizmente, paciência e obstinação não lhe faltaram. Sua obra não foi feita para deslumbrar, mas para insinuar-se e ficar.

Lautréamont e os surrealistas*

O acaso objetivo, no qual acreditavam os surrealistas, faz coincidirem este ano o sesquicentenário do nascimento de Isidore Ducasse (4 de abril de 1846) e o centenário do nascimento de André Breton (18 de fevereiro de 1896). A descoberta do primeiro pelo segundo foi um dos eventos mais ricos de repercussões na literatura moderna.

O encontro se deu no período sombrio da Primeira Guerra Mundial. Isidore Ducasse, em literatura conde de Lautréamont, havia morrido uns cinqüenta anos antes. Sua obra, *Cantos de Maldoror* e *Poesias*, tivera ao ser editada pouca e atônita recepção. O embaraço dos primeiros comentaristas, diante de um texto tão esdrúxulo, resolvera-se providencialmente pela intervenção da censura de Napoleão III, que a tirou de circulação, poupando aos críticos o difícil veredicto, que oscilava entre a razão e a loucura, a originalidade e o mau gosto. Assim, na virada do século, poucos

* *Jornal da Tarde*, São Paulo, 30/3/1996. Comemoração do sesquicentenário do nascimento de Isidore Ducasse, e do centenário de nascimento de André Breton.

exemplares da obra circulavam nos sebos, e contavam-se nos dedos de uma mão seus leitores secretos: Léon Bloy, Valéry Larbaud, Rémy de Gourmont, André Gide.

Às vezes, parece que as obras vão à cata de seus leitores, e não o contrário. Assim, nas vésperas dos anos 20, os opúsculos enigmáticos de Isidore Ducasse caíram nas mãos de dois médicos auxiliares internos do Hospital Val de Grâce, em Paris. Esses médicos eram André Breton e Louis Aragon. Muitas décadas mais tarde, Aragon se lembraria dessas noites de vigília, quando, no cenário sombrio de um hospital de guerra, onde ressoavam os gemidos dos feridos e os gritos de loucos presos a cadeado, os dois amigos liam em voz alta a obra de Ducasse. "Essa leitura teve sobre nós o efeito de um terremoto", declarou mais tarde.

Durante toda a guerra, Lautréamont persistiu como uma obsessão para ambos. Numa carta a Aragon, Breton dizia: "Permaneço com Lautréamont, belo como o mundo". Terminada a guerra, em 1919 Breton, Aragon e Soupault publicaram, na revista *Littérature*, *Poesias I* e *II*, de Ducasse. E desde então este se tornou o maior inspirador dos surrealistas. Pois, se não foram estes que o descobriram, foram eles que o alçaram à posição de poeta maior da modernidade.

A descoberta de Lautréamont foi mais do que uma reavaliação crítica; ela foi decisiva para a eclosão do movimento surrealista, em 1924. "É a este homem, do qual só se possuem, como do Marquês de Sade, retratos apócrifos, que incumbe talvez a maior parte da responsabilidade pela situação atual da poesia" (Breton, *Les pas perdus*, 1924).

Como se sabe, os surrealistas tinham um projeto que ultrapassava a área da estética: pretendiam mudar o homem e a vida. Negavam o conhecimento através da razão, e acreditavam que o verdadeiro saber só podia ser alcançado por vias irracionais, intuitivas. Segundo eles, a vida dita civilizada fizera com que o homem perdesse sua capacidade de apreender o sentido profundo do universo, sua surrealidade, capacidade que é exercida pelas crianças, pelos selvagens e por aqueles que a sociedade qualifica de loucos.

Essa proposta não era, porém, religiosa ou mística, mas materialista, pois para eles os mistérios da surrealidade seriam leis da matéria que ignoramos e que deveríamos explorar. Assim, todas as coisas existentes teriam uma relação oculta, uma unidade profunda que se manifestaria no "acaso objetivo": o encontro de pessoas, coisas e circunstâncias, que apenas superficialmente parece casual.

A desconfiança na razão, no progresso material e no próprio homem ocidental eram conseqüência do horror provocado pela Primeira Guerra Mundial, e pela falta de perspectivas ao fim da mesma. Ora, a rebeldia de Ducasse era, como a dos surrealistas, resultado da dolorosa experiência desse irracionalismo maior: a guerra. Ducasse nasceu em plena Guerra do Prata, na cidade sitiada de Montevidéu, e morreu na Paris também sitiada da guerra franco-prussiana. Assim, por todos os motivos ele foi recebido e compreendido pelos surrealistas como um irmão.

Breton e seus companheiros descobriram em Freud a base teórica necessária às suas teses psíquicas, e em Marx o fundamento de seu projeto social, coletivista e revolucionário. Na literatura, o que eles perseguiam era a libertação do inconsciente, através de técnicas como a "escrita automática". No Primeiro Manifesto surrealista, lê-se:

> SURREALISMO, s. m. Automatismo psíquico pelo qual nos propomos a exprimir, quer verbalmente, quer por escrito, ou de outra maneira qualquer, o funcionamento real do pensamento. Ditado do pensamento, na ausência de qualquer controle exercido pela razão, fora de qualquer preocupação estética e moral.

Ora, a obra de Isidore Ducasse parecia corresponder plenamente a esse programa. Os *Cantos de Maldoror* haviam sido considerados obra de um louco por contrariarem todas as regras da razão, do bom senso e da moral. Muitos trechos da obra, incompreensíveis para a razão e deslumbrantes para a imaginação, pareciam fruto da escrita automática.

O acaso objetivo, encontro de objetos aparentemente disparatados, é não apenas explorado por Lautréamont em suas surpreendentes comparações, mas é teorizado por ele:

> Qualquer pessoa tem o bom senso de confessar sem dificuldade (embora com uma certa má vontade) que não percebe, à primeira vista, a relação, embora longínqua, que eu assinalo entre o vôo do milhafre real e o rosto de uma criança elevando-se suavemente acima do ataúde destampado, como um nenúfar que perfura a superfície das águas [...] Como se aquilo que se vê cotidianamente não devesse também despertar a atenção de nossa admiração! ["Canto quinto"]

E sobretudo a famosa frase que traria conseqüências imensas para a literatura e a pintura surrealistas: "Belo como o encontro fortuito, sobre uma mesa de dissecação, de uma máquina de costura e um guarda-chuva" ("Canto sexto").

Certas afirmações das *Poesias*, por sua vez, correspondiam plenamente ao projeto político dos surrealistas: "A poesia deve ser feita por todos, e não por um"; "A poesia deve ter por objetivo a verdade prática"; "O plágio é necessário". Essas afirmações foram lidas como a defesa de uma "comunização" da literatura. Na verdade, Ducasse foi um anarquista e um agitador mais do que um revolucionário. Transformar sua obra em programa estético e político, como queriam os surrealistas, era colher nela apenas o que interessava, sem levar em conta as contradições internas e a permanente mudança de tom de Ducasse, que impedem suas afirmações de serem tomadas num sentido único e definitivo.

A libertação assumida por Ducasse implicava uma ruptura violenta com a tradição literária francesa, racionalista e bem-comportada. Segundo o testemunho de Aragon, não eram as violências de Maldoror que mais os arrepiavam, mas as irreverências de Ducasse nas *Poesias*: "A enumeração daqueles que Isidore Ducasse chama de Grandes Cabeças Moles de nossa época produziu em nós um movimento de terror que jamais, paradoxalmente, a leitura de Lautréamont havia produzido, mesmo nos fragmentos mais atrozes de Maldoror". Os Grandes Cabeças Moles, segundo Ducasse, eram os poetas românticos Lamartine, Hugo e Musset. Convém precisar que a designação e enumeração dos Grandes Cabeças Moles não se encontra nas *Poesias* mas numa carta de Ducasse, publicada por Louis Génonceaux em sua edição de 1890. Aragon devia estar se referindo às exclamações de *Poesias II*: "Pobre Hugo! Pobre Racine! Pobre Copée! Pobre Corneille! Pobre Boileau! Pobre Scarron! Tiques, tiques e tiques".

Os surrealistas tomaram Lautréamont como uma bandeira, objeto de admiração fanática, de adoração e de culto. No Primeiro Manifesto eles exigem "a deificação pura e simples" de Lautréamont, colocado por eles acima de Rimbaud. Esse culto logo se transformaria num ocultamento. À medida que escritores de outros grupos ou dissidentes do grupo de Breton se interessaram pelo poeta, os surrealistas manifestaram um ciúme feroz. Já em 1921, Aragon firmava a posição do grupo num artigo intitulado "Contribuição ao abortamento dos estudos maldororianos" (*Le Surréalisme au service de la révolution*, nº 2). Quando, em 1925, a revista *Le Disque Vert* publicou um número especial intitulado "O caso

Lautréamont", os surrealistas o consideraram um sacrilégio. Breton se indignou: "O que é que vocês pretendem entregando aquilo que foi protegido de toda mácula, durante tanto tempo, aos literatos, aos porcos?". E Soupault acrescentava: "Não se julga Monsieur de Lautréamont". E quando, em 1927, o mesmo Soupault editou as *Obras completas* de Ducasse, Breton, Aragon e Éluard o renegaram e lançaram um panfleto intitulado "Lautréamont contra tudo", no qual se lê: "Nós nos opomos, continuamos a nos opor a que Lautréamont entre na história, a que lhe designem um lugar entre fulano e sicrano".

Apesar da proibição decretada por Breton, a crítica de Lautréamont prosperou e surgiram pelo menos dois grandes livros sobre ele: o de Bachelard, em 1939, e o de Blanchot, em 1949. Veio depois um período de relativo esquecimento do poeta, período que, não por acaso, coincide com o purgatório a que foi relegado Breton nos últimos anos de sua vida. O surrealismo, seu ídolo e sumo sacerdote foram substituídos por outras tendências e outras personalidades. O delírio perdera seu prestígio, substituído pela consciência existencialista. Só como piada Lautréamont aparece na obra de Sartre, quando uma personagem cheia de más intenções convida um jovem a ir à sua casa ouvir "a biografia de Ducasse". A ruptura de Breton com o Partido Comunista, numa atitude lúcida que só agora muitos franceses reconhecem, foi naquele período considerada uma traição à esquerda.

Breton morreu em 1966. Em 1968, a revolução estudantil promoveu uma ressurreição de Lautréamont. Como se fosse uma cena viva dos *Cantos de Maldoror*, a bandeira negra da anarquia foi hasteada no Panteão, e frases de Ducasse apareceram escritas nos muros. Nesse mesmo momento, um novo grupo de escritores se apropriaria de Ducasse. Era o grupo Tel Quel, encabeçado por Philippe Sollers com a mesma prepotência com que outrora Breton chefiara os surrealistas. Mas o que agora se reivindicava era uma "ciência de Lautréamont", à luz da teoria da escritura e do texto.

Solicitado a opinar sobre essa leitura do grupo Tel Quel, Aragon respondeu:

> É uma concepção nova de Lautréamont e por isso mesmo polêmica, que se increve numa teoria da literatura de espírito conquistador, parte de uma guerra travada por uma nova geração que, naturalmente, toma Isidore Ducasse e sua obra como dados importantes para ela mesma e não para nós, desculpem a pretensão, os mais puros da posteridade ducassiana. Em nosso tempo nem os Cantos nem as Poesias podiam ainda ser encarados como uma linguagem, mas antes como um grito das entranhas. ["Lautréamont et nous", *Les Lettres Françaises*, 1967]

Para alguém que tinha apostado no "abortamento dos estudos maldororianos", os trabalhos de Tel Quel eram um desmentido. As análises de Marcelin Pleynet, Sollers e Julia Kristeva fizeram avançar consideravelmente o conhecimento da obra, porque em vez de se apoiar sobre a biografia do autor (quase inexistente), ou sobre as fontes (duvidosas), demonstraram seu funcionamento textual, os procedimentos retóricos, paródicos, intertextuais, escriturais. Renunciando a uma explicação global da significação da obra (que esta exclui, por sua própria natureza), e estudando as condições da produção de sentido, os novos críticos evitaram a maior armadilha em que muitas vezes caíram os críticos anteriores. Colocando-se na posição oposta à dos surrealistas, os críticos textuais de Lautréamont acabaram de vez com a imagem do "meteoro inexplicável" e com todas as vaguidades esotéricas (o Arcanjo, a "maldição de

Lautréamont" etc.) que Breton, apesar de seu declarado materialismo, deixara proliferar com grande complacência.

Em 1977, descobriu-se um exemplar da *Ilíada* em espanhol portando uma inscrição na mesma língua, assinada *Isidoro Ducasse.* A partir das informações contidas nessa inscrição, desenvolvi um trabalho em colaboração com o grande crítico uruguaio Emir Rodríguez Monegal que veio trazer novas luzes ao "enigma Lautréamont" (*Lautréamont austral*, Montevidéu, Ediciones de Brecha, 1995). Além de demonstrar o bilingüismo do "Montevideano", esse estudo examina o conhecimento que Ducasse tinha do barroco espanhol, abundantemente citado num manual de retórica que ele possuía em sua biblioteca pessoal: *Arte de hablar*, de José G. Hermosilla. As ousadias retóricas do barroco espanhol, verdadeiras prefigurações dos achados surrealistas, poderiam explicar boa parte do pré-surrealismo de Ducasse. O barroco seria o elo perdido, a "carta roubada" dessa história. E a obra de Lautréamont, o ponto candente em que se amarram os fios subterrâneos que ligam o barroco, o romantismo e o surrealismo.

Atualmente, seguindo o movimento pendular que leva a crítica a privilegiar ora a "forma", ora o "conteúdo", surgem reivindicações de uma crítica "existencial" e "histórica" de Ducasse. Mas, por enquanto, não se vê como esse tipo de crítica poderia enfrentar o persistente problema da falta de documentos concernentes ao autor e aos meios em que viveu. Resta, principalmente, o problema maior da referencialidade, numa obra tão irônica, imaginativa e transfiguradora como a de Lautréamont.

A crítica textual, como toda crítica, é parcial. Ela revela um Ducasse cerebral, explicável pelo universo cultural de suas próprias leituras ou por estratégias textuais conscientes. Opondo-se à leitura surrealista, que por amor ao mistério permitia projetar sobre a obra de Ducasse todo tipo de delírio subjetivo, os leitores textuais tiveram de deixar de lado outros aspectos de Lautréamont: a força extraordinária de seu profetismo, a dor que está certamente na origem da obra e que nela aflora, a violência com que ela nos atinge, o humor irresistível de certas passagens, os fragmentos de poesia pura que, por definição, admiramos sem compreender.

André Breton não foi, nem quis ser, um crítico de Lautréamont. Foi um leitor apaixonado, que se deixou impregnar por aquilo que chamou o "magma germinativo" de Maldoror, e foi fiel a essa inspiração até o fim de sua vida. Num artigo recente, publicado no *Le Monde*, Julien Gracq nos convida a "voltar a Breton", e conclui que, se o surrealismo não mudou a vida, pelo menos a oxigenou bastante, trazendo a poesia para a vida de todos os dias. "Para os manes de Breton", diz ele, um século após seu nascimento e um quarto de século após o desaparecimento oficial de seu grupo, "as perspectivas não estão fechadas."

Entre os manes de Breton, Lautréamont foi o maior, e aquele que continua demonstrando sua capacidade de renascer para cada nova geração, com as qualidades do surrealismo, que são afinal as da juventude: rebelião, altivez, desmedida, sarcasmo, liberdade, poesia.

Querelle: Fassbinder × Genet*

Querelle é um filme que fascina e incomoda. Incomoda porque a fascinação nasce do abjeto? Evidentemente, não é por ser um filme sobre o homossexualismo, o crime, a traição, a prostituição, que *Querelle* incomoda. O espectador comum suporta e tira prazer desses temas, quando tudo está em seu lugar, isto é, no lugar do Mal ou no lugar do Bem (o mal como simples inversão do bem). O insuportável, em *Querelle*, é a mistura, que o filme força a reconhecer, no mais profundo de nós, dos supostos opostos, aquela "desordem de entranhas", como diz Genet.

Contrariamente ao que muitos dizem, tentando afastar-se dessas areias movediças, *Querelle* não é um filme sobre a homossexualidade feito para homossexuais, como não é um *thriller* para espectadores secretamente sádicos. *Querelle* desconforta a todos, hétero e homossexuais, bandidos e mocinhos. Porque é um filme de gente para gente, e gente tem em si tudo misturado, embora nem sempre queira reconhecê-lo. Não é um filme pornográfico, nem de

* *Folhetim, Folha de S.Paulo*, 18/12/1983.

aventuras. É um filme todo simbólico, alegórico, sobre as coisas mais essenciais do homem: a separação dos sexos, o amor e o poder, o bem e o mal, a vida e a arte, o esperma criador e o excremento morto. Separações necessárias e impossíveis.

Não pretendo falar aqui de Genet ou de Fassbinder em geral, de seus temas obsessivos, de suas éticas, de seus estilos. O "caso" Genet — ex-ladrão, presidiário, vagabundo, simpatizante do nazismo, homossexual militante e, "no entanto" (diriam ou disseram certos críticos), grande escritor — já está suficientemente estudado, em particular por Sartre em *Saint Genet, comédien et martyr* (1952). O "caso" de Fassbinder cineasta, deixo-o aos especialistas.

O que pretendo enfocar aqui é a questão da transposição de uma obra literária para o cinema, e certas coisas curiosas que ocorrem nesta transposição do romance *Querelle de Brest* ao filme *Querelle*. Já na apresentação do filme, somos informados de que se trata de uma obra "sobre" [*about*] *Querelle de Brest*, de Jean Genet. De fato, trata-se da mesma obra e de outra bem diversa, como veremos.

As personagens e a história são fundamentalmente as mesmas. O navio *Vingador* aporta em Brest. Nele, vem o marinheiro Querelle, jovem, bonito e forte. Seblon, o comandante do navio, dedica-lhe um amor exaltado, ocultado sob uma atitude de dureza e de desdém. No porto, vive Robert, irmão de Querelle, gigolô de Lysiane, dona do bordel Feria. Durante sua breve estada em Brest, Querelle mata e rouba, entrega-se sexualmente ao marido de Lysiane (Nonô) e a um policial (Mário), quase conhece o amor com outro jovem assassino (Gil), entrega esse amigo à polícia e, finalmente, torna-se amante de Lysiane. Enfim, uma personagem e uma história bastante repulsivas para a moral vigente.

É evidente que Genet não escreveu esse livro para contar tais aventuras ou para criar um tipinho reles como Querelle, como pessoa. Nem para denunciar as mazelas da sociedade, na terra ou no mar. Aqui, como em outras obras, Genet situa as personagens no plano do mito e trata os acontecimentos como rituais. E é por isso que não se pode classificar nem exorcizar Genet; suas obras não são meros testemunhos, documentos sociais, mensagens políticas ou ficções interessantes. Também não se podem, como tentaram alguns críticos, separar as coisas assim: o conteúdo das obras de Genet é nojento, mas seu estilo é admirável. Na verdade, Genet é desigual. O "conteúdo" dessas obras é ora interessantíssimo, ora tedioso; seu estilo também é uma mistura de vulgaridades, lugares-comuns e pieguices, com altas elegâncias literárias e, ocasionalmente, fulgurâncias escriturais de tirar o fôlego. O valor de Genet está no modo como ele encena (não nos esqueçamos de que ele foi essencialmente dramaturgo) seu universo.

A grandeza da personagem Querelle, no romance, é sua transfiguração mítica. Querelle é, ao mesmo tempo, um marinheirinho vulgar e o "Anjo do Apocalipse", que tem "os pés sobre a água e a cabeça na confusão dos raios de um sol sobrenatural" (traduzo e cito a partir das *Oeuvres complètes* de Genet, Gallimard, 1953). E como se opera essa transfiguração? Pelo fato de Querelle não ter, literalmente, nenhuma existência própria, e de ser uma criação, ou uma emanação do narrador e das outras personagens. Querelle é *engendrado* pelo narrador, pelo tenente Seblon e por Lysiane.

O narrador nos indica como nasce, nele e dele, a personagem Querelle. Falando na segunda pessoa do plural, ele escreve:

> Era preciso que, em nós mesmos, pressentíssemos a existência de Querelle, já que certo dia, cuja data e hora não podemos precisar, resolvemos escrever a história (essa palavra é pouco exata, se ela designa uma aventura ou uma série de aventuras já vividas). Pouco a pouco, reconhecemos Querelle — já no interior de nossa carne —

crescendo, desenvolvendo-se em nossa alma, alimentando-se do melhor de nós, e primeiramente de nosso desespero de não sermos nós mesmos nele mas de o termos em nós.

Assim como Querelle surge do mais íntimo do narrador, ele também deve ser recriado pelo leitor, que é induzido a deixar a personagem "desprender-se pouco a pouco de seus próprios movimentos, surgindo desarmado de uma tenebrosa região de nós mesmos". Portanto, a primeira identificação e a primeira luta (a primeira querela) do livro ocorrem entre o narrador e a personagem, entre esta e o leitor. Segundo o narrador, o leitor deverá completar, "em virtude de seu próprio mal-estar, o contraditório e enviesado caminho da idéia de assassinato nele mesmo".

Como personagem, Querelle é tão inconsistente que ele se sente em constante "perigo de morte". No nível do relato, é o perigo da descoberta de seus crimes e da conseqüente condenação à morte. Mas a sensação recorrente de evanescência e até de inexistência, que acomete a personagem, se deve à sua total dependência com relação a seus inventores, que a qualquer momento podem livrar-se dele, anulando uma existência que eles mesmos criaram.

Que ele seja fruto da imaginação de Seblon, está explicitado no livro: "nascido daquela solidão em que o oficial permanecia recluso". Querelle é modelado, amorosa e obsessivamente, pelo olhar apaixonado do tenente. Em muitos trechos do livro, Querelle é apresentado não como um indivíduo, mas como representativo de um gênero, um exemplar da espécie "Querelle", o Marinheiro, o corpo jovem e forte que alimenta os delírios do oficial. Querelle pode ser lido, também, como uma invenção masoquista de Lysiane, que vê em seu amante Robert a virtualidade de um "irmão" homossexual e assassino, o qual acaba por materializar-se como um duplo do primeiro. Robert recusa sempre essa identificação, mas como é fraco e submisso a Lysiane, acaba também presa dessa miragem.

Querelle é o informe que obriga as formas a se precisarem, o neutro que pede a definição, a imposição de um desenlace na "luta de desejos opostos" que se trava em cada uma das outras personagens: "Madame Lysiane experimentava cruelmente que fora graças a Querelle que ela havia, como Mário e Nonô, saído da solidão à qual a partida dele os fazia voltar. Ele aparecera no meio deles com a súbita presteza e a elegância do coringa. Ele embaralhava as cartas, mas lhes dava um sentido".

Para transpor o romance para o cinema, Fassbinder usa magistralmente numerosos recursos que compensam e às vezes superam o verbal. Entre esses recursos de equivalência, estão o uso bem dosado da voz *off* do narrador, a colocação de vários comentários do narrador na boca das personagens, a transformação do diário escrito por Seblon em fala gravada pelo mesmo.

Onde a imagem cinematográfica cumpre melhor as possibilidades do livro é, naturalmente, naquilo que o livro refere como visual. Já na primeira página Genet diz que "os portos são o teatro repetido de crimes". Ora, Fassbinder nos apresenta um *cenário* magnífico, desprovido de qualquer intenção realista e iluminado de forma dramática. Nesse cenário, as personagens se movem e falam teatralmente: as lutas são balés, os crimes são rituais. A lentidão dos movimentos e a impostação voluntariamente artificial das falas, assim como a música fúnebre e religiosa de fundo, acentuam esse efeito de representação ou de cerimônia. Os cortes efetuados por cinco textos escritos — dos quais um é uma epígrafe do livro (Plutarco), três são trechos do romance, e só um é estranho à obra de Genet (o retrato de Saint-Just por Panagel) — colaboram para esse efeito de distanciamento, que corresponde mais à proposta do Genet teatrólogo do que ao romance em questão, afinal mais realista do que o filme.

Há também os recursos que ultrapassam as possibilidades do romance como obra verbal. Primeiramente, a liberdade tomada por Fassbinder de utilizar o mesmo ator para fazer Robert e Gil. No romance, são duas personagens distintas, mas há uma indicação do amor fraterno de Querelle por Gil, que Fassbinder leva às últimas conseqüências. Outros elementos simbólicos do livro podem estar, no filme, constantemente presentes e subliminarmente ativos, sem que o autor precise parar a narração para introduzir a descrição: é o caso dos espelhos, dos vidros, da neblina. O filme pode ir mais longe no onírico e no simbólico do que o romance, no qual há uma distribuição: realismo nos episódios narrados, delírio nas divagações do narrador ou no diário de Seblon. Assim, no filme, durante a luta dos irmãos, passa o cortejo de Cristo com a cruz. No lugar onde houve um assassinato, vislumbra-se depois a mesma cruz. No bordel, há bispos e padres entre os figurantes, materializando, sem quebra da narrativa, o "sacrilégio" que, no livro, é apenas um clima criado pelas comparações evangélicas. Esses sacerdotes dissolutos lembram as personagens de outra obra de Genet, *O balcão*, que por ser teatral está mais próxima do cinema do que o romance.

Mas se a imagem cinematográfica tem a superioridade do impacto imediato e da simultaneidade das visões (enquanto no texto verbal as imagens têm de ser evocadas uma a uma, na sucessão das linhas), se o cinema pode jogar com planos, luzes e música de fundo, a literatura é insuperável na sugestão, na criação de um irreal-real que é o mito.

Alguns criticaram o ator Brad Davis por não alcançar a grandeza da personagem de Genet. Mas pouquíssimos corpos reais conseguiram, no cinema, libertar-se de sua contingência física para transfigurar-se em mito. E mesmo os que o conseguiram criaram mitos mais limitados do que os da literatura, onde a liberdade da imaginação do leitor é quase ilimitada. Brad Davis está perfeito como o Querelle físico e psicológico, em sua mistura de beleza e vulgaridade, de força e fragilidade, de crueldade e ternura — o que já é um trabalho e tanto. Mas ele não pode, como o Querelle do livro, ser um ectoplasma que muda fisicamente segundo o olhar que o cria (o do narrador, o de Seblon, o de Lysiane) e atingir as alturas do mito.

Uma seqüência do filme que mostra bem essa superioridade da literatura é aquela onde Querelle aparece coberto de carvão. No filme, o marinheiro está apenas sujo, no máximo interessante e bonitinho, pelo brilho dos olhos e a malícia do sorriso. No livro, Seblon vê Querelle transfigurado em demônio sedutor, e o marinheiro, alimentado pelo olhar do oficial, se sente e se torna belo como um ser sobrenatural. É pena que não possamos citar todo o trecho, belíssimo, de Genet. Mas vejamos apenas alguns fragmentos:

> Que matéria recobria tudo isso? Sem dúvida, era apenas um pouco de pó de carvão — matéria que conhecemos, cuja composição é sabida —, e essa coisa tão simples, tão banal, tão capaz de aviltar rostos ou mãos, concedia ao marinheiro o poder misterioso de um fauno, de um ídolo, de um vulcão, de um arquipélago melanésio. Ele era ele mesmo e não o era mais [...] Ele vinha do inferno, mas de uma região do inferno onde os corpos e os rostos são belos. Querelle sentia sobre si o pó de carvão como as mulheres sentem, sobre seus braços e suas ancas, as pregas de um tecido que as torna rainhas. Tal maquiagem, deixando intacta sua nudez, fazia dele um deus [...] Ele era forte por ser tão belo e por acrescentar ainda, à sua beleza, a aparência cruel das máscaras [...] Querelle era então a prova de que uma poeira de carvão não é uma coisa assim tão simples, já que ela pode transformar a esse ponto, ao pousar de leve sobre a pele, a alma de um homem. Ele era forte por ser, para si, uma massa de luz, e aparência de noite para os outros; ele era forte por ativar-se na região mais

profunda do navio. Enfim, ele experimentava a doçura das coisas e dos objetos fúnebres, sua leve gravidade. Ele velava sua face enfim, e secretamente, à sua maneira, usava o luto de sua vítima.

Que imagem cinematográfica poderia recuperar e transmitir tudo isso? Que matéria é essa, tão leve e poderosa, que mascara e transfigura o real, para além de qualquer imagem concreta? Essa matéria é a palavra poética.

Como dissemos, o roteiro de Fassbinder é bastante fiel ao romance de Genet, no que se refere à trama e ao clima geral. Entretanto, o fim do filme diverge profundamente do romance, modificando inteiramente a significação da obra. No fim do romance, Seblon confessa um falso roubo, entrega-se à polícia e vai preso. Lysiane também é sacrificada por Genet. Verificando que os dois irmãos eram inseparáveis, que ela jamais conseguiria interpor-se entre eles, decide atear fogo ao bordel. A última frase do livro é: "Diante de Querelle, Madame Lysiane não experimentava mais aquilo que os esgrimistas chamam de sentimento da espada. Ela estava só".

Ora, no filme, a solidão e a derrota de Lysiane são provisórias e, no final, ela é vitoriosa. Já a primeira cena do filme (que não existe no livro) preparava esse fim: nessa cena inicial, Lysiane põe as cartas do tarô. Quando, na cena final, ela repõe as cartas, sua reação ao que nelas vê é a risada libertadora e a declaração que ela faz a Robert: "Você não tem um irmão!". Robert, antes abatido e bêbado, começa a recompor-se, recoloca seu anel, levanta a cabeça e esboça um sorriso de alívio. A música de fundo se torna leve, quase alegre. Sente-se que está amanhecendo. Lysiane liquidara Querelle, pelo menos para Robert. Se, ao olhar-se então num espelho, ela vê a imagem de Querelle, isso não significa necessariamente a volta do mesmo (embora também não a exclua), mas é principalmente a redução final de Querelle a um mero reflexo, dela mesma e dos outros. A consciência da existência meramente projetiva de Querelle é um caminho de libertação, um modo de "dar as cartas" de seu próprio destino.

Quanto a Seblon, Fassbinder o resgata também, contra Querelle. É um Querelle frágil e suplicante que segue Seblon até o interior do navio, um Seblon altivo, forte, inexpugnável em sua imaginativa solidão. É reveladora a transferência, efetuada pelo cineasta, da fala de uma personagem para outra. Trata-se da frase: "Só conhecerei a paz quando você me possuir e me conservar deitado sobre suas coxas, como uma Pietà guarda Jesus morto". No livro, essa frase pertence ao diário de Seblon, e é dirigida por este a Querelle. No filme, é Querelle quem a diz a Seblon, e a imagem o confirma.

Essa vitória final de Lysiane e de Seblon, na obra de Fassbinder, é a vitória do feminino, que não é exclusiva do sexo feminino, embora Lysiane, a mulher, aí o represente de modo mais completo. A superioridade vital — para não dizer ética — de Lysiane e de Seblon está apontada no livro de Genet. Lysiane é descrita e analisada sempre de modo positivo e admirativo: "Da pérola, Madame Lysiane tinha a suavidade, um brilho velado que vinha menos de sua tez leitosa do que de um depósito, nela, de felicidade calma, iluminada pela paz interior". Lysiane é caracterizada como "altiva e soberba", "sábia", "doce e bondosa".

Seblon, por sua vez, é apresentado por Genet como infinitamente superior aos outros homens do livro. Ele tem a coragem física de enfrentar de peito aberto o revólver de Gil, e a generosidade secreta de não o identificar para a polícia. Seblon é tão de outra espécie que, segundo Genet, ele nem está *no* livro (isto é, nessa história sórdida). "O tenente", diz Genet, "era mais livre do que todos os Querelles da frota, ele era o puro dos puros." Essa "pureza" de Seblon é a feminilidade do pederasta. Genet deixa bem claro que "nenhum dos heróis deste livro (exceto Seblon, mas Seblon não está *no* livro) é pederasta". No livro, como no filme, só Lysiane e Seblon são capazes de dar amor. Lysiane, porque é a feminilidade em sua forma considerada a mais completa: a mãe. Seblon, porque traz o feminino em si. Note-se que não sou eu, leitora mulher, quem o diz, mas o próprio Genet: "aquela ternura profunda e generosa que só um pederasta pode oferecer".

O mundo dos machos é, em Genet como em Fassbinder, um campo de luta: vaidade, rivalidade, força, poder, nunca amor. É apenas uma "pobre ternura", "como um raio cinzento", que pode simular o feminino nas relações entre os machos. É Genet quem fala: "Não que essas relações se tornem algo próximo do verdadeiro amor entre homem e mulher, ou entre dois seres dos quais um é feminino, mas a ausência de mulher nesse universo obriga os dois machos a tirar de si um pouco de feminilidade, a inventar a mulher". Querelle é não apenas a recusa desse feminino (ele foge do amor, quando o encontra), mas também uma ameaça de morte para a mulher. "Você é apenas uma mulher", diz ele a Lysiane. E ela reconhece, assustada: "Você quer me destruir!".

E é aí que Fassbinder se desliga de Genet, como um irmão do outro. Embora indicando a feminilidade como o domínio do amor e da salvação, Genet opta pelo mundo dos machos, que ele mesmo caracteriza como brutal, policial, militar e até nazista. Fassbinder ainda é fiel a Genet quando faz seu Querelle dirigir uma saudação nazista a Mário e Nonô, quando acentua até a caricatura suas personagens machos-gays, quando multiplica os fetiches dessas personagens: motos, pulseiras de couro, facas e revólveres. Esse é o mundo dos Querelles, o mundo onde permanece Genet, cuja opção declarada era "a santidade do crime". Genet reconhece a existência do feminino, mas o despreza.

Fassbinder, que, afinal, quase só fez filmes sobre mulheres, mesmo em *Querelle* — e aí divergindo de Genet — resgata o feminino, não como o poder que vence, mas como a soberania do amor, desejado e impossível. "Enquanto as coisas forem como são", declarou Fassbinder, "quase devemos ter medo de encontrar alguém que possamos amar. Isso é uma razão suficiente para ter medo, constantemente."

Mesmo na vida real, Genet manteve sua posição de macho inflexível. Fez um jogo duro de poder com Fassbinder, primeiro negando os direitos do livro, depois cedendo-os com a condição absurda de que ele fosse filmado em vinte dias, e finalmente cobrando uma multa enorme porque houve um atraso de quatro. Na existência, Fassbinder perdeu a luta. Seu testemunho, como sua morte, é trágico mas não amargo, nem desesperado. Sua obra de cineasta se encerrou com a risada maravilhosa de Jeanne Moreau.

Lacan, o bruxo*

Às vésperas de comemorar seus oitenta anos, Lacan dissolveu a Escola Freudiana de Paris, fundada por ele em 1964, e suspendeu seus seminários, que havia trinta anos se sucediam sem interrupção. A Escola, designada por ele como "a cola", transformara-se num grupo pululante de discípulos pegajosos; fiéis imitadores, divulgadores, adoradores, aduladores ou contestatários, todos estavam pegando no seu pé, imobilizando-o numa incômoda posição estatuária. O velho leão, que muitos consideravam amansado, e em cuja jaula se fazia gato e sapato, deu uma sacudida vigorosa e inesperada, enxotou a todos e recuperou sua majestosa solidão.

Estupefatos, desarvorados, os discípulos ficaram por um momento perdidos, sem saber o que fazer com seus trocadilhos requentados, seus "matemas" duvidosos, os barbantes e papeizinhos com que imitavam as astuciosas prestidigitações do mestre em seus seminários. Fechada uma porta, o mestre entretanto abriu outra: anunciou a formação de um novo grupo, para o qual os can-

* *Jornal da Tarde*, São Paulo, 9/5/1981.

didatos poderiam apresentar-se mediante uma carta. "Deixo-os em suspenso", dizia ele na "Carta de dissolução", "para que mostrem o que sabem fazer, além de sobrecarregar e diluir um ensino em que tudo é ponderado" (*Ornicar*, nº 20-1).

Formou-se logo uma fila (outra "cola") mais comprida do que a dos correios e telégrafos; com a peculiaridade de que todos os missivistas queriam, a toda força, usar também os canais da imprensa e assim mostrar, não só ao destinatário das cartas mas também ao grande público, o quanto eles eram dignos de ser aceitos. Mas a imprensa estava avessa a essa avalanche epistolar e continuava a interessar-se apenas por Lacan, que, já então, se fechara novamente em copas.

Essa e outras histórias nos conta Catherine Clément, num livro divertido como um romance de aventuras e com um título digno de um folheto de cordel: *Vidas e lendas de Jacques Lacan* (Grasset, 1981). A autora é filósofa de formação (École Normale Supérieure) e jornalista de profissão (*Le Matin*, de Paris), dupla qualificação que lhe faculta o saber e a comunicabilidade (coisa rara no jornalismo cultural). Pretextando explicar, para sua filha de quinze anos, quem é esse tal de Lacan, Catherine Clément conta as aventuras do herói ao longo do século e expõe suas teorias de modo acessível.

Partindo da história contada por Freud, da "açougueira que não queria caviar", ela demonstra os tortuosos caminhos do desejo: de como a gente não quer o que quer, e quer o que pensa não querer, ou então, de como a gente deseja o desejo do Outro. Elementar, caro Fliess. Em seguida, ela transforma os espinhosos "grafos" de Lacan num simples jogo de amarelinha no qual, pulando de casa em casa, vamos encontrando todos os conceitos lacanianos: Outro, objeto *a*, significante, sujeito barrado, demanda, desejo, imaginário etc. Uma amarelinha que aos poucos se complica, é verdade, mas que nem por isso deve assustar o jogador: "Um pé na segunda casa, e outro no ar. Lacan coloca duas letras", nada de pânico! ainda são as mesmas, "nos pontos de cruzamento". De passagem, a instrutora comenta o jogo com certa irreverência: "É bonito; resulta numa 'questão'. Nada é realmente científico mas, como é um 'grafo', é coisa séria". Entretanto, ela reconhece sempre que o inventor do jogo é muito "inspirado".

Quando a autora explica, em outro ponto do livro, o funcionamento da grande trilogia lacaniana *Real — Simbólico — Imaginário* (*RSI* para os íntimos), tem-se a impressão de estar vendo uma vendedora demonstrando um tipo especial de televisor. Deixando-me levar pelo humor de Catherine Clément, imaginei, por conta própria, algo como: aperte o botão do Id e aparecerão as imagens terríveis do *Real*. Melhor dizendo, não é preciso apertar, porque esse botão funciona automaticamente, e quando menos se espera; e, se assim não fosse, ninguém ia querer ver esse canal. Seus filmes têm cenários de Bosch, roteiro do Marquês de Sade e música de Nero. Enfim, uma barra (que por isso se barra). Aliás, quem vê esse canal em tempo integral já entrou no departamento da psicose.

O canal do *Simbólico*, por sua vez, pareceu-me ter algo a ver com uma televisão educativa. Tem uma programação muito antiga (já existia quando a gente nasceu) e caracteriza-se pelo verbalismo. O diretor desse canal é o Superego, e seu locutor é o Outro, muito bem articulado, sistemático e legiferante. Já o canal do *Imaginário* é o mais agradável: aí só passa novela colorida de que a gente mesmo é estrela bem maquiada. É o canal do Ego. A novela às vezes é triste, mas é sempre mais interessante do que a vida. Pena que seja mentira e neurose. A grande questão é sintonizar bem tudo isso, porque o aparelho costuma misturar os canais. Os canais *S* e *I* (discurso e novela) alternam-se sem grandes transtornos. Mas o canal *R* (lapso e delírio) age por bruscas e insistentes interferências. Assim, de repente, a estrela da novela fica careca e desdentada, leva um sermão do Superego, escapa para a Ilha da Fantasia, onde se torna novamente loira e linda mas é logo violentada pelo Zé do Caixão, refaz-se do susto, retoca o batom, o Outro lhe diz que o batom é apenas um artifício, e assim por diante. Sintonizar de modo mais ou menos satisfatório, sem recusar a verdade do canal *R*, a lei do canal *S* e o amparo do canal *I*, é o que se busca no processo da análise. Os três canais são necessários porque: a verdade é iniludível, mas nunca pode ser "toda"; a lei é a condição do desejo; a fantasia é um véu, mas pode também ser a vela que permite avançar em direção à verdade.

Mas voltemos ao livro de Catherine Clément. Muitos poderão dizer que ela simplifica, e que cede freqüentemente ao brilho fácil de uma frase de efeito. Mas não se pode dizer que ela não conhece seu assunto. Seguidora de Lacan desde as primeiras horas públicas de seu ensino, Catherine Clément talvez o barateie, mas nunca o falseia de todo. O livro, aliás, é mais sobre o "fenômeno Lacan" do que sobre a teoria lacaniana. Esse "fenômeno Lacan" deve ser lido como a exposição de um imaginário relativo a Lacan, um imaginário que não é só da autora mas também de um grande número de intelectuais "lacanianos". Quanto ao imaginário pessoal da autora, o livro deixa transparecer uma relação de amor e ódio pelo mestre, transferência que ela não ignora mas considera superada, o que é duvidoso. Mais amor do que ódio, diga-se a bem da verdade. Sua fascinação pela força do mestre, seu afinco em exaltá-lo e defendê-lo são maiores do que a tentação de atacá-lo em seus pontos fracos. As alfinetadas que ela lhe dá, pela via humorística, são agressões atenuadas.

As comparações por meio das quais ela vai definindo a personagem Lacan são das mais sugestivas: mulher paranóica, mística (santa Teresa), comediante e mártir (Jean Genet), o Velho do Mar (de Hemingway), Sócrates, Espinosa, Don Juan, general De Gaulle, fênix, xamã — com todas essas figuras Lacan tem realmente algo a ver. Um paralelo que ela não faz e que me pareceu evidente, quando freqüentei os seminários do mestre (no início dos anos 70), é o de Lacan e seus discípulos com Luís XIV e sua corte. Aliás, para entender como funciona o "parisianismo" intelectual, a leitura mais útil é a das *Memórias* de Saint-Simon, o pequeno duque bisbilhoteiro e repórter genial que documentou, dia a dia, a vida na corte do Rei Sol.

Saint-Simon narra as complicadíssimas e irrisórias intrigas de Versalhes, mostra como aquele mundinho vivia pendente dos humores do rei, pronto a imitá-lo em qualquer novidade de vestimenta ou conduta, disputando com longas argumentações o direito de ficar ou não com chapéu em sua presença, de sentar-se num banquinho ou permanecer de pé, de estar presente ao seu despertar etc. Um só olhar do rei, num cruzamento de corredor, e, ainda mais, uma única palavra sua (mesmo que fosse apenas "Bom dia") faziam a glória de um cortesão por horas ou dias. Imantado pelo fulgor real, o cortesão privilegiado via-se logo cercado por uma pequena corte solícita. O contrário, evidentemente, era o ostracismo. Se o rei não o via, o cortesão tornava-se invisível para todos.

Paris tem várias cortes intelectuais, cada uma com seu astro. Mas nenhum outro astro intelectual teve, nos anos 60 e 70, um reinado tão carismático quanto o de Lacan. Mesmo os reis de outras cortes sofreram sua influência ou, pelo menos, não puderam ignorá-lo. Todas as vezes que vi Lacan pude presenciar reações versalhescas. Em 1973, no primeiro Congresso de Semiótica, em Milão, Lacan desfilava na Galeria Vittorio Emmanuele como um rei em visita a outro reino, cercado de mulheres lindíssimas vestidas de modo extraordinário. Sua alta estatura, os cabelos brancos em escovinha e o sobretudo imponente favoreciam o desfile. Na mesma ocasião, vi um conhecido intelectual italiano mandar um de seus amigos sair pela porta de serviço porque "il dottore Lacan" — prodígio e honra! — estava chegando pela porta principal, e seria uma afronta alguém sair quando ele chegava. Em Paris, um amigo meu contou-me que, numa reunião em que Lacan estava presente, este o chamou pelo nome em voz alta. Resultado: no resto da reunião, meu amigo ficou cercado de mulheres que, de repente, tinham descoberto seu encanto. Etc.

Quanto ao seminário, ali era realmente a Galeria dos Espelhos. A multidão, que já estava lá havia muito tempo (entrar era um desforço físico em que os mais rápidos e mais fortes triunfavam; Philippe Sollers era o campeão do salto tríplice por cima das mesas), essa multidão se calava quando o Rei chegava, seguido por solícitas secretárias carregando seu casaco e sua pasta. Indiferente à corte, o Rei se dignava falar, mas olhando para o vazio; ou de costas, voltado para o quadro-negro; ou tão baixo que ninguém ouvia nada. Corria então um discreto burburinho pela platéia: o quê? o quê? Como se a vida de cada um estivesse suspensa àquelas enigmáticas palavras. E, como todo Rei que se preza, aquele designava a si mesmo pela terceira pessoa majestática: "O ensino de Lacan...", dizia ele.

Às vezes, o Rei se distraía com um brinquedo privado, manipulando barbantes cheios de nós (que figuram a "questão do sujeito"). Embora aquilo se chamasse "seminário", ninguém era louco a ponto de falar com o Rei. Uma vez, porém, Lacan fez uma pergunta (evidentemente retórica, falsa pergunta) e um ouvinte, ingênua ou temerariamente, respondeu. Surpresa geral, inclusive de Lacan, que comentou: "Gosto muito desse auditório. A gente joga a bola e alguém a traz de volta, gentilmente, como um cachorrinho".

Esses são apenas alguns episódios menores, que eu testemunhei ou de que tive relato direto. A lenda pessoal de Lacan tem episódios infindáveis e Catherine Clément conta vários deles. Um que acho delicioso é o seguinte: um colega inglês foi visitar Lacan e este o recebeu dizendo: "Glória..."; o inglês respondeu imediatamente: "*Gloria tibi, domine*", mas descobriu logo em seguida que Glória era apenas o nome da secretária que Lacan estava chamando. Outras histórias, menos inocentes, correm de boca em boca, e algumas foram transpostas em virulentos romances de ex-pacientes seus. Até história em quadrinhos, com Lacan transformado em herói de caratê, já foi feita.

Mas Lacan pode ser reduzido à sua lenda pessoal? Evidentemente não. Essa lenda tem um interesse lateral e secundário. É fato que a figura do psicanalista, e com maior razão a de um Psicanalista Mestre, se presta às mais delirantes projeções e fantasias. O Psicanalista Mestre é um homem de ciência ("o sujeito suposto saber", diz Lacan) e, ao mesmo tempo, uma espécie de mago, de xamã, na medida em que seu saber se liga a uma prática de cura pela palavra. O discurso do Psicanalista Mestre capta o receptor não apenas no nível racional, mas também no nível inconsciente.

Pelo aspecto oracular de sua fala, pelas cisões e exclusões de que foi vítima ou autor, Lacan sempre se prestou a lendas. Quanto a suas atitudes majestáticas, afora qualquer paranóia que não nos cabe analisar, essas atitudes também eram uma técnica, e das mais coerentes com seu ensino. Ninguém melhor do que ele sabia o quanto a relação estabelecida em seu seminário e em outras falas públicas podia ser *imaginária*, o quanto sua imagem se prestava a suporte de uma fantasmagoria coletiva. Sua atitude distante, impessoal e dura, era ainda um ensinamento psicanalítico, um bloqueio às transferências selvagens, um "não" às doces ilusões do diálogo e da intersubjetividade. Cercado, adulado, odiado, Lacan manteve sempre uma grande lucidez e uma consciência total de sua solidão. Ele sabia que, atrás da máscara, era seu destino e sua obrigação profissional ser um vazio, uma decepção para qualquer demanda. Nesse sentido, o ato de dissolver sua Escola foi ainda de grande coerência, e de uma notável energia para um mestre de oitenta anos, que poderia tolerar complacentemente a emulação.

A grande força de Lacan não residia, porém, em sua pessoa, mas em sua teoria e em sua linguagem. Numa cidade como Paris, a simples moda dura pouco; e uma moda que atravessa décadas não é, obviamente, um modismo. O fato que deve ser afirmado e reafirmado, contra os julgamentos sumários e mal informados dos que querem ver o lacanismo como uma moda ou um charlatanismo (no Brasil, falou-se de "lacanagem"), é que a leitura de Freud por Lacan tem uma importância fundamental, não só para a psicanálise mas para todas as ciências do homem. Embora Lacan tenha sempre declarado que seu trabalho é apenas uma volta a Freud, um Freud para ele potencial e essencial, que as práticas psicanalíticas (principalmente nos Estados Unidos) e a velha psicologia aplicada à normalização do paciente tinham diluído e deformado, seus *Escritos* e *Seminários* vão muito além de uma exegese. A leitura de Lacan despe a obra de Freud dos resíduos filosóficos, morais e cientificistas do século XIX, prolonga suas linhas mais radicais e mais modernas, e delas tira conseqüências originais.

Explorando os pontos de contato da descoberta freudiana com as colocações das ciências do homem em nosso século, Lacan não apenas mantém Freud vivo, mas oferece a essas ciências a iluminação indispensável e subversiva da psicanálise. Relacionando Freud com Saussure, Dumézil, Lévi-Strauss, Jakobson, Benveniste e outros estudiosos da função simbólica do homem, Lacan tira faíscas novas da ciência do inconsciente, realça sua verdadeira natureza, que não é a de uma panacéia humanitária mas, como disse

Freud, a de uma "peste": uma peste fatal para a velha imagem que o homem tinha de si mesmo.

Uma das questões mais fecundas e constantes da obra de Lacan diz respeito à redefinição filosófica do sujeito, que a psicanálise acarreta. Levando Freud ao extremo de sua descoberta, Lacan desaloja o sujeito do *cogito* cartesiano, mostra-o como descentrado e vazio, conjunto de instâncias, efeito de linguagem em vez de um *uno* preexistente que apenas usa a linguagem para se exprimir. É o fim do "humanismo" baseado na razão soberana e no ego pleno, com conseqüências profundas para todos os estudos do homem. Esse "esvaziamento" do sujeito não o desresponsabiliza de suas ações, mas exige uma ética sempre revista e renovada.

Foi como tal que seu ensinamento foi ouvido por filósofos, antropólogos e lingüistas, deixando marcas definitivas em suas obras. Foucault, Derrida, Barthes, Deleuze — para só citar alguns dos mais conhecidos — tiveram o curso de suas obras influenciado pelo lacanismo, mesmo quando fosse para o contestar. Até mesmo Althusser sublinhou, em determinado momento, a importância de Lacan. Opondo-se aos marxistas que teimavam em ver a psicanálise como "burguesa", "alienante", prejudicial à consciência, Althusser apontava o interesse do lacanismo como contribuição indispensável à pesquisa sobre a ideologia. A ideologia, dizia ele, pode ser definida como "a inconsciência do inconsciente". Reconhecer que o sujeito moderno é descentrado, que o "eu" é imaginário e mantenedor de uma "estrutura de desconhecimento", dizia Althusser, é um trabalho prioritário para os filósofos políticos ("Freud et Lacan", *Nouvelle Critique*, nº 161-2).

Mas o valor e o efeito de Lacan não estão apenas em sua teoria. Seu texto atrai e fascina porque Lacan é um extraordinário escritor. Não é *a posteriori*, e como um acréscimo, que podemos encará-lo como escritor; seus textos, escritos ou transcritos (a maior parte de sua obra é transcrição de sua fala), são trabalhos de linguagem: não apenas sobre a linguagem, mas na linguagem.

Lacan sempre esteve muito próximo de poetas e artistas. Em sua juventude, participou do grupo surrealista e publicou vários textos na revista *Minotaure*. Era ele quem fornecia ao grupo a informação psicanalítica, fundamental se nos lembrarmos de que a liberação do inconsciente era o objetivo número 1 do movimento. Os discursos de pacientes paranóicas, que ele revelava, alimentavam a prática da escrita automática e deram, a Salvador Dalí, a idéia de sua "paranóia crítica". Durante toda a sua vida, Lacan esteve ligado a escritores: Éluard, Reverdy, Bataille (que, segundo se diz, foi seu paciente), Queneau, Marguerite Duras e outros. Lacan colhe freqüentemente seus exemplos na literatura, comprovando uma vastidão de leituras (em várias línguas e de várias épocas), uma erudição literária que raros especialistas de literatura possuem.

Sua amizade com Jakobson comprovou e deu grande impulso a seu interesse pela poética. Contrariamente ao que se diz, Lacan não se limitou a aplicar a teoria poética de Jakobson à psicanálise, mas enriqueceu consideravelmente as teorias lingüísticas em geral. Muito antes da moda estruturalista, com a qual ele é abusivamente identificado, Lacan já assimilara à teoria do inconsciente as lições do formalismo russo e do Círculo Lingüístico de Praga. Já em 1957 ele dizia, em seu seminário: "É simplesmente a ignorância que faz crer que o formalismo tem um sentido vago; o formalismo é uma escola literária que tem um sentido extremamente preciso, e que a organização dos Estados que se situam lá para o lado do *Sputnik* persegue há algum tempo. É precisamente no plano desse formalismo, isto é, de uma teoria estrutural do significante como tal, que se coloca, de uma vez por todas, Freud".

Como os formalistas, Lacan estuda a concatenação da cadeia significante e seus efeitos de significação. Mas, em vez de deter-se no "como", o psicanalista busca também o "porquê". Sua teoria do significante está fundamentada numa teoria do sujeito do inconsciente: no desejo, na falta, na compensação, na ocultação, no entredito; por isso, vai além de uma simples descrição dos fenômenos da linguagem. Isso posto, sua convergência com o formalismo russo é notável e ainda está pedindo um estudo maior. As incidências do inconsciente, segundo Freud e Lacan, têm um efeito-surpresa muito próximo ao efeito de "estranhamento" que os formalistas detectaram na obra poética. O estudo e a prática do chiste, por sua vez, revelam um valor-verdade e um valor-prazer muito próximos daqueles obtidos na poesia. A teoria lacaniana da metáfora é importante não só para a psicanálise, mas também para a teoria literária, na medida em que ele situa a origem dessa figura no desejo do Outro, que é desejo de "outra coisa", e vê seu efeito como "criação do novo". O termo que desaparece, na metáfora, não é simplesmente eliminado, mas permanece ativo como falta; entre o primeiro termo e o segundo estabelece-se uma relação criadora de sentidos novos. Ao situar o mecanismo do chiste "em algum lugar entre a mensagem e o Outro", Lacan desfaz as ilusões de uma intersubjetividade imediata na linguagem e liquida, conseqüentemente, a concepção da literatura como comunicação de almas. Por todas essas razões, Lacan mereceria ser lido pelos literários tão bem como ele os tem lido.

Em seu próprio estilo de escritor, Lacan soube receber e desenvolver as lições poéticas dos poetas do barroco espanhol, de Mallarmé, Joyce e Lewis Carroll. É nesses geniais "trocadilhistas", e não nos surrealistas, formalmente acadêmicos, que Lacan reconhece um saber relativo ao inconsciente. Explorando os processos literários de uma tradição que vai, na França, de Rabelais a Mallarmé, e que foi recalcada pelo classicismo, Lacan foi forjando um estilo próprio e produzindo um daqueles textos da modernidade difíceis de rotular como gênero, um texto ao mesmo tempo teórico e poético. O texto de Lacan é um discurso duplo, teoria-escritura que, ao mesmo tempo, fala do inconsciente e diz o inconsciente, mimando suas torções sintáticas, seus deslocamentos, suas compressões, seus chistes. Esse texto demonstra, em sua própria forma, o funcionamento retorcido e enviesado do inconsciente, que perturba a lógica "normal" da língua. Como o próprio autor explica, nas dificuldades de seu estilo há algo que responde ao objeto de que trata. Ele não pretende "simplesmente falar da palavra, mas falar ao fio da palavra, para evocar suas próprias funções" (Seminário sobre o chiste, 1957).

Texto aparentemente delirante, à primeira vista inutilmente retórico, maneirista e precioso, mas jamais arbitrário; hesitação entre o som e o sentido (Valéry), texto que diz e se diz, com uma precisão pesada e medida; texto que, ao brincar com a língua, desvenda um saber e, ao mesmo tempo, o cifra na forma justa que surpreende e encanta, pelas conotações e ressonâncias. Que texto é esse, senão o da poesia? Se Lacan fosse apenas um pensador, seria um mestre. Mas Lacan é bruxo porque é poeta, e os poetas sabiam do inconsciente antes mesmo de Freud. Quanto à terapêutica lacaniana e seu funcionamento, não me cabe opinar.

Nos últimos meses de sua vida, Lacan fundou a nova escola prometida, a Escola da Causa Freudiana. A nova associação tinha por objetivo uma "contra-experiência": evitar que a instituição se transformasse numa capelinha de práticas esotéricas, distribuir as funções por sorteios e revezamentos, descentralizar o poder. Entretanto, os lacanianos continuaram divididos. Os boatos correram como nunca: Lacan, esclerosado, estaria sendo mantido em cárcere privado por sua família, em especial por seu genro e sucessor Jacques-Alain Miller. Suspeitou-se de que as últimas manifestações escritas do mestre eram apócrifas, e que ele já não estava em pleno uso de suas faculdades mentais. Os debates entre seguidores antigos, novos e dissidentes continuaram acesos na imprensa francesa, e Catherine David observava na revista *Le Nouvel Observateur*: "Nunca, em volta de um ancião, os futuros sobreviventes se entredevoraram com tal apetite e com tal ausência de pretextos teóricos".

Assim, até o fim, Lacan foi a personagem de uma história monárquica, com todos os ingredientes habituais: luta pelo trono, testamentos falsos, complôs, grupos hostis ao delfim etc. Até que ponto tudo isso é tipicamente francês, ou característica paradoxal do funcionamento sempre tenso das associações de psicanalistas, ou então uma conseqüência fatal da personalidade e do ensino de Lacan, é o que não se consegue ver com clareza e isenção. As vidas e lendas de Jacques Lacan, como todas as novelas, ainda prometem novos capítulos.

II
ALGUNS PORTUGUESES

Cesário Verde: um "astro sem atmosfera"?*

Falando de Baudelaire, Walter Benjamin diz que "sua poesia paira no céu do Segundo Império como 'um astro sem atmosfera'" (*Charles Baudelaire, um lírico no auge do capitalismo*, trad. Hemerson Alves Baptista, São Paulo, Brasiliense, 1989, p. 145). A metáfora é de Nietzsche e, qualquer que fosse seu sentido no texto do filósofo, em Benjamin ela aponta a "desintegração da aura", a perda de lugar e de função sofrida pelo poeta na sociedade burguesa da era industrial. Parece-me proveitoso indagar em que medida tal metáfora serviria para definir o poeta Cesário Verde.

A relação da poesia de Cesário Verde com a de Baudelaire está indiciada no próprio texto do poeta português, e tem sido pontualmente examinada pela crítica. Cesário estreou como um daqueles numerosos "baudelairianos" que proliferaram em vários países nos últimos anos do século XIX. Seus poemas explicitamente baudelairianos são poemas menores, em que a lição do mestre é redu-

* Comunicação apresentada no 6º Congresso da Associação Internacional de Lusitanistas, Rio de Janeiro, UFRJ, agosto de 1999.

zida a mera pose ou a metáforas literalizadas. A oscilação entre uma imagética já convencional e a ousadia laboriosa leva freqüentemente esses poemas à beira do ridículo.

Esse epigonismo se evidencia, às vezes, de maneira voluntariamente caricata, como no poema "Esplêndida", que descreve a passagem de uma fidalga soberba e depravada. Helder Macedo observou que, "na pacata Lisboa, subindo a rua do Alecrim, embora 'num landau forrado de cetim' puxado por 'negros corcéis velozes como a peste', a máxima depravação a que aquela insólita, e algo improvável, aparição do 'lúbrico Versailles do Rei Sol' poderia aspirar seria um almoço no Mata, ao cimo da rua, um restaurante famoso pelo seu bacalhau guisado com pimentões" (*Cesário Verde, o romântico e o feroz*, Lisboa, Estúdios & etc., 1988, pp. 17-8). O crítico mostra ainda como o artificialismo deste e de outros poemas eróticos torna improcedentes tanto a indignação moral de um Teófilo Braga como as interpretações psicológicas e biográficas dessas "depravações" por críticos mais recentes.

Até que ponto os exageros de Cesário são voluntários, é algo difícil de definir. A imitação a traços grossos, centrada na sensualidade perversa das *Flores do Mal*, foi também uma característica dos baudelairianos brasileiros: Carvalho Junior, Teófilo Dias, Fontoura Xavier e Wenceslau de Queirós. Apesar das "ousadias" eróticas e humorísticas desses poetas terem sido ainda maiores do que as de Cesário, os resultados poéticos que obtiveram foram paupérrimos. A temática erótica tinha, em suas obras, um objetivo provocador, que ia de par com a temática política. O mesmo ocorre em Cesário Verde, com igual intento. Assim, sua primeira fase pode ser incluída na chamada "poesia realista" daquele fim de século, caracterizada pelo cientificismo, pelo liberalismo político e pela sensualidade crua.

A partir de 1877, Cesário vai aos poucos achando seu caminho próprio, até chegar ao justamente famoso "O sentimento dum Ocidental". Ora, esse poema de clara inspiração baudelairiana, pelo tema do anoitecer na cidade grande, descrito por um citadino anônimo e deambulante, é paradoxalmente aquele em que Cesário mais se liberta de Baudelaire e, seguindo a lição essencial deste último, vai "ao fundo do desconhecido para encontrar o novo". Uma novidade tão radical que precisaria esperar o século XX para ser percebida.

Se o tema de Cesário é baudelairiano, sua postura diante da cidade e seus habitantes é diversa da de Baudelaire. O *spleen* baudelairiano difere da melancolia romântica por ser desabusado; entretanto, como a melancolia romântica, o *spleen* emana do "eu" e a ele reverte. A obra de Baudelaire, diz Walter Benjamin, é "monadológica": "repousa na exclusão sem condescendência de todo tema lírico que não estivesse cunhado por sua experiência dolorosa e personalíssima" (op. cit., p. 152). O realismo de Cesário é um "sentimento" do real que não tem a subjetividade do poeta como ponto de partida e de chegada. O poeta se entrega totalmente à realidade circundante, como um olho sensível ou uma antena ultra-receptora, e não como o "eu" que nela se busca, se espelha, ou por ela se exprime. Cesário deixa-se tomar pela cidade, e tudo o que ele "evoca", "imagina" ou "sonha" lhe é dado pela realidade. Sua melancolia é um sentimento coletivo assumido como pessoal: "Chora-me o coração que se *enche* e que se *abisma*". Encher-se e abismar-se, receber e perder-se configuram a postura de Cesário.

Por isso, o viandante que se "embrenha" e "erra" por Lisboa não é o poeta *flâneur* baudelairiano, individualista que se sente destacado da multidão na qualidade de dândi, de "herói" ou de "esgrimista", avatares ainda românticos do poeta sem aura. O *flâneur* de Baudelaire, segundo Benjamin, mistura-se à multidão "para, inopinadamente, arremessá-la no vazio com um olhar de desprezo". Escusado dizer que não há, em Cesário, nenhum desprezo pelas pessoas de sua cidade, mas uma comunhão desolada com as mesmas. Essa diferença foi observada por Casais Monteiro: "Sem dúvida Baudelaire ensinou Cesário a ver sob nova luz a miséria urbana, nova luz que não é só a do gás, e a perscrutar as trevas que ela esconde. Mas há aqui algo que não estava em Baudelaire, um toque de confraternidade alheio ao poeta das *Fleurs du Mal*" (*A poesia portuguesa contemporânea*, Lisboa, Sá da Costa, 1977, p. 29).

É essa postura de médium-receptor que permite a Cesário registrar instantâneos de uma cidade precisa, de uma maneira ultra-realista, porque não apenas fixa lugares e tipos humanos indiscutivelmente lisboetas, mas capta o *éthos* desses lugares em imagens fantásticas que iluminam essa realidade. Embora possibilitada, em termos de expressão poética, pela Paris de Baudelaire, a cidade de Cesário possui uma "autenticidade" que não têm as mulheres de seus poemas "baudelairianos", réplicas voluntária ou involuntariamente caricatas das musas de Baudelaire. A cidade de Cesário é a capital periférica, à margem de "Madri, Paris, Berlim, S. Petersburgo, o mundo!", para onde podem viajar os "felizes". Tudo aí é reconhecido como pequeno, provinciano e, como tal, partilhado pelo poeta. Enquanto a Paris de Baudelaire é "atroz", "terrível", "horrível" ("Horrible ville!"), a cidade de Cesário é apenas triste ("Triste cidade!").

Essa realidade é figurada mas não transfigurada, em razão de uma disposição psíquica e de procedimentos poéticos que são específicos do poeta, e diversos dos de Baudelaire. "A Lisboa de Cesário", diz Casais Monteiro, "não é nem uma invenção nem uma alegoria." Ora, em Baudelaire tudo tende a tornar-se alegoria, inclusive a cidade real da qual ele tira seus devaneios de esteta ou suas especulações metafísicas. A cidade de Paris está, afinal, menos representada nos poemas de Baudelaire do que Lisboa nos de Cesário. Cesário não "explora" a cidade, ele a "sente", incluído na coletividade, sem os privilégios de um observador aristocrata e maldito. A doença que pressente é de todos, e a infelicidade é coletiva: "Vivemos, os emparedados,/ sem árvores, no vale escuro das muralhas".

Em "O sentimento dum Ocidental", a mineralidade da cidade, que encantava Baudelaire, é experimentada como prisão e privação da natureza viva ("sem árvores"), evocada pelas "notas pastoris de uma longínqua flauta". Ao lado dessa nostalgia do campo, Cesário exprime o desejo de uma felicidade privada convencional: "Castíssimas esposas/ Que aninhem em mansões de vidro transparente". Aspiração que não é ocasional, mas que se manifesta em outros poemas: "o edificante e doce amor cristão" ("Cadências tristes"); "sem gozos sensuais, sem más idéias" ("Eu e ela"). Tanto o ideal bucólico como o ideal conjugal e doméstico estão ausentes da obra de Baudelaire, que abominava a "natureza natural", o casamento e as mulheres castas. Essa profunda diferença foi apontada por David Mourão-Ferreira: "No nosso poeta, a tendência para um ideal de normalidade e de equilíbrio [...]; no poeta francês, pelo contrário, uma permanente atração do mórbido e do extravagante" (*Hospital das letras* [1966], 2ª ed., Lisboa, Imprensa Nacional/Casa da Moeda, 1981, p. 93).

A tendência habitual, em Baudelaire, é a de auto-exclusão da vida coletiva, de isolamento desdenhoso, enquanto Cesário é alguém que busca a felicidade na inclusão. A auto-inclusão do poeta no povo português produz um alargamento histórico de seu devaneio, que inclui um passado e um futuro coletivos; o passado "ressuscitado" das "crônicas navais", do épico Camões e das "soberbas naus", e o futuro da "raça ruiva do porvir". Nada de equivalente ocorre em Baudelaire, que não se situa com relação a um passado histórico nacional e, como observa Benjamin, não apresenta "nenhuma espécie de reflexão sobre o futuro da sociedade". Se o pessimismo histórico de Baudelaire é total, em Cesário, a inserção do triste presente entre um passado glorioso e um futuro que possa repeti-lo revela um fundo de otimismo, o mesmo otimismo que ele tem com relação ao "povo", preservado da cidade, no caso dos camponeses, ou resistente a ela, no caso das varinas, "hercúleas, galhofeiras, correndo com firmeza".

Tocamos aqui num ponto nodal da obra de Cesário Verde, um nó que, já indiciado nos poemas anteriores, permanece comoventemente tenso em "O sentimento dum Ocidental" e se desata por caminhos contraditórios nos poemas seguintes, "Nós" e o inacabado "Provincianas". Que o homem Cesário fosse liberal, republicano e virtualmente socialista, está fora de dúvida. Entretanto, pode-se discutir até que ponto a sensibilidade social de Cesário, por mais autêntica e simpática que seja, é revolucionária. Claro está que, em se tratando de grande poesia, não estamos falando de um programa ou efeito revolucionário, como o que pretendiam os poetas panfletários de seu tempo; referimo-nos à postura mental do poeta.

A reação expressa por Cesário à miséria do povo é ora de piedade, ora de medo. Piedade caridosa que se exprime na palavra *dó* — "meteu-me dó!" ("Noitada"); "Dó da miséria!... Compaixão de mim!" ("O sentimento dum Ocidental"), nos epítetos "o pobre", "o mísero" ("Desastre"), nos tão lusitanos diminutivos — "Coitadinha!" ("Nevroses"), "irmãozinhos", "pobrezinhos", "ceguinhos", "mendigazitas", "selvagenzinhos" ("Em petiz"). Essa piedade é alternada de medo: "fugir aos pobrezinhos", "os pobres metem medo" (ibidem). Pode-se objetar que esses sentimentos complementares, piedade e medo, nem sempre podem ser atribuídos ao poeta, que, em alguns casos, poderia estar exprimindo um sentimento coletivo. Mas essa mesma indefinição do sujeito pode ser vista como sintomática das contradições existenciais de Cesário, um socialista comerciante e produtor rural, no máximo um bom patrão. Caridade e medo são atitudes típicas dos bons patrões, "padrinhos" e "nobres benfeitores" dos pobres ("Em petiz"), mas que, conscientes da injustiça social, temem os punhais vingadores dos "povos humilhados" ("Deslumbramentos"), o que, aliás, é um clichê da poesia revolucionária. Correlatamente, a imagem positiva da "formidável alma popular" ("O sentimento dum Ocidental"), do "campónio herói", forte, saudável e feliz ("Nós"), é também uma imagem patronal, cuja fundamentação é o elogio dos "bons trabalhadores" ("Cristalizações"). A mesma imagem condescendente aparece nas cartas de Cesário: "este povo forte, pacífico e incansável" (carta a António de Macedo Papança, 29 de agosto de 1880).

A visão que Cesário tem do povo é mais próxima da de um liberal romântico e paternalista como Victor Hugo do que da de um anarquista como Baudelaire, o qual, diante da pobreza, mais se enfurecia do que se enternecia. De modo escandaloso para os caridosos, e mais subversivo em sua ironia, Baudelaire aconselhava que se espancassem os pobres, que estes usassem luvas para mendigar, que se quebrassem os vidros do honesto vidraceiro etc. Essas atitudes provocadoras não ocorreriam a Cesário, igualmente capaz de indignação mas muito mais bondoso do que Baudelaire. A propósito, é de observar-se que Cesário raramente é irônico; a ironia supõe uma superioridade do enunciador, e Cesário coloca-se quase sempre no mesmo nível que as pessoas por ele descritas, ao rés de seu tema. É também curioso observar que Cesário, ateu e anticlerical, se mostra tantas vezes imbuído de caridade cristã, enquanto Baudelaire, religioso mas assumidamente mau cristão, propõe atitudes politicamente mais arrojadas. Em contrapartida, o ateísmo de Cesário favorece práticas poéticas mais ousadas, isto é, mais modernas do que as de Baudelaire. As metáforas e alegorias de

Baudelaire tendem sempre a uma elevação ao plano metafísico, enquanto as imagens de Cesário nascem e permanecem no plano da realidade concreta. Basta comparar os cegos de Baudelaire ("Les aveugles"), sonâmbulos assustadores que buscam algo no céu, com os cegos de Cesário, simples feirantes cobertos de poeira e de suor, com olhos que rolam "como dois escarros" ("Em petiz").

O otimismo rural de Cesário é típico do minifundiário de um país ainda agrário, como era a França no começo do século XIX, quando Lamartine, no dizer de Walter Benjamin, "louvava a própria prosperidade como se fosse rural". David Mourão-Ferreira analisou agudamente a volta final de Cesário ao campo: "Começando por tentar fugir à classe, Cesário caminha gradualmente ao encontro da vida. Mas é iludido neste percurso, vitimado pelos preconceitos e prejuízos da burguesia — a que, mau grado seu, continua a pertencer". De fato, sente-se permanentemente, em Cesário, um certo mal-estar diante de uma realidade que ele considera injusta, mas da qual usufrui como comerciante e produtor rural. Mal-estar que desembocará num "impasse poético e ideológico", como bem apontou Helder Macedo. O impasse é também poético porque, confrontado existencialmente com a doença e a morte, o Cesário urbano se refugia na família e no campo, versificando bons sentimentos que, como diria Gide, não costumam produzir boa literatura. Por mais respeitável e comovente que seja o drama pessoal do poeta, é preciso reconhecer que, depois de "O sentimento dum Ocidental", sua poesia conhece um franco declínio de qualidade.

Colocado no contexto internacional de seu tempo, e na perspectiva da poesia vindoura, Cesário Verde constitui um "caso" muito original: o do poeta-comerciante, nem maldito, nem rebelde, nem isolado mas, pelo contrário, o bom rapaz tal qual a sociedade burguesa prepara e aprecia. Ora, se o que caracteriza a poesia da modernidade são as categorias negativas (Friedrich), o antagonismo à sociedade (Adorno) ou mesmo a associalidade (Barthes), Cesário seria uma embaraçosa exceção: "Eu, pacato e ordeiro entre uma população bondosa e valente" (carta já citada). Seria Cesário a prova de que uma poesia moderna enquadrada e normalizada é possível?

Na verdade, o que sua poesia diz, em seus melhores momentos, é a fragilidade desse desejo de normalidade e de inclusão social. A cidade de "O sentimento dum Ocidental" e seu deambulante poeta tocam-nos tão fundamente porque ambos se apresentam como ameaçados de um desastre. Assim como os prédios estão na iminência de se transformar em sepulcros e mausoléus, seus habitantes estão marcados para morrer, pela doença, pela miséria ou pelo enfrentamento. A fuga à cidade não é uma salvação. O idílio campestre desejado por Cesário já era, em seu tempo, uma realidade perdida, mesmo num país retardatário como o seu.

Em poemas como "Num bairro moderno", "Cristalizações" e, sobretudo, "O sentimento dum Ocidental", o poeta revela uma notável intuição (mais do que uma consciência) dos desacertos sociais e das dores advindas do "progresso". Mas descobre, ao mesmo tempo, as possibilidades de exploração poética dessa nova realidade desconcertada e desconcertante. Com uma ousadia de que nem ele mesmo parecia se dar conta (já que esperava o reconhecimento de seu meio), Cesário enveredou por um caminho que só os modernistas do século seguinte poderiam reconhecer como fértil: a poesia que capta a estranheza oculta na banalidade e a música latente na coloquialidade. Até que ponto ele teria prosseguido nessa exploração do novo, se a tuberculose não tivesse posto fim à sua vida, é algo que nunca saberemos. Entretanto, em algumas de suas cartas ele anunciava o abandono da literatura, em proveito dos "pomares burgueses e produtivos". Considerando-se os resultados medíocres da poetização desses pomares, melhor teria sido, de fato, um silêncio "à Rimbaud".

Felizmente, antes desse impasse resolvido pela morte, o poeta encontrou o seu caminho na exploração poética dos temas prosaicos, numa dicção despojada que era especialmente nova numa tradição poética rica em transbordamentos expressivos e grandiloqüências retóricas. A linguagem poética de Cesário é, finalmente, mais próxima da de outros poetas franceses, seus contemporâneos, do que da de Baudelaire. A visão desencantada do real e a coloquialidade da expressão o aproximam de Jules Laforgue, como ele desmistificador das sublimidades artísticas e mais próximo dos homens do que de algum hipotético habitante dos céus. Numa outra vertente, a exacerbação desse tédio citadino até o horror provoca imagens surreais, como ocorre em Lautréamont. Tanto o pré-surrealismo de Lautréamont como o "cotidianismo" de Laforgue são desenvolvimentos da lição baudelairiana, em formas que anunciam a poesia modernista de nosso século. O fato de que traços semelhantes apareçam em Cesário não se deve ao conhecimento, que ele não teve, desses dois poetas de seu tempo, mas à notavel intuição, que ele teve, dos caminhos modernos que a poesia de Baudelaire abria sem trilhar, pois em Baudelaire o surreal é alegórico, o cotidiano é elevado à dimensão metafísica, e a enunciação clássica enobrece a temática banal.

A novidade de Cesário, no ambiente português de seu tempo, não podia ser reconhecida. Por isso, ele tinha razão em dizer, na carta acima citada: "Literariamente parece que Cesário Verde não existe". Nesse sentido, ele foi um "astro sem atmosfera". Seu relógio poético estava adiantado. Embora o não-reconhecimento de seus pares magoasse o poeta, ele não fez nenhuma concessão para ser mais bem recebido. Como ele, os poetas do século XX aceitarão a perda da aura e praticarão uma poesia da realidade cotidiana, assumindo a tarefa de dar dignidade poética a uma matéria despoetizada. Precursor dessa vivência lírica modernista, o poeta não se sentia em sua cidade como um astro decaído, mas como o sensor (radar ou sonar) de uma nova atmosfera, da qual ele extrai imagens inéditas, como os "astros com olheiras" que, na falta das românticas estrelas, derramam sua pálida luz sobre a cidade moderna.

Camilo Pessanha e as miragens do nada*

Camilo Pessanha foi um daqueles que o poeta Rubén Darío, por ele admirado, chamou de "os raros". Raro, ele foi por suas qualidades incomuns e por seu destino, romanesco e sombrio. Pessanha é o autor de um único livro, *Clepsydra*, o qual, se dependesse dele, nunca teria existido como tal. Embora atualmente não se acredite mais na lenda de que ele não redigia seus poemas, e que apenas os compunha mentalmente e os retinha de cor, é fato que esses poemas ficaram dispersos, e que pouco fez o poeta para que fossem reunidos num livro. É fato, também, que ele prodigava esses poemas em sessões de declamação, a amigos e companheiros de mesa. Assim, durante trinta anos, ele foi o autor admirado de um livro inexistente, de que só se conheciam pedaços.

Para melhor compreender a obra de Pessanha, é preciso lembrar sua vida, não para considerá-la a causa simples de sua obra, mas porque a temática desta última tem raízes num drama pessoal.

* Introdução à tradução francesa de *Clepsydra*, trad. M. Chandeigne e A. Witkowski, Paris, La Différence, col. Orphée, 1991.

Pessanha era filho natural de um estudante de boa família com uma empregada da casa. Quando nasceu, em 1867, registraram-no como filho de pai desconhecido. Cinco anos depois, seu pai foi nomeado procurador nos Açores. Partiu acompanhado da mulher, na qualidade de governanta, e do filho. Ao correr dos anos, a família foi acrescida de mais quatro crianças, sem que a situação do casal se regularizasse. A mãe continuava a viver numa posição subalterna, e os filhos permaneciam não reconhecidos pelo pai. Camilo só foi legitimado aos dezessete anos, no mesmo dia em que ingressou na universidade. Ora, o próprio pai, apesar de descendente de uma família antiga, era filho natural, o que levou Camilo a dizer que, em sua casa, a bastardia era hereditária. Seguindo os passos do pai, Camilo estudou direito, na prestigiosa Universidade de Coimbra, viveiro não apenas de juristas mas também de poetas.

Pouco tempo depois de formar-se, Camilo decidiu partir para uma das então numerosas colônias portuguesas: Macau. Foi inicialmente professor de liceu; mais tarde, passou a exercer as funções de procurador e de juiz. Desde sua chegada à China, seu comportamento foi irregular. Instalou-se com uma concubina chinesa e adquiriu o vício de fumar ópio. Começou desde então, para ele, uma vida dupla, de personagem ao mesmo tempo marginal e oficial, olhado com desconfiança pela sociedade portuguesa local, que ele não freqüentava, e respeitado por seu talento de professor e de jurista, assim como por seu profundo conhecimento da língua e da cultura chinesas.

Sua vida foi um vai-e-vem constante entre a China e Portugal, onde ele passou várias temporadas para tratamento de saúde. Sempre tivera uma constituição frágil. Tinha nascido prematuro e uma semiparalisia do rosto o deixara vesgo, razão pela qual ele sempre se fazia fotografar de perfil ou de lado. A má influência do clima chinês e seus abusos de álcool e de ópio deram-lhe logo um aspecto espectral. Extremamente magro, deixou crescer uma barba negra que punha em destaque seus grandes olhos ibéricos. A um amigo que, um dia, lhe fez um elogio, ele respondeu: "Sou o aborto de uma grande beleza". Os chineses o chamavam de *pune-tio-iane-mean*, isto é, homem de meia-vida ou morto-vivo.

As fotografias o mostram meio dândi, meio *clochard*, encurvado, com roupas amassadas e flutuantes, e uma rosa na botoeira. Os contemporâneos descreveram-no em sua casa de Macau, reclinado sobre um grande leito, cercado de objetos preciosos e de magníficos tapetes manchados pelos cães que partilhavam sua cama. Ali ele discursava, fumando o cachimbo de ópio que sua companheira chinesa preparava. Essa mulher lhe deu um filho, João Manuel, com o qual ele teve relações tensas e que, como ele, era opiômano.

Quando Pessanha voltou a Portugal pela quarta vez, em 1915, era já uma personagem legendária. Os últimos anos tinham sido particularmente difíceis para ele. Em 1908, seu irmão Manuel fora internado num hospício, depois de uma crise de neurastenia de que nunca se curaria totalmente. Essa "tragédia espantosa e complexa" se tornou, para Camilo, "o pesadelo de todas as noites e a obsessão permanente".

Em Macau, ele tivera problemas administrativos. Escreveram sobre ele um relatório desfavorável, considerando-o "demasiadamente identificado com o meio chinês". Ameaçaram-no de transferência para Moçambique, e só o apoio do governador, que alegou seu conhecimento aprofundado da cultura chinesa, permitiu-lhe permanecer em Macau. Foi então que sua concubina morreu, e deram-lhe uma nova licença para cuidar da saúde em Portugal.

O ano de 1915 foi importantíssimo para as letras portuguesas. Camilo chegou a Lisboa alguns meses depois da publicação do primeiro número da revista *Orpheu*, que revelara ao público Mário de

Sá-Carneiro, Fernando Pessoa e seus heterônimos. Curiosos e admiradores acorreram então ao cais do Sodré e ao Café Martinho para escutar Pessanha. Pessoa e Sá-Carneiro o reconheciam como mestre. Camilo recebeu essas homenagens com um certo espanto e retraimento. Os admiradores se esforçaram para recolher seus poemas e publicá-los. Ele deu alguns a Luís de Montalvor, que os publicaria um ano mais tarde na revista *Centauro*. Um rapaz de dezessete anos, João de Castro Osório, filho de uma escritora que Camilo havia amado outrora, reuniu piedosamente os manuscritos, transcreveu os poemas recitados nos saraus familiares e obteve do poeta a promessa de enviar outros textos.

Em 1916, Pessanha regressou definitivamente a Macau. Sua partida foi marcada por um acontecimento revelador. No momento do embarque, ele viu no navio uma multidão barulhenta de chineses. Sem dizer adeus aos amigos, sem olhar para trás, desprezando o bilhete de primeira classe a que tinha direito, Camilo precipitou-se ao encontro dos chineses e desapareceu na massa anônima que embarcava. Nunca mais o veriam em Portugal. Em Macau, ele tomou uma nova concubina chamada Ngan-Yeng (Águia de Prata), que era filha da primeira, e mais tarde uma outra, Same-Khun, tida como mulher de "má vida". Não escreveu mais nenhum poema e entregou-se cada vez mais à "fumaça silenciosa".

Em 1920, Ana de Castro Osório publicou a primeira edição de *Clepsydra*. Era uma coletânea incompleta, pois o poeta não cumprira sua promessa de colaborar com a publicação. Apesar de tudo, a edição lhe deu prazer. Em 1926, Camilo morreu de tuberculose. Teve um enterro leigo (era maçom) e "sem música", como tinha pedido. Já havia deixado música suficiente em seus poemas.

Foi só em 1945 que o fiel João de Castro Osório publicou uma edição revista e ampliada de *Clepsydra*. Novos textos foram mais tarde encontrados e a obra foi republicada em 1969. Essa edição, apesar de controvertida, serviu de base a várias reedições e traduções de Pessanha. Talvez nunca se possa falar de uma edição definitiva, embora disponhamos, atualmente, da excelente edição crítica de Paulo Franchetti (*Clepsydra, Poemas de Camilo Pessanha*, Unicamp, 1994). Em cada manuscrito, Pessanha introduzia variantes, e mesmo quando os poemas já estavam impressos, ele os corrigia e, às vezes, os transformava totalmente. Muitos manuscritos jamais apareceram; outros, perdidos, podem reaparecer. O texto de Pessanha é, assim, nítido e movediço como as formas que ele gostava de olhar, no fundo da água.

Quando entramos no universo poético de Pessanha, percebemos logo que chegamos tarde. Tudo já aconteceu, e da pior forma possível. Sua poesia é o inventário de um desastre. Esse universo sinistrado se constitui de restos e de índices, mais pungentes porque o poeta os apresenta de modo sucinto e contido. Rastros evanescentes de um caminho percorrido na areia, sulco de um barco que acaba de naufragar. Pouco a pouco, aprendemos a ler esses sinais de uma vida infeliz, tecida de "coisas não logradas ou perdidas" ("Olvido"). O que se salvou do esquecimento é um universo fragmentário, que só o olhar forte do poeta une e transfigura em instantâneos de uma beleza calma ou, ao contrário, de uma morbidez vizinha do horror.

Certas imagens de Pessanha criam um clima de encantamento. Sobre figuras longínquas e imóveis, "cai nupcial a neve", flutuam pétalas, como num universo mágico de peso de papel ("Floriram por engano as rosas bravas"). Outras imagens deslizam sub-repticiamente para o assustador: ofélias pré-rafaelitas de cabelos verdes e mãos de cadáver ("Paisagens de inverno", "Vênus"), fetos pensativos nos bocais dos museus ("Poema final"). Fiéis ao título do livro, a maior parte das imagens de Pessanha tem a ver com a água. Quase tudo se passa num meio líquido, água do mar onde jazem conchas e destroços, água corrente arrastando reflexos fugidios. Ou estaria esse líquido nos olhos do contemplador, aqueles "olhos turvos de lágrimas contidas" ("Quando voltei encontrei meus passos")?

Que desastre estaria na origem dessas lágrimas? Uma grande infelicidade afetiva, certamente, de que temos índices: uma carta jogada ao mar num cofre selado ("Canção da partida"), um coração-balão que cai incendiado ("Meu coração desce"). Mas esse amor infeliz não é o sentimento romântico ao qual o século XIX nos habituou. Pelo laconismo quanto às circunstâncias existenciais, por sua qualidade de irreparável absoluto, de tragédia ancestral, esse amor contrariado adquire um caráter sagrado.

A Madalena do poema homônimo ("Ó Madalena, ó cabelos de rastos") remete àquela mãe não desposada, àquela empregada-amante que o pôs no mundo. Ela não se chamava Madalena; mas, por uma espécie de identificação projetiva, esse foi o nome dado a duas filhas suas e, à segunda, com um atributo esclarecedor: Madalena da Purificação. Purificação desejada e nunca alcançada, pelo menos no sentimento do filho, que evoca aquele "lírio poluído, branca flor inútil". Que essa figura da Madalena humilhada seja atribuível à mãe real, explicitamente invocada no admirável "Quem poluiu, quem rasgou os meus lençóis de linho", parece fora de dúvida. Entretanto, a transformação da mulher real (a mãe e outras) em "dália desfolhada" ou Vênus pútrida faz com que o anedótico volte à sua banalidade e coloca a única questão pertinente, a da transfiguração estética.

O que faz a força de Pessanha é que ele soube despersonalizar o drama pessoal, dando-lhe um alcance mítico. Há certamente em sua atitude um masoquismo assumido, "algo de fruste e de humilhado" que podemos atribuir às "águas noturnas de um certo fatalismo português", como disse José Régio (*Pequena história da moderna poesia portuguesa*, 1976). No entanto, não há nele nenhum sentimentalismo. Ele não solicita a piedade do leitor, pelo contrário, impõe-lhe uma certa distância, a mesma distância mantida por seu olhar com relação a essas coisas passadas e destinadas ao esquecimento: "A olhar da amurada/ Que triste que estou!/ Miragens do nada,/ Dizei-me quem sou..." ("Roteiro da vida").

Assim, essa poesia expõe uma infelicidade sem ser confessional. O que Pessoa enunciou magnificamente: "Ele nos mostra esta verdade: que para ser poeta não é preciso trazer o coração nas mãos, basta trazer nelas a sua sombra". Essa despersonalização confere à sua poesia uma modernidade que outros simbolistas ainda não haviam alcançado. Totalmente despojado da autocomplacência e do confidencialismo românticos, Pessanha, como Pessoa e outros grandes poetas modernos, conseguiu livrar-se do "odioso eu", alçando sua história pessoal a um patamar de anônima universalidade.

Dentre as "coisas perdidas ou não logradas", está a pátria portuguesa. Há em Pessanha, como haverá mais tarde em Pessoa, uma identificação do destino pessoal com o destino de seu país. O primeiro poema de *Clepsydra* anuncia: "Eu vi a luz em um país perdido" ("Inscrição"). Esse país é um país ideal; mas temos também boas razões para pensar no país real de Pessanha, Portugal. Em sua poesia, a vivência da queda pessoal se funde com a da decadência nacional, temática que dominou a arte e o pensamento portugueses do fim do século XIX.

Os dois poemas reunidos sob o título "San Gabriel" mostram, ao mesmo tempo, a tendência messiânica tão arraigada nos portugueses e a particular inclinação ao pessimismo, que aparece na obra toda do poeta. O arcanjo tutelar, que deu seu nome à caravela de Vasco da Gama, é invocado pelo poeta em socorro de Portugal, para que "outra vez!" ele o conduza a bom porto. Esses poemas são profundamente portugueses pela nostalgia das grandezas perdidas e pela aspiração sebastianista de as recuperar. Mas, a esse fundo comum do imaginário português, Pessanha acrescenta sua marca de ceticismo absoluto.

Os primeiros versos do primeiro poema têm o mesmo tom de constatação de desastre que ele emprega quando fala de sua vida pessoal: "Inútil! Calmaria. Já colheram/ As velas. As bandeiras sossegaram,/ Que tão altas no tope tremularam,/ — Gaivotas que a voar desfaleceram". A primeira palavra — "Inútil!" — anula de antemão qualquer prognóstico otimista quanto ao atendimento das preces dirigidas ao Arcanjo. E, no fim do segundo poema, o poeta pede ao Arcanjo que conduza os portugueses não a grandes ações vitais como foram os Descobrimentos, mas a uma "nebulosa" onde eles serão acolhidos por fantasmas de heróis — "Almas tristes, severas, resignadas,/ De guerreiros, de santos, de poetas". Pessanha nada espera do futuro, nem no plano pessoal, nem no plano nacional. Assim, embora se possam considerar esses poemas uma das fontes de *Mensagem*, de Fernando Pessoa, é difícil ver neles o anúncio de um Quinto Império regenerador. Da mesma forma, no poema "Castelo de Óbidos", seu sebastianismo é derrotista; é, melhor dizendo, um falso sebastianismo, já que aí se trata de ir, "tristes e sérios, nas prolixas e vãs contendas". Da mesma forma, a relação de Pessanha com Macau é caracterizada por essa oscilação entre a glorificação do passado português e a triste verificação de que esse passado é apenas um vestígio em vias de desaparecimento.

Em todos os sentidos, Pessanha é um decadente. No poema "Depois da luta e depois da conquista", deparamo-nos de imediato com esse "depois", advérbio recorrente que exprime sua atitude sempre retrospectiva e passiva, como o "já" de "San Gabriel II": "já colheram as velas". E o poema termina com a evocação dos mortos em combate cujos olhos abertos, refletindo as estrelas, assemelham-se aos olhos do próprio poeta em outro poema: "os meus olhos abertos? [...] — O espelho inútil, meus olhos pagãos!" ("Imagens que passais pela retina").

Assim como a história de Portugal se fez entre o mar dos Descobrimentos e a areia das derrotas africanas, a temática de Pessanha oscila entre o úmido e o árido, atributos que carregam o signo da destruição, possuidores do mesmo poder de anulação dos rastros humanos. O aspecto aquático de *Clepsydra*, evidente desde o título, tem sido bastante estudado. Muito menos notado tem sido seu contraponto, a aridez e a secura. Em "Roteiro da vida", o poeta reúne as duas temáticas: "— Águas que filtrais na areia! —/ Antes que o crepúsculo venha,/ O crepúsculo e as larvas tumulares,/ A impureza inútil dissolvei-a".

Os críticos se interrogaram sobre as marcas deixadas na poesia de Pessanha por sua longa permanência no Oriente. Como já foi dito, o poeta era um eminente sinólogo, e deixou belas traduções de poesia chinesa assim como conferências sobre a China (*China, estudos e traduções por Camilo Pessanha*, Lisboa, 1944). Entretanto, sua obra não apresenta nenhum exotismo. O único poema com título oriental, "Viola chinesa", é uma auto-reflexão e um brilhante exercício de música verbal do qual todo pitoresco referencial está excluído. E outro poema, que fala de opiômanos chineses, foi escrito por ele aos dezoito anos, muito antes de sua primeira viagem ao Oriente. Como observa Ester de Lemos, "o orientalismo de Pessanha, se assim o podemos chamar, é algo de muito mais interior e sutil do que o gosto duvidoso pela decoração convencional" (*A "Clepsidra" de Camilo Pessanha — Notas e reflexões*, Porto, 1956).

Numa conferência de 1924, "Macau e a gruta de Camões", Camilo afirmava:

> A inspiração poética é emotividade, educada desde a infância e com profundas raízes no solo natal. É por isso que os grandes poetas são, em todos os países, intérpretes do sentimento étnico. [...] Nenhum poeta europeu celebrou condignamente os países exóticos. Os poucos que vagueiam e se definham por longínquas regiões, se acaso escrevem em versos, é sempre para cantarem a pátria ausente, para se enternecerem (os portugueses) sobre as ruínas da antiga grandeza da Pátria, e sobretudo para dar desabafo à irremediável tristeza que os punge [...] a tristeza irreparável de todos os exílios.

Não há praticamente temas chineses em Pessanha, mas podemos atribuir à sua experiência oriental um reforço de algumas tendências de seu temperamento. Talvez ele tenha partido para Macau com a esperança de aí encontrar o velho esplendor do Império português. Ali só encontrou miséria física e moral. Viu-se, desde então, condenado a errar "entre dois abismos". A China deu-lhe a paz e o esquecimento temporários do ópio, e talvez também uma indiferença "budista" diante das tristezas da vida. Mas o "budismo" de Pessanha é mais existencial do que filosófico, mais uma atitude geral de passividade e desistência do que uma sabedoria.

Em compensação, sua experiência de tradutor de poesia chinesa contribuiu, provavelmente, para definir e afinar algumas características formais de sua obra. Em sua introdução a "Oito elegias chinesas", ele observa que a elegância da poesia chinesa leva a suprimir quase totalmente as palavras que indicam relações lógicas, para imprimir mais vivamente na imaginação do leitor idéias concretas adotadas pelo autor como símbolos poéticos. Podemos notar, na poesia de Pessanha, a mesma "concisão epigráfica" que ele louva na poesia chinesa, a supressão sistemática dos elementos de ligação (preposições e conjunções), a preferência pelos sintagmas breves e nominais, que imprimem a imagem, de modo imediato e concreto, no espírito do leitor.

Além desses procedimentos sintáticos, verificamos em sua poesia procedimentos equivalentes ao do ideograma oriental, que segundo ele possui "esse poder de evocação em mais alto grau do que pode possuí-lo a ortografia etimológica mais apurada", porque não é apenas "a vaga evocação histórica", mas "uma verdadeira ressurreição plástica" (*China*). A disposição das palavras, na poesia de Pessanha, obedece freqüentemente a um princípio homólogo ao do ideograma.

O movimento decadentista português apresenta a peculiaridade da coincidência temporal de uma estética européia com o pensamento político e cultural de uma nação. A reflexão sobre a decadência nacional, no fim do século XIX, foi contemporânea da poesia decadentista e simbolista francesa, que se divulgava então em Portugal. É esclarecedor, e mesmo inevitável, comparar a personalidade e a trajetória Pessanha com as de Eugénio de Castro, autor de *Oaristos*. Castro foi seu colega na Universidade de Coimbra, onde ganhou um renome considerável graças a seus poemas requintados, publicados nos jornais mais estimados pelos universitários. Ele se tornaria logo o teórico e o líder do movimento simbolista português. Pessanha, pelo contrário, teve um *début* discreto, publicou seus primeiros textos em jornais desdenhados pelos meios acadêmicos. Conhecemos o resto da história: o exílio voluntário, a marginalidade assumida, a negligência quanto à publicação de sua obra. Pessanha nunca foi um literato, ainda menos um poeta de grande público.

Entretanto, é ele quem encarna as tendências mais profundas do simbolismo, na linhagem dos "poetas malditos", com a ressalva de que ele nunca glorificou essa maldição. Como diz João Gaspar Simões, o simbolismo, que na França fora um movimento espiritual oposto ao racionalismo positivista, tornara-se em Portugal, com Eugénio de Castro, um "puro formalismo". Pessanha, diferentemente, era "vidente" como Rimbaud e musical como Verlaine. Praticou a poesia como linguagem da alma, sonho desperto, emancipando-a da prosódia clássica para a transformar em música pura, "puro encantamento" (*Camilo Pessanha*, Lisboa, 1967). José Régio, na obra já citada, também assinala o contraste entre os dois poetas do simbolismo português, opondo o esteticismo artificial de Eugénio de Castro ao simbolismo essencial de Pessanha, "um homem-poeta no sentido mais largo da expressão".

Estudos mais recentes, como os da tradutora italiana Barbara Spaggiari (*Clepsidra*, Bari, 1983), dão a Pessanha um lugar especial no simbolismo europeu. Segundo Spaggiari, Pessanha foi "o único verdadeiro simbolista da literatura portuguesa e, em absoluto, um dos maiores intérpretes do simbolismo europeu", porque ele "viveu e por assim dizer inventou seu simbolismo de maneira autônoma e original", um simbolismo "nutrido não de manifestos programáticos mas dos textos poéticos que estavam na base dessas teorias".

A "alma lânguida e inerme" de Pessanha predispunha-o a uma temática do vago, à contemplação melancólica das "miragens do nada". A originalidade de sua obra é, no entanto, absoluta, porque essa temática evanescente aí se exprime numa língua extremamente precisa, manejada com a habilidade de um relojoeiro. Pessanha explora todos os recursos musicais e sintáticos da língua portuguesa. Seus poemas não são frutos da pura inspiração. Embora muitos de seus versos tenham aquela felicidade de formulação que Valéry considerava um "dom dos deuses", o restante do poema, como acrescentava o poeta francês, é fruto de um sábio trabalho de linguagem. Nisso, ele foi verdadeiramente o mestre de Pessoa e de outros poetas subseqüentes.

Seus poemas realizam uma perfeita simbiose expressão-conteúdo, praticando, no mais alto grau, as correspondências e sinestesias simbolistas. Vejam-se apenas dois exemplos de aproveitamento total da sonoridade, da capacidade de evocação sensorial das palavras e de sua disposição rítmica no verso: "Ligeira a saia... Doce brisa impele-a.../ Oh vem! De branco! Do imo do arvoredo!/ Alma de sílfide, carne de camélia...". O visual (no imediato contraste claro-escuro), o tátil (na brisa tornada sensível pelo referente concreto "saia", na "camélia", provida de "carne" macia e fresca) e o auditivo (no ritmo *staccato* e no uso sábio de consoantes recorrentes). No poema "Vênus", também ocorre uma sinestesia: "Pútrido ventre, azul e aglutinoso,/ Que a onda, crassa, num balanço alaga,/ E reflui (um olfacto que embriaga)/ Como um sorvo, múrmura de gozo". Novamente, temos aí a fusão do visual, do olfativo, do tátil e do auditivo, reforçando uma imagem que é semanticamente oposta à do poema anterior. O que a primeira tinha de aéreo, esta tem de lodoso.

Essa poesia econômica e densa é obtida graças ao acúmulo de funções preenchidas pelo mesmo signo. Uma tensão se manifesta entre a deliqüescência dos significados e a extrema precisão dos significantes. Cada procedimento, na poesia de Pessanha, cumpre múltiplas funções. Assim, a repetição freqüente de versos inteiros corresponde à função rítmica própria de toda linguagem poética e do simbolismo em particular, e à função semântica pessoal de exprimir idéias ou imagens obsessivas. Chegamos assim ao paradoxo de uma poesia transcendente sem misticismo, na qual o devaneio e o delírio estão constantemente vigiados por uma lúcida ironia: "Tão lúcido... Tão pálido... Tão lúcido" ("Foi um dia de inúteis agonias") — qualificativos que cabem ao próprio poeta. A poesia de Pessanha é um engajamento consciente do ser, uma perdição assumida, a formulação luminosa de sentimentos obscuros.

Pessoa de todos (os) nós*

Em 1985, ano em que se comemorava o cinqüentenário da morte de Fernando Pessoa, correu em Portugal o mote: "Tanto Pessoa até enjoa!". De fato, naquele ano falou-se e escreveu-se tanto sobre o poeta que o sentimento era de saturação. Com o centenário de seu nascimento, a coisa se repetiu num grau ainda maior. A paixão pessoana extravasou as fronteiras da língua portuguesa. Traduzido extensamente em várias línguas, Pessoa estourou como *best-seller* na Alemanha, na Itália e na França, onde se travou uma briga de foice entre editoras, com várias traduções concorrentes. Os números especiais de revistas dedicadas ao poeta, no ano do centenário, foram numerosíssimos em vários países.

Em nosso mundo lusófono, Pessoa já é, há anos, lugar-comum. Citá-lo é colocar um brilhareco literário em qualquer conversa, discurso político, espetáculo musical ou novela de televisão. Do presidente ao cantor popular, todos têm seu verso pessoano na

* *Idéias, Jornal do Brasil*, Rio de Janeiro, 4/6/1988. Comemoração do centenário de nascimento do poeta.

algibeira, pronto para ser recitado em qualquer ocasião. Isoladas de seu contexto, as frases-versos de Pessoa podem servir para tudo. Ética otimista: "Tudo vale a pena, se a alma não é pequena". Coragem vital: "Navegar é preciso". Patriotismo: "Minha pátria é a língua portuguesa". Religião: "Deus, a grande ogiva ao fim de tudo". Sentimentalismo: "O amor é que é essencial". Pessoa tem servido à cultura oficial e à contracultura, à defesa de valores tradicionais (grandeza de alma, persistência nos grandes propósitos), tanto como à defesa de causas "rebeldes" (elogio da loucura, da droga, do homossexualismo).

Os citadores contumazes parecem não se perturbar com o fato de, para cada citação de Pessoa, haver outra que diz exatamente o contrário. O poeta diz que "tudo vale a pena"; mas tem centenas de versos que exprimem um pessimismo absoluto e recomendam a indiferença, a desistência, a abdicação. O patriota de *Mensagem* trata seu país e seus compatriotas, em outros textos, com ironia e sarcasmo; e continuou falando consigo mesmo em inglês, mesmo quando escrevia seus mais belos poemas em português. O religioso é freqüentemente ímpio, o ocultista caçoa dos ocultismos, o sentimental fugiu do amor, na vida, e desmascarou-o como pura ilusão, na obra.

O problema é que, cada vez que Pessoa é citado, é em nome de uma verdade; ora, suas verdades são tantas e tão contraditórias que, no conjunto, negam a existência de qualquer verdade. Exceto a verdade fingida da arte, da literatura, do mito. Ignorando, porém, essa única verdade defendida constantemente por Pessoa, os que o citam tomam-no por um conselheiro filosófico-existencial, um guia de quem se ouve o que se quer e se esquece tudo o que não se quer ouvir. Quaisquer que sejam os usos e abusos do texto pessoano, ele continua na praça, provocando sempre maiores paixões. A pergunta se impõe, então: por que tanto Pessoa não enjoa? Contrariando os minoritários, que vêem com maus olhos "mais um livro sobre Fernando Pessoa" e a expansão incontrolável do pessoísmo, tudo indica que não nos livraremos dele tão cedo.

Tanto Pessoa não enjoa, primeiramente porque sua obra é tanta. Quando lhe diziam, em vida, que devia publicar, o poeta respondia, displicente e seguro da fortuna futura de seus escritos: "Deixem estar que, quando eu morrer, ficam cá caixotes cheios" (depoimento da noiva, Ophélia de Queiroz). Tão cheios que os inéditos estão ainda longe de se esgotar. Em segundo lugar, ele não enjoa porque é muitos. O fantástico projeto concebido e realizado por Pessoa, de ser sozinho "toda uma literatura", garante-lhe um interesse sempre renovado. A obra pessoana se constitui de, no mínimo, cinco grandes escritores (Pessoa, Caeiro, Reis, Campos e Soares), de todos os gêneros literários (poesia, ficção, dramaturgia, ensaística), em duas línguas principais (português e inglês). Esses números se multiplicam geometricamente pelo recurso à comparação (dos poetas entre si, da poesia com os outros gêneros, das diferentes traduções e adaptações cênicas e fílmicas). Livros, cursos e colóquios sobre sua obra nunca ficarão à míngua de assunto.

A grande razão, entretanto, da permanência e da intensificação do interesse suscitado por Pessoa reside no fato de ele ter cifrado, em suas diferentes personalidades e no embate entre elas, os principais problemas da arte e da filosofia ocidentais. Como aquela famosa janela de Tomar, chamada "janela dos nós" e exemplo maior do estilo manuelino, Pessoa é um espaço onde se exibem todos os nós do Ocidente.

Todos os poetas-Pessoa colocam a questão da difícil harmonia entre sentir e pensar. Ora, desde as posturas paradigmáticas de Platão e Aristóteles, adaptadas posteriormente à fé cristã por santo Agostinho e são Tomás de Aquino, e infinitamente retomadas, com todas as variantes possíveis, pelos pensadores da Idade Moderna, a relação da sensação com o conceito tem sido a pedra de toque da filosofia ocidental. Pessoa explora todas as possibilidades dessa temática filosófica. Ora propõe, na linhagem platônica, a primazia e a anterioridade da idéia sobre a sensação: "Já viram Deus as minhas sensações"; ora, na esteira aristotélica, a precedência da sensação e sua posterior elaboração intelectual: "Só para pensares sente". Experimenta abolir o pensamento — "Pensar é estar doente dos olhos" — ou o sentimento — "Não uso o coração". Funde e sincroniza as duas formas de conhecimento: "O que em mim sente está pensando". Toda a obra de Pessoa gira em torno dessa dicotomia, experimentando todos os modos de lidar com ela, até a impossibilidade: "Se ver é enganar-me,/ Pensar um descaminho,/ Não sei".

Sendo de ascendência judaica, Pessoa criou alteregos "gregos", os neopagãos Caeiro e Reis. Enquanto o "Ele-Mesmo" cultivava o ocultismo gnóstico e cabalista, os outros tentavam fazer renascer "a claridade de meio-dia" da Antiguidade greco-romana. Judeu-grego, Pessoa emblematiza o nó filosófico que nos constitui como ocidentais: o compromisso cego com a Lei oculta e a grande confiança na possibilidade de tudo conhecer, a culpa e a inocência, a cisão e a harmonia. A dualidade básica do pensamento ocidental, já presente nos gregos mas mantida em equilíbrio no período áureo, transformada em agonia no pensamento cristão, é encenada pelas *personae* pessoanas, num drama em que reconhecemos os impasses a que chegamos todos: "Sempre uma coisa defronte da outra [...] Sempre o mistério do fundo tão certo como o sono da superfície,/ Sempre isto ou sempre outra coisa ou nem uma coisa nem outra".

Esteticamente, Pessoa é também um nó górdio. Grande poeta da modernidade? Complexa modernidade, a de Pessoa. Encarnado em Álvaro de Campos, ele é um vanguardista ruidoso, militante dos *ismos* do começo do século XX; mas seu futurismo é marcado pelo "saudosimo" português. Como "Ele-Mesmo", escreve sonetos perfeitos ou continua a cultivar as névoas lunares do simbolismo, recusando-se a ingressar no plebeísmo coletivista do século XX. Como Caeiro, adota um verso tão livre da métrica quanto de qualquer escola ou movimento datável. Como Reis, retoma os rígidos modelos latinos, num neoclassicismo mais rigoroso do que o de qualquer de seus contemporâneos.

Defendendo ocasionalmente as rupturas vanguardistas e cultivando, o mais das vezes, uma tradição sutilmente renovada, Pessoa atravessou o século incólume, sem estar na moda nem sair dela. O *Livro do desassossego*, em suas inúmeras facetas, é uma espécie de mostruário de tudo o que se fez na literatura ocidental desde o romantismo alemão, passando pelo decadentismo do fim do século XIX, até as invenções verbais e sintáticas mais ousadas de nosso século; e não necessariamente nessa ordem cronológica. Da máxima clássica ao poema em prosa, deste ao *désoeuvrement* da obra fragmentária moderna, tudo cabe na prosa fluida de Bernardo Soares.

Mas o grande nó, que Pessoa atou e desatou, para mostrar os fios múltiplos de que é feito, foi o nó do sujeito. Dividindo-se em vários "eus", Pessoa exibiu a falha sobre a qual assentamos nosso ser, como ser de linguagem. Deixando esses diferentes "eus" como elementos autônomos de um conjunto aberto, partes de um todo incognoscível, assinalou a fragmentação ontológica do sujeito moderno. Foi mais longe do que qualquer outro escritor nessa exploração, porque não se limitou a mostrar a banalidade psicológica de que somos diversos segundo o lugar e o momento, mas viveu e registrou, assustadoramente, que essa aparente riqueza do ser humano é o abismo sobre o qual equilibramos a frágil ficção da personalidade. E que, sendo ficção, a personalidade é trabalho sem fim. Tarefa de que ele se desincumbiu, como artista, em perfeita coerência com sua concepção da arte (e só aí Pessoa é sempre o mesmo): suplência do que na vida não basta, forma onde é possível transmutar o nada em tudo, sem ilusões sobre a substância do ser, mas com uma inabalável confiança na capacidade simbólica que permite ao homem criar a si mesmo e recriar o mundo.

Esses nós filosóficos que se evidenciam em Pessoa continuam sendo, neste fim de século, os nossos. E essa é uma das razões de nos amarrarmos à sua obra. A outra, maior, é como ele os amarrou, em palavras tão misteriosamente certas, em poesia.

> Tornando-me assim, pelo menos um louco que sonha alto, pelo mais, não um só escritor, mas toda uma literatura, quando não contribuísse para me divertir, o que para mim já era bastante, contribuo talvez para engrandecer o universo, porque quem, morrendo, deixa escrito um verso belo deixou mais ricos os céus e a terra e mais emotivamente misteriosa a razão de haver estrelas e gente. [*Páginas íntimas e de auto-interpretação*]

Pessoa e o futurismo*

O futurismo português teve vida efêmera. Durou o tempo de uma "sessão futurista" no Teatro República de Lisboa, no dia 14 de maio de 1917. Seu órgão de divulgação, a revista *Portugal Futurista*, teve um único número, em novembro do mesmo ano. O futurismo foi, assim, apenas um episódio do modernismo português, dentro do qual outros movimentos voltados para o futuro coexistiam ou entravam em conflito com a tendência nacional a olhar para um passado mais glorioso do que o presente.

Entretanto, a explosão futurista de 1917 não foi uma importação simples e tardia das idéias de Marinetti. As propostas teóricas de outros movimentos de vanguarda, assim como suas realizações, já eram conhecidas em Portugal havia alguns anos, e tinham a adesão de poetas e pintores descontentes com o marasmo estético, filosófico e político reinante naquele canto extremo da Europa ocidental.

* *Cultura, O Estado de S. Paulo*, 11/6/1988; publicação em francês e italiano: *Futurismo Futurismi*, número especial de *Alfabeta — La Quinzaine littéraire*, Milão, maio de 1986.

Desde 1913, constituíra-se ali um primeiro grupo modernista, que se expressou nos dois números da revista *Orpheu*. Quanto ao futurismo, o primeiro manifesto de Marinetti tinha sido divulgado no jornal *Diário dos Açores* no mesmo ano de sua publicação (1909). E outro jornal português, *O Heraldo*, de Faro, publicava uma "página futurista" desde 1916.

Alguns artistas viajantes, portugueses expatriados ou franceses instalados em Portugal, tiveram um papel decisivo na divulgação das novas idéias. O jovem poeta Mário de Sá-Carneiro, que residia em Paris desde 1912, comentava em suas cartas os acontecimentos e as teorias, e refletia acerca da repercussão que eles podiam ou deviam ter em seu país. Em Paris, ele freqüentava um compatriota, o pintor Santa-Rita Pintor, personagem que o irritava tanto quanto o fascinava. Ambicioso e exibicionista, esse artista se vangloriava de manter relações com Marinetti e com os cubistas. Ele havia presenciado a Exposição Futurista da Galerie Bernheim Jeune, em 1912, e de volta a Lisboa, em 1914, investiu-se da missão de representar o futurismo em Portugal. Outro pintor português, Amadeo de Souza Cardoso, vivia também em Paris e assimilava, de maneira mais moderada e mais pessoal, as novas tendências das artes plásticas. Na mesma época, a presença de Sonia e Robert Delaunay em Portugal, nos anos de 1915 e 1916, deixou uma marca profunda nos artistas locais.

Foi nesse ambiente restrito mas efervescente que apareceu o grupo Orpheu, logo desfeito em razão de contradições internas e circunstâncias externas adversas. Sá-Carneiro, que financiava a revista com o dinheiro de seu pai, não pôde continuar garantindo a publicação e, pouco tempo depois, suicidou-se em Paris. Os participantes mais inovadores desse grupo continuaram a trabalhar na defesa da arte moderna em Portugal. Com a volta de Santa-Rita Pintor, e sobretudo graças à energia e ao talento de outro artista,

Almada Negreiros, esses modernistas atacaram de novo em 1917, agora sob a égide declarada do futurismo marinettiano. O escândalo foi maior do que o de *Orpheu*. A revista *Portugal Futurista* foi apreendida pela polícia, que acusava seus colaboradores de obscenidade e projetos políticos suspeitos.

O conteúdo desse número único de *Portugal Futurista* era, essencialmente, a tradução e a glosa dos principais manifestos futuristas italianos, além da publicidade do próprio propagandista, o indefectível Santa-Rita Pintor. Mas o número trazia duas colaborações de alta qualidade: a prosa vertiginosa de Almada Negreiros (*Saltimbancos — Contrastes simultâneos*) e um manifesto assinado por Álvaro de Campos, *alter ego* daquele que, pela grandeza de seu gênio, seria sozinho "toda uma literatura", poeta associado a todos os *ismos* e ultrapassando-os todos: Fernando Pessoa.

Em sua pessoa civil e pública, Pessoa teve uma participação intensa na agitação modernista. Ligado a Sá-Carneiro por uma profunda amizade, era ele o destinatário das notícias de Paris. Estimulado por esse diálogo epistolar, ele concebeu vários movimentos literários originais: o "paulismo", o "interseccionismo", o "sensacionismo". Os heterônimos de Pessoa animaram o grupo de *Orpheu* e, no momento de *Portugal Futurista*, eles se fizeram representar por Álvaro de Campos. Pessoa "ele mesmo" e Sá-Carneiro (já falecido) também ali figuravam, mas o futurismo de seus respectivos poemas não é evidente.

Se olharmos de perto essa participação de Pessoa na aventura futurista, veremos que ela apresenta aspectos muito particulares. Primeiramente: não é uma adesão incondicional. Contrariando os decretos de Marinetti, que já havia "matado o luar", Pessoa publica em *Portugal Futurista* um decadente "Plenilúnio", e ainda insiste no tema lunar em outros três poemas. É por delegação a Álvaro de Campos, cosmopolita e histérico, que ele finge aderir plenamente ao futurismo. Mas o próprio Campos não é um fiel seguidor de Marinetti.

Enquanto a contribuição de Almada Negreiros ao futurismo é vasta e consistente, a produção futurista de Álvaro de Campos se reduz a algumas poucas peças: os poemas "Ode triunfal" e "Ode marítima" (1914); "Saudação a Walt Whitman" (1915); o "Ultimatum", publicado na revista. Por certas características, esses poemas podem ser considerados futuristas: o elogio da vida moderna, da multidão, da velocidade, da eletricidade e da máquina, o uso de recursos tipográficos variados e de onomatopéias. No entanto, eles são tributários de propostas anteriores ao futurismo (como a poesia de Whitman), de projetos pessoais de Pessoa (como o "sensacionismo"), e apresentam traços melancólicos e disfóricos pouco futuristas.

Um rápido exame do "Ultimatum" é suficiente para que concluamos que este, de futurista, só tem a cara tipográfica. São grandes as divergências entre Campos, de um lado, e Marinetti-Almada Negreiros, do outro. Campos é fiel a certos princípios do futurismo, como a rejeição de todo academismo artístico e a própria adoção do gênero "manifesto", com tudo o que este comporta de insolência, de radicalidade e de terrorismo verbal. Mas acerca de pontos cruciais Campos diverge de Almada, o qual, em seu próprio "Ultimatum", permanece fiel a Marinetti.

O "Ultimatum" de Campos é, por seu título, uma alusão ao humilhante "Ultimatum" que a Inglaterra dirigira a Portugal em 1890. O texto é um "mandado de despejo" geral, decorrente da constatação de uma "falência dos povos e dos destinos — falência total!". Nenhuma nação, antiga ou nova, escapa a essa crítica. Os países do Velho Mundo, assim como os Estados Unidos e o Brasil, merecem, a seu ver, ser fechados à chave e que se jogue a chave fora. Esse presente falido não é entretanto rejeitado em nome de um futuro novinho em folha; ele o recusa em nome de um passado que foi melhor e cuja grandeza cumpre recuperar: "Onde estão os antigos, as forças, os homens, os guias, os guardas?". É o "agora", cujas misérias ele enumera, que o enoja e sufoca; é a falta de grandes homens e de grandes projetos que ele denuncia.

Da mesma forma que a política, a estética contemporânea lhe parece falida: "Nem uma corrente literária que seja sequer a sombra do romantismo ao meio-dia!". O desprezo de Campos atinge explicitamente os contemporâneos, inclusive os chefes das vanguardas: "Todos vós que sois literatos *meneurs* de correntes européias [...] Passai vós, que sois autores de correntes literárias, de correntes artísticas [...] Passai, frouxos que tendes a necessidade de serdes os istas de qualquer ismo!".

Contrariamente a Marinetti (e a Almada), Campos não faz a apologia da guerra; ele a incorpora no conjunto das misérias do presente: "Agora é a guerra, jogo do empurra do lado de cá e jogo de porta do lado de lá!". E manifesta sua repugnância por ela e, implicitamente, pelos belicistas: "Vem tu finalmente ao meu asco, roça-te tu finalmente contra as solas do meu Desdém, *grand finale* dos parvos, conflagração-escárnio, fogo em pequeno monte de estrume, síntese dinâmica do estatismo ingênito da Época. Roça-te tu e roja-te, impotência a fazer barulho! Roça-te, canhões declamando a incapacidade de mais ambição que balas, de mais inteligência que bombas!".

E depois de uma grande exclamação "futurista" ("MERDA!"), o que Campos propõe para o futuro é uma retomada da grandeza passada: "Dai Homeros à Era das Máquinas, ó Destinos científicos! Dai Miltons à Época das Coisas Elétricas, ó Deuses interiores à Matéria!". Ora, Almada Negreiros, seguindo o exemplo de Marinetti, propunha exatamente o oposto: que se esquecessem os nomes dos poetas do passado, substituindo-os pelos de cientistas e inventores modernos.

Entre as propostas do "Ultimatum", figura a "abolição do dogma da personalidade". Poderíamos crer que se trata de uma concordância com a destruição do "eu" proposta por Marinetti. Mas, enquanto para o futurista italiano trata-se de abolir o indivíduo, porque a matéria interessa mais do que o homem, para Álvaro de Campos, trata-se da multiplicação das virtualidades subjetivas de cada homem. É importante sublinhar essa oposição, não apenas pelas implicações estéticas, mas também pelas implicações políticas dessas posições. A abolição da psicologia individual desejada por Marinetti coincide com os propósitos do fascismo mussoliniano; é a anulação das diferenças individuais na massa. O que Campos propõe é, pelo contrário, o cultivo das diferenças num sujeito-artista que seria "Síntese-Soma" e não "Síntese-Subtração". Proposta de um aristocratismo estético que pode ser considerado conservador, mas nos antípodas do populismo fascista.

Outra diferença é que Campos não faz o elogio da força biológica e da intuição, em detrimento da razão e da inteligência. Pelo contrário, apesar de exaltado no tom, seu manifesto dispõe as críticas e propostas numa ordem lógica e racional. Não há aí nenhum abandono ao instinto; ao inverso, o irracionalismo é repelido com desgosto.

Um último ponto, fundamental, afasta Campos dos futuristas. Seu cosmopolitismo, embora proclamado, é epidérmico, e seu lusitanismo é profundo: "Eu, da Raça dos Navegadores, afirmo que não pode durar! Eu, da Raça dos Descobridores, desprezo o que seja menos que descobrir um Novo Mundo!". Messiânico, ele anuncia que vai "indicar o caminho". E, pouco gregário, termina seu manifesto "na barra do Tejo, de costas pra Europa".

A declaração lusitanista e messiânica de Campos reafirma o elo, jamais quebrado, de Pessoa com o "saudosismo" da revista *A Águia*, na qual ele fizera sua estréia. O futuro desejado por Campos é o "futuro aurora do passado" de Teixeira de Pascoaes. A retomada do programa saudosista, no "Ultimatum", arruína totalmente seu caráter futurista, no sentido marinettiano do termo (ruptura com o passado, supressão da História), e dá-lhe o tom português e pessoano da utopia messiânica.

Todas essas particularidades do futurista Álvaro de Campos anunciam seu afastamento posterior com relação a esse movimento. O interesse de Pessoa pelo futurismo só podia ser parcial e temporário. Enquanto Marinetti fez carreira, Pessoa e seus outros "eus" prosseguiram suas obras num discreto afastamento. O aristocratismo britânico no qual fora educado inclinava Pessoa a ver com aversão toda forma de publicidade, de autopromoção e de arrivismo. No próprio "Ultimatum", Campos dizia que "a fama convém às atrizes e aos produtos farmacêuticos". É assim, com distanciamento e ironia, que ele veria, mais tarde, o ingresso de Marinetti na Academia: "Lá chegam todos, lá chegam todos... [...]/ Não tenho remédio senão morrer antes [...]/ As musas vingaram-se com focos elétricos, meu velho,/ Puseram-te por fim na ribalta da cave velha,/ E a tua dinâmica, sempre um bocado italiana, f-f-f-f-f-f-f-f..." ("Marinetti, acadêmico").

Pessoa e a Besta 666*

O nome de Aleister Crowley, astrólogo e mago inglês, reapareceu no noticiário dos jornais ligado aos "rituais satânicos" do Paraná. Crowley, "o maior bruxo do século", teria sido o "mestre" de Charles Manson, assassino da atriz Sharon Tate, e o fundador da seita que atraiu, nos anos 70, Raul Seixas e Paulo Coelho. Poucos sabem ou se lembram que esse famoso Aleister Crowley teve como comparsa, num nebuloso episódio de sua vida, o não menos famoso Fernando Pessoa.

Pessoa sempre se interessou pelas ciências ocultas. Até que ponto ele foi um "iniciado" é algo que nunca saberemos. Sabemos, com certeza, que ele foi um excelente astrólogo, e foi por esse tipo de conhecimento que ele travou contato com Crowley. Corria o ano de 1930. Crowley, nascido em 1875, já era famoso ou, como bem distinguem os ingleses, notório. Iniciara-se em 1898 na Ordem Hermética da Golden Dawn, adotando o nome de "A Besta 666". Essa associação, considerada a única herdeira contemporâ-

* *Mais!*, *Folha de S.Paulo*, 2/8/1992.

nea do *corpus* completo da ciência mágica, fora fundada em 1887 por três ingleses e uma alemã. Pertenceram à Golden Dawn muitos artistas e intelectuais, entre eles o poeta Yeats.

Crowley logo se opôs a um dos fundadores da seita, MacGregor Masthers. Foi expulso do grupo, que atribuiu às artes mágicas da "Besta 666" o súbito falecimento de MacGregor. Crowley dedicou-se então à magia negra na sua vertente sexual, fundou uma ordem chamada Stella Matutina e adotou o nome de Mestre Therion. Rico e aristocrata (ex-aluno de Cambridge), Crowley percorreu o mundo aprontando das suas por toda parte. Um jornal de Bombaim acusou-o de ter matado uma mulher para lhe sugar o sangue. Durante a guerra de 1914, foi agente secreto da Alemanha nos Estados Unidos. Viveu depois na França, de onde foi expulso em 1929.

Enquanto Crowley corria o mundo provocando escândalos, na pacata Lisboa nosso poeta maior fazia suas grandes viagens para dentro. Ocorreu-lhe a leitura da autobiografia de Crowley. Eis que, no próprio horóscopo que Crowley traçara para si mesmo, Pessoa detectou um erro. Tomou uma folha de papel, e escreveu uma carta ao mago, apontando o engano astrológico. A carta foi endereçada à editora, chegou às mãos do autor, que, reconhecendo o erro, respondeu. Tão impressionado ficou o bruxo com o saber do outro que decidiu ir a Lisboa para o conhecer. Ora, o de Lisboa "não era de companhia", como disse num verso, e considerava a notoriedade de péssimo gosto, por isso não gostou nada da idéia de acolher Crowley. Este foi assim mesmo. Seu navio, o *Alcântara*, ficou detido em Vigo por 24 horas por um espesso nevoeiro, que o mago britânico atribuiu aos poderes do português. Quando finalmente chegou a Lisboa, no dia 2 de setembro de 1930, disse a Pessoa, que o esperava: "Então que idéia foi essa de me mandar um nevoeiro lá para cima?".

Crowley passou cerca de dois meses em Lisboa e arredores, durante os quais teve vários contatos com Pessoa. No dia 25 de outubro, o mago e sua amante, uma jovem alemã, desapareceram em Cascais, num local chamado Boca do Inferno. À beira do abismo, foram encontradas uma cigarreira e uma mensagem cifrada. O caso ocupou logo o noticiário policial, e Pessoa foi chamado a depor. O poeta confirmou que a cigarreira pertencia a Crowley e decifrou (mais ou menos) a mensagem secreta.

Disse também que avistara o inglês ("ou seu fantasma") em Lisboa no dia 24 de outubro, uma vez virando a esquina do Café de la Gare, depois entrando na Tabacaria Inglesa. Excelente locação para um filme *noir*. Adensava-se o mistério, com a colaboração de Pessoa. Teria sido um crime ou um duplo suicídio? Um jornal inglês noticiou que um médium revelara, numa sessão espírita, que Crowley fora "empurrado dos rochedos abaixo".

Ora, prosseguindo nas investigações, a Polícia Internacional apurou que a companheira do mago deixara Lisboa no vapor *Werra* no dia 20, e este tinha atravessado a fronteira portuguesa no dia 23. O certo é que, meses depois, Crowley reapareceu na China, dizendo que ali chegara por uma passagem subterrânea cuja entrada era a Boca do Inferno, em Cascais.

Pelo tom do depoimento de Pessoa à polícia, e suas declarações aos jornais, parece que o episódio mais o divertiu do que o aborreceu. Como comenta Gaspar Simões em sua biografia do poeta, um amante da mistificação e das tramas policiais, como Pessoa, só podia apreciar as façanhas de Crowley. Não sem ironia, como atesta uma carta sua ao próprio Gaspar Simões, no ano seguinte: "O Crowley, que depois de se suicidar passou a residir na Alemanha, escreveu-me há dias...".

Brincadeiras à parte, Pessoa traduziu então um poema de Crowley intitulado "Hino a Pã". Como se sabe, a vertente ocultista da obra do próprio Pessoa é abundante e constante. Embora levasse muito a sério seus estudos ocultistas, Pessoa levava ainda mais a sério seu ofício de poeta. Poderia objetar-se: mas não é a mesma coisa, ser mago e ser poeta? Ora, havia entre os ocultistas e ele uma grande diferença, que muito o incomodava. No *Livro do desassossego*, Bernardo Soares comenta:

> O que sobretudo me impressiona, nesses mestres e sabedores do invisível é que, quando escrevem para nos contar ou sugerir os seus mistérios, escrevem todos mal. Ofende-me o entendimento que um homem seja capaz de dominar o Diabo e não seja capaz de dominar a língua portuguesa. Por que o comércio com os demônios há de ser mais fácil que o comércio com a gramática? Quem, através de longos exercícios de atenção e de vontade, consegue, conforme diz, ter visões astrais, por que não pode, com menor dispêndio de uma coisa e de outra, ter a visão da sintaxe? Que há no dogma e ritual da Alta Magia que impeça alguém de escrever — já não digo com clareza, pois pode ser que a obscuridade seja a lei oculta —, mas ao menos com elegância e fluidez, pois no próprio abstruso as pode haver?

Pessoa colocou seus saberes e poderes na Alta Magia de escrever. Com seu gênio poético, ele nos enfeitiça e engrandece. Foi uma grande honra para Crowley ter conhecido um mago de tal estatura.

Sá-Carneiro e seus duplos*

O melhor amigo de Mário de Sá-Carneiro se chamava Fernando Pessoa. Seu poema mais famoso se chama "Quase": "Um pouco mais de sol — eu era brasa,/ Um pouco mais de azul — eu era além./ Para atingir, faltou-me um golpe de asa.../ Se ao menos eu permanecesse aquém...". A tentação é grande, de dizer que Sá-Carneiro foi *quase* tão genial quanto Pessoa. Tal julgamento, elogioso e depreciativo, seria um tanto injusto, porque implicaria uma consideração de grau e uma desconsideração das diferenças.

A comparação com Pessoa é, no entanto, inevitável, não apenas porque houve entre eles essa ligação existencial, mas também porque os primeiros poemas de Pessoa, decadentes e preciosos, se assemelhavam muito aos do amigo. A verdade é que Pessoa foi além (*além* é uma palavra cara a Sá-Carneiro, tanto quanto a palavra

* "Sá-Carneiro et ses doubles", *La Quinzaine littéraire*, nº 562, Paris, 16 a 31/5/1990. Sobre a edição francesa de *Céu em fogo*: *Ciel en feu*, trad. Jorge Sedas e Dominique Bussillet, Paris, La Différence, 1990.

quase), e Sá-Carneiro permaneceu aquém, em parte por motivo de morte prematura.

Sá-Carneiro nasceu em 1890. Filho único de pai rico, órfão de mãe desde a idade de dois anos, teve uma infância ao mesmo tempo solitária e feérica, numa bela quinta dos arredores de Lisboa. Os sonhos, os medos e a falta de amor moldaram a imaginação e a sensibilidade do menino. Após várias viagens pela Europa, em companhia do pai, Sá-Carneiro se instalou em Paris em 1912 para aí seguir o curso de direito. Daí em diante, só voltou a Lisboa por curtas temporadas. Durante esses anos parisienses, manteve uma intensa correspondência com Pessoa, e juntos conceberam e realizaram a revista *Orpheu*, aventura maior do modernismo português. No dia 26 de abril de 1916, num quarto de hotel da rua Victor-Massé, deitou-se na cama vestindo um smoking e ingeriu estricnina.

O suicídio de Sá-Carneiro exerce uma compreensível fascinação sobre seus leitores. Nenhuma crítica da obra, nenhuma apresentação de tradução pode deixar de referir essa morte. Ora, muitos escritores se suicidaram sem que esse fato contamine, de modo tão inextricável, a leitura de suas obras. É que, no caso de Sá-Carneiro, esse fato prolonga e conclui a obra, faz parte da obra como um episódio escrito em outra linguagem mas no mesmo estilo.

Sua morte foi teatral, enfática, cabotina. "Defeitos" que podemos encontrar no romance *A confissão de Lúcio* (1914) e nos contos de *Céu em fogo* (1915), obras em que abundam as cenas melodramáticas e estereotipadas, os estados de alma raros ditados por modelos estéticos, as preciosidades estilísticas por vezes terrivelmente datadas. Tais defeitos nos inclinariam a considerar essa obra como falsa, artificial e mal-acabada. Ora, pela realização efetiva de uma de suas fantasias, no ato mais verdadeiro e definitivo que pode haver, Sá-Carneiro nos impõe uma suspensão de julgamento. Quase todos os seus contos terminam de modo decepcionante.

O desenlace nunca está à altura das expectativas criadas, a conclusão é freqüentemente substituída por enigmáticas exclamações ou por reticências. Mas, em seu próprio final, Sá-Carneiro não falhou. Saiu de cena em grande estilo ou, para usar uma expressão sua, "envolto em seu orgulho adamantino".

Nos três pormenores que compõem a cena de sua morte — o quarto de hotel, o smoking e o veneno — encontram-se cifradas as principais características de sua personalidade e de sua obra. Sá-Carneiro foi um daqueles inúmeros estrangeiros atraídos pela Paris da *Belle Époque.* A cidade grande ou "a Cidade", cujo esplendor e refinamento ele não cessa de louvar, aparece em seus contos de modo original, porque ele a captou com um olhar excêntrico e voraz. Provinciano, ele exagera seu deslumbramento, e sua Paris se torna especial. Cada lugar e cada momento é fixado por ele com uma sensibilidade extremamente decadente e, ao mesmo tempo, com um entusiasmo desmesurado diante dos progressos da técnica e as audácias da arte de vanguarda. O resultado é um entrelaçamento de estilos, uma avalanche de materiais preciosos arrastados numa velocidade futurista, em frases enroscadas como volutas, muito *modern style.*

A Metrópole, em seus contos, é uma cidade desejada e nunca possuída, como aquelas mulheres francesas que seus heróis cortejam em vão. É uma Paris de passeios solitários e de lugares impessoais: hotéis, cafés, *music-halls.* Assim como o protagonista, as personagens secundárias são estrangeiros folhetinescos: russos loucos, ingleses misteriosos, raparigas do Norte... As intrigas seguem todas o mesmo esquema: uma paixão amorosa, a morte (ou o assassinato) da mulher, o prosseguimento de uma relação com um homem (o ex-amante da mulher ou seu substituto). Tudo se passa num clima de sonho que logo se torna pesadelo.

Seriam versões menores dos contos de Oscar Wilde, ou dos *Contos cruéis* de Villiers de l'Isle-Adam, se não houvesse, aqui e ali, rasgos de genialidade própria. Quando o leitor começa a se cansar do estilo alambicado, das palavras enfáticas — *Ouro, Íris, Mistério, Sombra* —, vê-se de repente surpreendido por felizes ousadias lingüísticas, situações ou idéias que são verdadeiros achados. Assim, a história do homem que, desejando ficar louco, comete um ato "louco" (precursor do "ato gratuito" de Gide em *Os moedeiros falsos*) e, depois de o cometer, hesita loucamente entre a prova de razão dada pela premeditação do ato e a prova de loucura dada pelo próprio fato de o ter premeditado e cometido.

O conto-chave do volume, e talvez de toda a obra de Sá-Carneiro, se chama "Eu mesmo o outro". O drama que está na origem de suas narrativas, como de seus poemas, é o do desdobramento narcísico da personalidade. Raramente, na literatura, o narcisismo foi levado a tais excessos. Em sua poesia, Sá-Carneiro dirige versos às suas próprias mãos, "brancas e lindas"; nos contos, os heróis beijam suas próprias imagens nos espelhos, prodigam a eles mesmos carícias e palavras ternas. Na vida, Sá-Carneiro sofria por ser gordo e ter traços vulgares, por não se achar fisicamente à altura de sua Alma e de seu Gênio. Daí, talvez, a necessidade de criar duplos, no mais das vezes magros, louros e lindos; duplos com os quais ele mantinha relações apaixonadas e assassinas.

No último conto de *Céu em fogo* ("Ressurreição"), aparece uma personagem especial: Fernando Passos, "o genial Artista". Não é difícil encontrar seu referente. A crise de identidade de Sá-Carneiro era semelhante à de Pessoa. Foi a crise de toda uma geração européia que se viu de repente privada de valores seguros e de função social precisa, e sobretudo a dos jovens portugueses, num país estagnado entre as glórias perdidas e um futuro sem perspectivas.

Os melhores poemas de Sá-Carneiro assemelham-se aos de Pessoa, pela temática da perda do "eu". O melhor de seus poemas é "Dispersão": "Perdi-me dentro de mim/ Porque eu era labirinto,/ E hoje quando me sinto,/ É com saudades de mim". Esse poema se inscreve, de modo ainda mais explícito do que os de Pessoa, na tradição conceptista portuguesa ilustrada por Sá de Miranda no século XVI: "Comigo me desavim,/ Sou posto em todo perigo;/ Não posso viver comigo/ Nem posso fugir de mim".

Entretanto, a crise de Sá-Carneiro, mesmo em sua melhor expressão literária, permaneceu no terreno psicológico individual. Como uma mosca presa entre dois vidros, ele buscou uma saída impossível entre o "eu" e o "ideal do eu". Daí a constante dualidade de sua personalidade poética e de suas personagens de ficção. Sá-Carneiro sublimou, com um enorme reforço de estetismo, suas tendências homossexuais e seu mal-estar existencial. Pessoa, enquanto isso, soube fazer de seus problemas pessoais (sobre os quais foi discreto) coisa diversa. Como Sá-Carneiro, ele os teatralizou, mas num palco textual em que se desenrolam, com o distanciamento da ironia, dramas intelectuais e metafísicos. Fazendo explodir todos os espelhos, Pessoa multiplicou-se, não em personagens duais de melodrama, mas em várias personagens-obras. Desvencilhando-se do fardo do "eu", pôde viver aventuras mentais e textuais que o dispensaram de existir, e portanto de se matar existencialmente.

Saramago e um sobrevivente*

No dia 30 de novembro de 1935, morreu em Lisboa o poeta Fernando Pessoa. Foi enterrado no Cemitério dos Prazeres, alegre nome de um triste lugar. Morte e enterro estão registrados nos jornais portugueses da época, e confirmados nos inúmeros livros dedicados ao poeta. Mas a verdade é mais complexa. Foi só um quarto dele que morreu naquele dia. Outro quarto já tinha morrido antes, e os restantes dois quartos ficaram vivos e soltos por aí; ou, pelo menos, não há registro da morte deles. Quanto ao enterro, o primeiro quarto já não está nos Prazeres, mas no Mosteiro dos Jerônimos, para onde foi trasladado, na comemoração do cinqüentenário de sua morte.

Como assim? Ora, todos sabem que Pessoa não era um só, mas quatro: o Ele-Mesmo e os três heterônimos, Alberto Caeiro, Ricardo Reis e Álvaro de Campos. E isso sem contar outras frações mais duvidosas, como Bernardo Soares, que não passava de um semi-heterônimo, e vários outros quase-heterônimos. Também sem

* *Jornal da Tarde*, São Paulo, 30/11/1985.

levar em conta que o Ele-Mesmo não era exatamente o indivíduo chamado Fernando Pessoa. Enfim, para não nos perdermos nas contas, consideremos que eram pelo menos quatro, e vejamos o que lhes aconteceu. Em 1935, fazia vinte anos que Caeiro morrera, segundo testemunho de Pessoa. Mas Campos, então com 45, e Reis, com 48, sobreviveram a Pessoa, falecido naquele ano aos 47 anos. Nenhum documento atesta o falecimento de Campos ou de Reis.

O primeiro quarto, pois, tinha criado os outros três, cada qual com sua respectiva obra, sua própria biografia e seu horóscopo individual. As biografias dos outros, pensando bem, são mais plausíveis do que a do Ele-Mesmo, e é esta que parece fictícia. Afinal, é mais fácil crer num camponês que viveu e morreu no campo, num engenheiro naval que viajava de navio e num médico monarquista expatriado do Portugal republicano do que crer num correspondente comercial lisboeta que era também anglicista, nacionalista, enxadrista, ocultista, astrólogo, cabalista, racionalista, monarquista, republicano, salazarista, anarquista, *gentleman*, beberrão, solteirão, ensaísta, polemista, poeta e inventor de poetas.

Quando aquele que era tudo isso morreu, dizíamos, dois dos outros sobraram em vida. A obviedade dessa sobrevivência escapou a todos que choraram e choram a morte total de Fernando Pessoa. A todos, não. O romancista José Saramago deu pela coisa e foi ver o que teria acontecido com um dos sobreviventes. O resultado foi um excelente romance: *O ano da morte de Ricardo Reis* (Lisboa, Editorial Caminho, 1984; São Paulo, Companhia das Letras, 1988).

Que foi que Saramago descobriu sobre esse sobrevivente? Para saber tudo, é preciso ler o livro, mas, para aguçar curiosidades, podemos contar alguma coisa. Um mês depois da morte de Pessoa, Ricardo Reis, que estava exilado no Rio de Janeiro, regressou a Lisboa. Viveu aí todo o ano de 1936, ano bastante agitado na política portuguesa e européia. Teve problemas com a polícia de Salazar. Amancebou-se com uma criada de hotel, enquanto curtia uma paixão platônica por uma burguesa aleijada. Encontrou-se numerosas vezes com o fantasma de Fernando Pessoa, que não parava quieto nos Prazeres, mas perambulava por Lisboa e vinha bater longos papos com o amigo. E talvez tenha morrido, por livre e espontânea vontade, no fim daquele ano. É o que o título do romance diz e o que o seu final sugere. Mas nessas histórias pessoanas nada é certo, e Saramago teve a sutileza de deixar as coisas suspensas, como convinha.

O romance de Saramago prende o leitor da primeira à última linha, quer esse leitor seja um freqüentador assíduo da obra de Pessoa, quer seja aquele, improvável, que dele nunca ouviu falar. Porque é um romance com qualidades pessoanas e qualidades ficcionais próprias. Ricardo Reis, o médico e latinista retornado à pátria depois de longos anos de ausência, tem uma consistência não só pessoana, mas pessoal. Saramago constrói sua personagem com notável verossimilhança. A vida de Reis não tem acontecimentos extraordinários (o que é coerente com sua personalidade contemplativa e inadaptada), mas ela se insere num momento particularmente intenso e dramático da história européia e portuguesa. Em Portugal, é a instalação triunfante da ditadura salazarista; na vizinha Espanha, são os atritos que prenunciam a Guerra Civil; na Alemanha, é a ascensão de Hitler e, na Itália, a de Mussolini.

Como poeta, Reis enunciara uma filosofia cética, baseada na renúncia à ação, na abdicação a qualquer projeto de intervir no destino dos homens, pregando apenas o aperfeiçoamento interior do indivíduo e um "epicurismo triste", que consistia em viver os pequenos prazeres do presente sob a sombra da consciência da morte. "Sábio é aquele que se contenta com o espetáculo do mundo", escrevera ele numa de suas odes. O Reis de Saramago, nos meses que seguem à sua volta à pátria, percebe que não é fácil ser um mero espectador do mundo. No terreno individual, o destino lhe prega algumas peças. Contra todos os seus princípios éticos e seus preconceitos de aristocrata, amasia-se com uma criada de hotel, ironicamente chamada Lídia, como uma das imaginárias musas de suas odes arcaizantes. E apaixona-se por uma jovem burguesa doentia, que tem um braço paralisado e se chama Marcenda, nome também presente em sua poesia, mas como adjetivo de latinista: "E colho a rosa porque a sorte manda./ Marcenda, guardo-a: murche-se comigo...". Flor que definha, a Marcenda de Saramago emblematiza os aleijões de sua classe social. Lídia, em contrapartida, de ninfa só tem o nome; é a encarnação da vitalidade popular, e seu sólido bom senso põe em xeque a alta filosofia de Reis.

Quanto ao "espetáculo do mundo", este se apresenta demasiadamente inquietante para que Reis possa contemplá-lo com indiferença. Embora incapacitado de mudar seus princípios políticos conservadores, Reis reage com sensibilidade e lucidez diante do que vê em Portugal e do que lê nos jornais. Paralisado na inação e atormentado com tudo o que lhe acontece e acontece ao mundo, o médico poeta vive esses meses em abatimento e solidão.

O romance de Saramago é baseado numa vasta pesquisa histórica, na leitura minuciosa dos jornais da época e de outras tantas fontes, que a abundância e precisão de pormenores indiciam. Mas o seu grande mérito é passar tudo isso "ao vivo", sem o menor ranço de erudição documental. O romancista tinha uma experiência bem-sucedida de romance "histórico": o *Memorial do convento*, publicado em 1982. Aqui, com Reis, o leitor se sente na Lisboa de 1936 como se lá estivesse, tal a habilidade do romancista em reconstituir uma cidade, desde o menor incidente do cotidiano até o clima geral criado pelas mentalidades de seus habitantes. E isso ele consegue através de recursos técnicos impecáveis porque imperceptiveis. As informações históricas e as análises ideológicas surgem "naturalmente" na trama narrativa, nas descrições de cenas ou indivíduos, nos jornais que Reis lê ou nos diálogos que trava e ouve.

Mais do que um simples jogo literário, que por si só já seria fascinante, a criação prosseguida da ficção heteronímica resulta aqui numa reflexão sobre a identidade portuguesa e, segundo declarações do romancista em entrevistas, numa "contribuição para o diagnóstico da doença nacional". Todo convívio com a obra pessoana leva a uma reflexão sobre a identidade. Ou será o oposto? Pessoa teria como problema central a identidade por ser português? A nostalgia de uma identidade heróica perdida no passado, a experiência da decadência e da "doença" caracterizaram o pensamento português no fim do século XIX e no início do século XX, de modo que elas se tornaram a identidade portuguesa, ou o modo de ser lusitano.

Mas Saramago não se compraz, de modo masoquista, nesse diagnóstico. Seu objetivo é contribuir para uma saída do impasse. Como verdadeiro escritor, porém, ele se abstém de prognósticos, de julgamentos explícitos e de lições apregoadas. O romance deve fazer pensar, e faz; as tomadas de posição ficam por conta do leitor. E é notável que um escritor politicamente engajado, que começou como romancista social, tenha chegado agora a tratar com mãos tão leves, e por isso tão certeiras, um tema tão candente como a "alienação" política de Pessoa e seus heterônimos. Enquanto certos críticos continuam a julgar e a condenar monoliticamente as idéias e as posições "reacionárias" de Pessoa, Saramago encena em sua ficção, sem complacência mas com profunda compreensão, os paradoxos, os impasses, as ironias que constituem o "drama em gente".

Num diálogo com Reis, o Pessoa de Saramago diz:

> Você sabe bem que eu não tenho princípios, hoje defendo uma coisa, amanhã outra, não creio no que defendo hoje, nem amanhã terei fé

> no que defenderei [...] Para mim deixou de haver hoje e amanhã, como é que quer que eu ainda acredite, ou espere que os outros possam acreditar, e se acreditarem, pergunto eu, saberão verdadeiramente em que acreditam, saberão, se o Quinto Império foi em mim vaguidade, como pode ter-se transformado em certeza vossa, afinal, acreditaram tão facilmente no que eu disse, e mais sou esta dúvida que nunca disfarcei, melhor teria feito afinal se me tivesse calado, apenas assistindo.

A verdade é que Pessoa não se calou, e agora, fantasmático, vive num inferno sartriano: "Todos os meus actos, todas as minhas palavras continuam vivos, avançam para além da esquina a que me encosto, vejo-os que partem, deste lugar donde não posso sair, vejo-os, actos e palavras, e não os posso emendar...". O romancista dá uma lição indireta aos críticos. Cabe agora aos vivos não um julgamento onipotente e supostamente infalível dos atos e palavras do poeta (tentação dos críticos dogmáticos e redutores), mas a busca de um caminho próprio entre os múltiplos que o texto pessoano abre. E é essa leitura, pessoal, criativa e atenta à pluralidade de Pessoa, que Saramago faz.

O ano da morte de Ricardo Reis pode ser lido em vários níveis, e todos oferecerão interesse. O simples leitor de histórias gostará de acompanhar os passos de Ricardo Reis, como num romance policial. Os interessados em história e política encontrarão aí um farto material para reflexão. E os especialistas de Pessoa poderão apreciar o uso magistral do texto do poeta no trabalho intertextual de Saramago. Inúmeras "citações" de trechos pessoanos se encaixam, habilmente, nas descrições, nos diálogos e nas reflexões do narrador. E não só Pessoa é utilizado nesse intertexto, mas também outros poetas, seus contemporâneos ou próximos de seu clima mental.

Como todo trabalho intertextual, o de Saramago modifica a significação dos textos utilizados, constituindo-se numa nova leitura dos mesmos. Assim, por exemplo, a aproximação estabelecida no texto entre o slogan da juventude nazista — "Não somos nada" — e o verso de Reis — "Sinto que não sou ninguém salvo uma sombra" — faz-nos reler esse verso com um calafrio. Outro verso famosíssimo de Reis — "Assim em cada lago a lua toda brilha porque alta vive" —, incluído num diálogo do romance, adquire ares paródicos à luz do comentário da criada Lídia: "O senhor doutor diz as coisas de uma maneira tão bonita [...] O povo é isto que eu sou, uma criada de servir que tem um irmão revolucionário e se deita com um senhor doutor contrário às revoluções". E é o próprio fantasma de Pessoa quem fornece a leitura mais abrangente: "Reparando bem, meu caro Reis, as suas odes são, por assim dizer, uma poetização da ordem".

Não é uma novidade escrever-se um romance transformando em personagem de ficção um poeta que realmente existiu. Também não é novidade retomar uma personagem de ficção transportando-a para outra história, outro contexto; as reencarnações ficcionais modernas de personagens míticas, shakespearianas e outras são freqüentes. No caso do romance de Saramago, a reencarnação é entretanto vertiginosa, porque se trata de ressuscitar Pessoa, que existiu num real histórico ainda recente, ao lado de Reis, que Pessoa inventou. Ora, no romance, Pessoa é um fantasma, e Reis é extremamente convincente como ser de carne e osso. Como disse o romancista numa entrevista: "As duas figuras femininas não existem, a não ser nas odes de Ricardo Reis. Este não existe porque é um simples heterônimo de Pessoa. E Fernando Pessoa não existe porque já morreu". De fato, o que nos garante que Pessoa foi mais "vivente" (para falar como Guimarães Rosa) do que Reis? Morto, Pessoa é um texto: o seu, o dos que dele falam. Um texto, como Reis: o das *Odes* e, agora, o do romance de Saramago.

Os críticos portugueses já têm apontado o aspecto "borgesiano" desse romance. Borges, que inventou e consagrou esse tipo de ficção sobre a ficção, é um autor da mesma estirpe do criador dos heterônimos: intelectualizado, lúdico e profundamente cético acerca da personalidade, que ele chama de *nadería.* Um pouco antes de ambos, outro escritor do mesmo tipo afirmara algo que poderia servir de comentário ao romance de Saramago: "Aquele que quer reconstituir um autor a partir de sua obra constrói necessariamente uma personagem imaginária" (Valéry, *Littérature*). É a modernidade do próprio Pessoa, de seu jogo heteronímico no qual o sujeito questiona sua unidade e se põe em processo, que permite a originalidade do jogo prosseguido por Saramago.

E, agora que o romancista levantou a lebre, somos tentados a perguntar: e que terá acontecido a Álvaro de Campos, desde a última notícia que dele nos deu Pessoa? Saramago já declarou que não se interessa pelo engenheiro futurista, e que não escreveria *O ano da morte de Álvaro de Campos.* Quem quiser que siga a sua pista, num estaleiro de Glasgow ou num sofá lisboeta. A história ainda está aberta. Pessoa não acabou de morrer. E, se depender de seus leitores, não morrerá tão cedo.

Saramago, uma questão de fé*

Bendito seja Deus, que nos dá belos livros para ler! Bem-aventurado é José Saramago, que sabe contar histórias com elegância e graça, e lembrar-nos, a cada texto novo (mesmo se a história é velha), a maravilha que é a língua portuguesa, quando seu escrevente sabe dançar todos os ritmos de sua rica sintaxe e saborear todos os sabores de seu suculento léxico.

O que era inevitável aconteceu. A maior parte dos comentários e discussões sobre *O evangelho segundo Jesus Cristo*** tem girado em torno do tema. Como pode um ateu escrever um evangelho? Em que a sua história é diferente do texto canônico? As diferenças ofendem ou não os crentes? Esse tipo de colocação é, para dizer o mínimo, dispensável. Que o autor é ateu, já se sabia. Que esse evangelho não é nada católico, qualquer leitor medianamente catequizado verá logo.

Ora, o romancista tem as suas razões, que a religião desconhece. O diálogo da fé com a razão é um diálogo de surdos, e portanto

* *Folha de S.Paulo*, 18/1/1992.

** São Paulo, Companhia das Letras, 1991.

uma perda de tempo. Mas aqui a questão é outra. A razão de Saramago — e nisso reside a originalidade de sua obra — não é a razão positivista de Renan e outros, que escreveram uma biografia do homem Jesus, explicando seu papel histórico e desmistificando seus milagres. A razão de Saramago é a da ficção, e esta exige do leitor outro tipo de fé, que não é menos misteriosa e apaixonada do que a religiosa.

O sobrenatural (ou o racionalmente inexplicável) sempre esteve presente nos livros do autor, e até mesmo mais do que neste último. E a ninguém ocorreria discutir se um materialista podia escrever a história da bruxa Blimunda (*Memorial do convento*), ou a do fantasma de um homem que aparece a um heterônimo seu (*O ano da morte de Ricardo Reis*). Também não me consta que qualquer um tenha vindo a público para contestar ou defender a possibilidade de a península Ibérica destacar-se da Europa e descer o Atlântico (*A jangada de pedra*).

Mas com a história de Jesus é diferente. Crentes se aborrecem porque Saramago não acredita na Imaculada Conceição, e ateus se incomodam com os prodígios de Deus e do Diabo em sua história. Comunistas e teólogos da libertação gostariam talvez de ver (de novo!) um Jesus socialista e revolucionário. Pois o Jesus de Saramago não é nem totalmente humano, nem totalmente divino; é uma personagem de ficção. A única questão de fé que desde então se coloca é se, no espaço de tempo em que se lê o livro, acreditamos nessa personagem e nos tornamos seus seguidores. "Pois tudo vai é da maneira de dizer" (p. 239); ora, a maneira de Saramago convence e alicia, e este é o velho milagre da boa ficção.

Tomar Jesus como personagem é um desafio especial. Além de provocar suscetibilidades, a história não promete muito, em termos de prazer de leitura. Todos estão cansados de conhecê-la, todos sabem que é triste e acaba mal. Saramago enfrentou esse desafio.

Conforme disse numa entrevista, todo escritor deveria enfrentá-lo, pelo menos uma vez, e justamente porque essa é a história sobre a qual assenta nossa cultura, nosso mito fundador. Crentes ou ateus, todos nós a temos em nosso inconsciente, todos nós levamos os mandamentos judaicos "cosidos sob a pele" (Sartre), todos carregamos a culpa que essa história nos comunica.

E é de culpa, fundamentalmente, que se trata. Todas as personagens do evangelho de Saramago são culpadas, ou assim se sentem. As mulheres têm culpas mais leves, para compensar o fato de serem tão insignificantes no judaísmo. Maria carrega a culpa de não ter contado a seu filho as circunstâncias obscuras de sua concepção e nascimento, embora soubesse, desde sempre, quem era o terceiro pastor que ofereceu ao recém-nascido o pão que o diabo amassou. A culpa de Maria Madalena é a que já se sabe, e a de sua irmã Marta, a de a invejar. Culpa mesmo, o que se chama culpa, são os homens que a carregam. José é culpado pela matança dos inocentes, da qual, por acaso, ficou sabendo a tempo. Em vez de avisar os outros pais, fugiu calado com sua pequena família. Essa culpa lhe custará um terrível pesadelo recorrente, de que só se livrará ao pagar, numa cruz, um crime de que era inocente. A de Jesus, é herdada do pai José. Morto este, Jesus receberá seu pesadelo, invertido. Edipianamente, sonha que este vem para matá-lo, e só depois de muito penar se livra (?) da culpa ao identificar-se com o pai, ambos descendo rio abaixo, em sonho, em direção àquela "terceira margem" que Guimarães Rosa já sonhara. Todas as personagens, enfim, poderiam dizer, como a de Rosa: "De que era que eu tinha tanta, tanta culpa? [...] Sou o culpado do que nem sei, de dor em aberto, no meu foro". E o Jesus de Saramago diz: "Quem me libertará desse remorso, a mim que me vejo, hoje, como meu pai naquele tempo" (p. 404). Falas que se podem encadear, não porque um escritor cite o outro, mas porque essa terrível herança está no âmago de nossa vivência judaico-cristã, como sabem os escritores e aquele outro judeu, inventor da psicanálise.

E de quem é a culpa de tanta culpabilidade? De Deus, responde Saramago. Aproveitando-se de certos traços inequívocos do Deus de Israel, aquele que é um olho que tudo vê e uma voz que tudo exige sem nada explicar, Saramago inventa um Deus cruel e vaidoso, que gosta de sangue e faz do pobre Jesus uma marionete a serviço de seus planos. E que planos são esses? Planos de ampliação de poder, de alargamento de influência. Para deixar de ser o "deus de um povo pequeníssimo que vive numa parte diminuta do mundo", e "ser deus de muito mais gente", ele precisa de um mártir, e Jesus é que paga o pato (melhor seria dizer o cordeiro). O Deus de Saramago é o supremo representante de todos os tiranos do mundo, e seu Jesus, o de todas as vítimas inocentes.

Poder e culpa estão intimamente ligados. Barthes, entre outros, dizia: "Chamo discurso de poder todo discurso que engendra o erro e, por conseguinte, a culpabilidade daquele que o recebe" (*Aula*). O discurso de Jeová, nos textos sagrados como no de Saramago, é o paradigma do gênero. Protestar contra Jeová, o que muitos têm feito através dos séculos, não tem abalado em nada seu poder. O discurso de Saramago só tem força porque não é nem um discurso de fé, nem um discurso de razão. Ele é literatura, "essa trapaça salutar, essa esquiva, esse logro magnífico que permite ouvir a língua fora do poder, no esplendor de uma revolução permanente de linguagem" (Barthes, ibidem).

Saramago não é um grande pensador; é um grande romancista, e um romancista de tipo ético. Todas as suas histórias são um "Não" oposto à infelicidade histórica dos homens. Entretanto, sua dialética é a da criação literária, na qual a negação não desemboca numa síntese positiva ("assim é ou deve ser"), mas desencadeia a lógica subversiva dos possíveis ("poderia ser de outra forma"). Sua versão da história de Jesus é mais triste que a oficial: o herói é totalmente vencido, e não ressuscita. Mas fica vibrando, depois do ponto final, a indignação diante do acontecido.

Em *Temor e tremor*, Kierkegaard conta e reconta a história de Abraão, primeiro como poeta, depois como filósofo crente. Essa história incomodava a Kierkegaard como a de Jesus a Saramago: "Desse modo, divertia-se o Senhor com Abraão!". A conclusão do filósofo é conhecida. Só a fé, essa paixão absurda, explica o comportamento de Abraão e nos faz aceitar o de Deus. Em suma, não se pode discutir misturando religião e moral. Para o moralista, o Deus de Abraão é perverso, e este é um desnaturado; para o religioso, os desígnios de Deus são indevassáveis, e Abraão agiu como devia. A posição de Saramago diante do sacrifício de Jesus é a do moralista, e sua interpretação é perfeitamente lógica no lugar de onde ele fala.

O lugar de Saramago é a terra, e o que o preocupa é o que os homens podem nela ou dela fazer: "São coisas da terra, que vão ficar na terra, e delas se faz a única história possível" (p. 20). Seu evangelho "nunca teve o propósito desconsiderado de contrariar o que escreveram os outros" (p. 240), apenas é a sua versão dos fatos, do ponto de vista do "homem humano" (Rosa, de novo): "Todo o homem é um mundo, quer pelas vias do transcendente, quer pelos caminhos do imanente" (p. 200). E sonhar outro destino para o homem e o mundo é o papel do escritor.

Assim, não são as reflexões filosóficas por si mesmas que constituem o maior valor do livro de Saramago. O valor do livro, como o de qualquer obra de arte, está em sua feitura, naquilo que antigamente se chamava, sem pejo, a Beleza. E nessa beleza ainda reside o supremo bem, que Saramago nega à religião e à história. Por isso mesmo um fiel cristão pode apreciar, sem culpa, este evangelho ateu. Como diz Kierkegaard: "Pode-se discorrer sobre Abraão [ou sobre Jesus, diríamos aqui], pois as grandes coisas jamais provocam dano quando as encaramos com elevação; são como espada de dois gumes, um mata e outro salva".

Bela é a descrição do interior da gruta de Nazaré, com o sutil jogo de luz e sombras que só um grande ficcionista seria capaz de colocar diante de nossos olhos, "como se ali estivéssemos". Belas são as cenas menores que pontuam a narrativa, como esta: "Calhou estar o tempo como de rosas acabadas de colher, fresco e perfumado como elas, e as estradas limpas e amenas como se adiante andassem anjos salpicando de orvalho o caminho, para depois o varrerem com vassouras de loureiro e murta" (p. 407). Belo é o diálogo de Jesus com sua amada Maria Madalena: "Dias passados, Jesus foi juntar-se aos discípulos, e Maria de Magdala foi com ele, Olharei a tua sombra se não quiseres que te olhe a ti, disse-lhe, e ele respondeu, Quero estar onde a minha sombra estiver, se lá é que estiverem os teus olhos" (p. 431).

O lirismo de Saramago tem, no texto, a dosagem certa, e se este jamais descamba para o piegas é porque o romancista o contrabalança com um outro registro em que é mestre, o da ironia e do humor. A velha história nos é contada com um à-vontade coloquial, com calculados anacronismos e muitas piscadelas.

Algumas dessas piscadelas são literárias. O autor de *O ano da morte de Ricardo Reis* continua dialogando com seu mestre Pessoa. Este está presente aqui e ali, numa ou noutra ironia, e muito pelo fato de Saramago ter, diante da história de Jesus e da religião decorrente, uma atitude muito semelhante à do poeta. Seu menino Jesus é muito próximo do de Caeiro, que nem "sequer tinha pai e mãe como as outras crianças", e cuja mãe "não era mulher: era uma mala". A distinção entre Deus e Jesus, a desavença entre ambos, com simpatia por este e antipatia por aquele, são as mesmas de Caeiro, e o repúdio da Igreja, o mesmo de Ricardo Reis: "Não a ti, mas aos teus, odeio, Cristo". Essa sombra de Pessoa, que pressentimos ao longo do texto, explicita-se finalmente numa alusão bem-humorada a Deus e Alá como "heterônimos" (p. 389).

Raramente Saramago esteve tão iluminado, com a mão tão certa e o ouvido mais afinado. Os advogados de Deus poderiam dizer que, apesar de advogado do Diabo, ele está, neste livro, em estado de graça. A narrativa flui com aquela simplicidade que só os clássicos conseguem fazer parecer fácil. Se Saramago escreveu um evangelho, foi talvez menos pelas questões ali contidas do que por uma afinidade prévia (e agora demonstrada) entre seu estilo e o dos evangelistas: a singeleza, a oralidade, a comunicação direta com o receptor, os diálogos encaixados na narração, o gosto pelos apólogos e parábolas, as imagens que ganham intensidade e universalidade por serem colhidas no real mais concreto, modesto e cotidiano.

O livro tem uma estrutura perfeita, isto é, acabada: termina com o reaparecimento de um objeto que, descrito no início, atravessa a história toda, sem que o leitor desconfie de sua importância simbólica. Esse objeto é a tigela negra, que aparece na descrição inicial de uma gravura de Dürer, a mesma que será, no decorrer da história, oferecida a Jesus pelo Diabo, e que recolherá, na última frase, o sangue do crucificado.

As artemages de Saramago*

Desde que o Prêmio Nobel concedido a José Saramago foi anunciado, as notícias e reações, nos jornais portugueses e brasileiros, apresentaram algumas recorrências dignas de nota. Essas manifestações se concentraram em três pontos: o consenso internacional sobre o merecimento do prêmio, o fato de este ser "um prêmio concedido à língua portuguesa" e o "milagre" desse acontecimento.

De fato, os jornalistas da Suécia e de outros países destacaram, no dia seguinte, que nunca a escolha do premiado foi tão consensual e a repercussão tão favorável. O jornal liberal *Dagens Nyheter*, de Estocolmo (meio milhão de tiragem diária), estampava: "Ao escolher José Saramago, a Academia Sueca premiou uma obra literária que é apreciada por toda gente e que não será posta em questão por ninguém". O *New York Times* dizia: "Nenhum candidato ao Prêmio Nobel merece mais um reconhecimento duradouro do que este romancista". Na França, até mesmo *Le Figaro*, jornal politicamente

* *Mais!, Folha de S.Paulo*, 6/12/1998.

à direita, tinha como manchete: "Um Nobel indiscutível". Só destoavam o jornal do Vaticano, lamentando que se desse o prêmio a um "comunista inveterado", e alguns inimigos locais do premiado.

Quanto às outras duas reações recorrentes, elas são compreensíveis mas, de certa maneira, equivocadas. O prêmio pode ser sentido como pertencente a todos os grandes escritores de língua portuguesa deste século, e o próprio Saramago teve a generosidade de o dizer. Mas não nos esqueçamos de que o Prêmio Nobel não contempla literaturas nacionais em seu conjunto. Alguns dos laureados anteriores pertenciam a literaturas e línguas numericamente pouco expressivas; outros, a literaturas e línguas largamente consagradas. Alguém diria que o prêmio de Claude Simon, em 1985, foi dado à francofonia? O argumento de que um Nobel leva os leitores do mundo todo a lerem outras obras na língua do premiado também é duvidoso, mesmo porque o reconhecimento internacional ocorre pela via da tradução e, traduzido, o escritor é apreciado por outros parâmetros que não a língua natal. Por acaso todos se puseram a ler literatura islandesa só porque Halldör Laxness ganhou o prêmio em 1955? O próprio Saramago comentava há dois anos, numa entrevista: "O Prêmio Nobel não aumenta o prestígio de uma literatura e isso, ao contrário do que, erradamente, se vai dizendo por aí. Se amanhã a literatura portuguesa tiver a honra de um Prêmio Nobel não ganhará mais prestígio no mundo. Que idéia!" (*Jornal de Letras*, 1997).

E, finalmente, o prêmio só foi um "milagre" se o considerarmos a partir do velho complexo de exclusão dos lusófonos, ou com a pouca confiança que tínhamos na isenção política do júri de Estocolmo. Se o considerarmos, porém, do ponto de vista do valor literário, o prêmio não foi nenhum milagre. Foi dado a um escritor "inveterado" que, ao contrário do que se diz, não apareceu de repente, mas tem produzido, ao longo de décadas, uma obra vasta que abarca vários gêneros literários (poesia, crônica, dramaturgia, conto, romance, diário). Digamos então, de uma vez por todas: Saramago recebeu o prêmio por sua obra pessoal, inconfundível e intransferível. Conquistou-o por seu enorme talento, por seu obstinado trabalho, e o júri não fez mais do que sua obrigação.

Dizer por que Saramago merecia esse prêmio não é necessário. Desde o *Memorial do convento* (1982) ele tem conseguido uma proeza raríssima na literatura moderna: ser respeitado pela crítica especializada, ser objeto de pesquisa e ensino em universidades de vários países e ter imediatamente um vasto público leitor, nos países de sua língua e em todos aqueles em que foi traduzido. Isso, sim, é um milagre. Um milagre para o qual, se formos ateus como ele, buscaremos uma explicação racional; entretanto, se também entendermos de arte como ele, saberemos de antemão que a explicação nunca será completa. O êxito de uma obra artística depende de uma combinação de fatores que nunca pode ser totalmente explicada. Em *Manual de pintura e de caligrafia* (1977) Saramago lembrava que, no Alentejo, o povo usava a palavra *artemages* para designar as artes mágicas. Tentemos, então, recapitular alguns aspectos das "artemages" desse nobelizado.

Para os leitores de sua própria língua, Saramago é antes de tudo um estilo. Em sua escrita, a frase portuguesa adquire um ritmo particular, obtido por simetrias, incisas, retomadas e inversões, num balanço harmonioso que conduz a um acabamento perfeito. É como se a língua chegasse aí a uma beleza e a uma funcionalidade plenas. Poderíamos dizer, acerca das melhores páginas de Saramago, o que Pessoa disse de Vieira: "Aquele movimento hierático da nossa clara língua majestosa, aquele exprimir das idéias nas palavras inevitáveis, correr de água porque há declive [...] aquela grande certeza sinfônica" (Bernardo Soares, *Livro do desassossego*).

O aspecto ao mesmo tempo artificioso e natural do português de Saramago resulta de uma engenhosa aliança do erudito com o popular, do livresco com a oralidade. Sua prosa incorpora uma rica tradição literária, de Fernão Lopes a Vieira, Camilo Castelo Branco, Eça de Queirós e Pessoa, aí presentes num intertexto que não é apenas alusivo ou citacional, mas que age num nível mais difícil de captar, o da arquitetura sintática, da prosódia, das técnicas narrativas e descritivas. A essa tradição, Saramago trouxe sua nota pessoal, que, na superfície do texto, consiste na supressão da maior parte dos sinais convencionais de pontuação, marcadores de pausas ou de entoação. Esse modo de escrever, segundo ele, lhe ocorreu de repente após a vigésima página de *Levantado do chão* (1980), e tornou-se desde então sua marca registrada.

A supressão total ou parcial de pontuação, largamente praticada desde o início do século XX pelos prosadores de vanguarda (em Portugal por Almada Negreiros), não tem, em Saramago, um intuito puramente experimental, mas decorre do caráter oral de sua prosa, mais proferida do que escrita, e proferida com larguíssimo fôlego. Essa prática só funciona plenamente porque Saramago tem o domínio absoluto da lógica discursiva, do ritmo da frase e da respiração do falante, de modo que seu leitor jamais se extravia nos segmentos do discurso ou confunde os interlocutores de um diálogo.

A oralidade de Saramago é a do contador de histórias, que embala o ouvinte com sua voz mas, sobretudo, o mantém suspenso a uma fabulação. Essa capacidade de fabular e de manter o interesse do receptor é uma qualidade que independe da língua, e é ela que tem garantido o êxito do escritor junto aos leitores das inúmeras traduções de suas obras. Não por acaso *Levantado do chão*, livro inaugural de sua grande fase romanesca, foi precedido de uma viagem ao Alentejo, onde ele se reabasteceu das histórias ouvidas desde a infância. O paralelo com Guimarães Rosa, nesse ponto, é inevitável. As obras de ambos alcançam plena comunicabilidade na leitura em voz alta, quando reatam com suas raízes orais. E ambos alcançam a universalidade a partir do regional.

Embora tendo alcançado o domínio de seu estilo próprio com o *Memorial do convento* (1982), Saramago não cedeu à facilidade de nele se instalar definitivamente. Desde então, e de romance a romance, seu estilo tem se transformado. Das volutas barrocas adequadas ao tema setecentista do *Memorial*, ele passou a um discurso enxuto de relato policial em *O ano da morte de Ricardo Reis* (1984) e chegou, depois, ao milagre estilístico de *O evangelho segundo Jesus Cristo* (1991), em que reciclava com maestria o profetismo evangélico e o lirismo do *Cântico dos cânticos*. Em seus últimos romances, *Ensaio sobre a cegueira* (1995) e principalmente *Todos os nomes* (1997), sua escrita se despojou de toda pirotecnia estilística, para alcançar um ideal clássico: a clareza luminosa e a precisão incisiva, aquela aparente simplicidade que só se conquista com muito trabalho e experiência. O escritor tem consciência dessa evolução de seu estilo, como declarou em conversa com Carlos Reis, em janeiro deste ano: "Julgo estar a assistir, nestes últimos livros, a uma espécie de ressimplificação. Hoje verifico que há em mim como que uma recusa a qualquer coisa em que me divertia, que era essa espécie de barroquismo, qualquer coisa que eu não levava, mas que de certo modo me levava a mim; e estou a assistir, nestes últimos dois livros, a uma necessidade maior de clareza".

A evolução do estilo de Saramago é correlata à evolução de sua temática, e em decorrência desta, da escolha de gênero. As histórias por ele narradas sempre tiveram uma função de parábola, isto é, uma narração alegórica que remete a realidades e reflexões de ordem geral e superior à dos eventos narrados. Essa tendência à parábola, que no *Evangelho segundo Jesus Cristo* pôde explicitar-se pela remissão alusiva ao próprio texto evangélico, glosado e subvertido em múltiplos microrrelatos, expandiu-se no *Ensaio sobre a cegueira* e *Todos os nomes*, que podem ser lidos como parábolas desenvolvidas, o primeiro remetendo à cegueira coletiva da humanidade atual, e o segundo à busca individual de liberdade e amor num mundo burocratizado, totalitário e necrófilo.

Quem leu apenas uma ou duas obras do escritor ignora a riqueza e a variedade do conjunto, e pode formar uma opinião equivocada a seu respeito. Somente aqueles que não captaram ou não apreciam o caráter alegórico da ficção de Saramago podem dizer que suas personagens são esquemáticas, carentes de espessura psicológica, ou que suas histórias são inverossímeis. Tal alegação revela uma total incompreensão de seu projeto romanesco. Saramago não é um escritor analítico, um esmiuçador de idéias ou de estados de alma (embora prove, em muitos momentos, que sabe fazer isso). As histórias que ele narra não valem por si mesmas, mas por seu sentido alegórico. E é justamente a generalização alegórica que lhe garante a recepção universal desde sempre concedida aos aedos, aos fabulistas, aos contadores de "estórias".

O que ele busca é mais geral e concreto. Geral, como alegoria moderna, isto é, aquela que nasce da História e a ela remete. E concreto em vários sentidos. Concreto primeiramente pela capacidade que ele tem de dar concretude aos objetos e aos seres, o que confere a seu texto um permanente apelo sensual. Concreto também porque ele sente e trabalha a palavra em sua materialidade fônica, como poeta que é: "Penso hoje que os escritores têm andado com demasiada pressa: problematizam micrometricamente sentimentos sem antes terem dado uma simples volta de dicionário às palavras" (*Manual de pintura e caligrafia*).

A obra toda de Saramago se esteia num projeto ético e político, sem se tornar doutrinária e sem deixar de ser prioritariamente estética. "Dificílimo ato é o de escrever, responsabilidade das maiores", diz ele. Saramago é um homem politicamente engajado, com opiniões firmes, que podemos ou não compartilhar. Mas sua obra literária não é uma obra de mensagem explícita e fechada; é sempre uma busca e uma proposta de sentido, e não uma imposição do mesmo. Sua enunciação escapa à tentação do dogmatismo pela presença constante da ironia, do humor, da ternura, e sobretudo pela prudência de quem conhece a especificidade de sua arte. As questões que ele levanta, embora sempre convidando à reflexão sobre a realidade atual, ultrapassam essa contingência imediata; são questões que os historiadores chamariam "de longa duração": o poder, a opressão do indivíduo na sociedade, a dignidade fundamental do ser humano, a relação com o outro, a força do sonho e da arte.

Dessa proposta geral decorre o aparente paradoxo de um escritor comunista que não é realista, e nem mesmo acredita no realismo de representação: "Às vezes, contamos certo, mas o acerto é muito maior quando inventamos. A invenção não pode ser confrontada com a realidade, logo, tem mais probabilidade de ser exacta"; "toda a verdade é ficção" (*Manual de pintura e de caligrafia*). Seria portanto mais correto dizer que Saramago é um comunista escritor do que um escritor comunista, nuança que ele mesmo esclarece: "Eu não considero que o meu partido seja competente em matéria literária e, em geral, artística" (*Jornal de Letras*, 1989). Saramago também não é, como pensam alguns, um marxista jurássico aferrado às palavras de ordem de seu partido: "O modelo falhou, não tenho dúvidas. É mais do que óbvio. Poderemos dar-lhe os nomes que quisermos, socialismo científico, socialismo real, mas os factos estão aí, a dizê-lo e a prová-lo claramente: o modelo real falhou. Este era um dos modelos possíveis. Mas penso que o ideal não morre. Sobreviverá, disso tenho certeza, e haverá tempo para pensar nele noutra escala, noutras condições" (*Ler*, 1991).

A descrença na representação realista e o caráter alegórico de sua ficção levam freqüentemente Saramago ao domínio do fantástico. Desde o *Memorial*, todas as suas histórias contêm intervenções do extraordinário ou do maravilhoso. No uso do fantástico, o escritor também tem evoluído, no sentido de uma sutileza maior. Nos últimos romances não há mais bruxarias espetaculares (como no *Memorial*), cães com fio de lã azul na boca (como em *A jangada de pedra*) — traços que o aproximavam do realismo maravilhoso latino-americano, comparação que ele agora rejeita —, mas uma passagem quase imperceptível do real a um irreal simbólico, no mais das vezes sombrio, como a cidade em que quase todos ficaram cegos ou como a Conservatória Geral de *Todos os nomes*, ao mesmo tempo banal repartição pública e assombroso labirinto sem fim nem fundo, mais para Kafka do que para García Márquez. Nesse sentido, o escritor também se despojou de certas facilidades a que antes se deixava levar. Enfim, Saramago está cada dia melhor.

O fundamento crítico e ético da obra de Saramago está presente desde as primeiras obras, e ele pode ser subsumido na expressão "levantar do chão". Numa belíssima passagem de *Manual de pintura e caligrafia*, o narrador-personagem reflete sobre a morte, e rejeita a afirmação de Raul Brandão de que "é preciso matar segunda vez os mortos". Sua posição é oposta: "Despeço-me dos mortos, mas não para os esquecer. Esquecê-los, creio, seria o primeiro sinal de morte minha. Além disso, após esta viagem de escrever tantas páginas, fez-se-me a convicção de que devemos levantar do chão os nossos mortos, afastar dos seus rostos, agora só ossos e cavidades vazias, a terra solta, e recomeçar a aprender a fraternidade por aí". O romance seguinte seria *Levantado do chão*, em que ele narra a luta dos "sem-terra" alentejanos, ressuscitando aqueles homens cujo sofrimento teve pouca possibilidade de se exprimir e de se fazer ouvir. "Como se eu tivesse de agarrar naquela gente que foram os meus avós, os meus pais e os meus tios, essa gente toda, analfabetos e ignorantes, e tivesse de escrever um livro" (Carlos Reis, *Diálogos com José Saramago*). No *Memorial*, ele recua a um tempo ainda mais remoto, para trazer de novo à vida, dar um nome e uma biografia às centenas de atores anônimos da construção do Convento de Mafra e às vítimas obscuras da Inquisição. A questão do nome próprio, direito humano fundamental, é uma constante em sua obra.

Se Saramago escreve romances históricos, nunca o faz para diversão ou evasão temporal do leitor. Ele não busca simplesmente transportar-se e transportar o leitor ao passado, por uma reconstituição de época com pretensões à objetividade, ao realismo ou ao pitoresco. Embora seja mestre em dar vida e ação aos dados documentais, em reconstituir ambientes e personagens de outras épocas, também é mestre na desconstrução de todo realismo, pelos voluntários anacronismos, pelas bruscas mudanças de enunciador e de tom, pela mistura de registros altos e baixos, pela introdução de eventos fantásticos na trama oficial ou cotidiana, pela interferência irônica do narrador.

Se bem observarmos, veremos que todos os romances de Saramago são um "não" oposto à infelicidade histórica do homem. O ato rebelde de Raimundo Silva, em *História do cerco de Lisboa* (1989) — acrescentar a palavra *não* a um relato histórico —, é emblemático da atitude do escritor cada vez que este narra histórias da História. No *Memorial do convento*, a rebeldia das personagens é um "não" oposto à opressão monárquica e religiosa. *A jangada de pedra* pode ser lido como um "não" à Comunidade Européia. *O evangelho segundo Jesus Cristo*, um "não" às religiões que culpabilizam e sacrificam os homens. E assim por diante.

O "não" proferido por Saramago no *Memorial do convento* está implícito em vários aspectos do romance. Esse "não" está, primeiramente, no estilo em que ele reescreve seu "memorial". Os fatos históricos, atestados em documentos, não podem ser negados. Mas a maneira de os narrar pode modificar o seu sentido. Assim, desde o início, o relato histórico vai sendo ironizado e satirizado pela inclusão de dados indignos de uma crônica real — a cama "recozendo a cheiros e secreções", a rainha "enroscada como toupeira", os incômodos percevejos etc. —, e pelo estilo pouco canônico do cronista — "Agora só falta colocar a cúpula de Miguel Ângelo [...] Que espere. Por enquanto, ainda el-rei está a preparar-se para a noite". O "não" aparece também no nível da ação. As personagens principais, que não são o rei e a rainha, mas os plebeus Blimunda e Baltasar, dirão "não", por seus atos, à ortodoxia religiosa, a todas as convenções hipócritas, a todas as ordens injustas e opressivas. O mesmo farão, em maior ou menor escala, as outras personagens positivas do romance. Como sempre acontece aos que dizem "não" à *dóxa* dominante, essas personagens passam, aos olhos da sociedade, por loucas, e aos olhos do poder, por perigosas, devendo então ser eliminadas.

Já em *História do cerco de Lisboa*, a negação está no âmago da trama e no próprio enunciado. Ao colocar a palavra *não* num discurso histórico, a personagem altera tanto a História como sua vida pessoal. Introduzir um "não" num discurso histórico é, além de uma falsificação do texto, uma maneira de contrariar a própria natureza assertiva desse tipo de discurso. A intriga da *História do cerco de Lisboa* alegoriza a posição do próprio romancista com relação à história de Portugal e à história dos homens, em geral. Saramago, como Raimundo Silva, não gosta dessa história na forma em que ela ocorreu, ou como os documentos atestam que ela ocorreu. A tentação de corrigi-la é grande; mas também é total a consciência de que não se podem alterar os fatos passados. A modificação introduzida pelo revisor revela-se, na prática da reescritura, difícil; e, afinal, ele tem de contentar-se com uma mudança mínima. Porque o fato presente de que a Lisboa em que ele escreve a nova versão *não* é mais uma cidade moura impede uma alteração total. Assim, o revisor limita-se a introduzir uma pequena mudança: dizer que *alguns* cruzados não ajudaram os portugueses, fato que, mesmo hipotético, em nada muda o resultado final que é o massacre e a expulsão dos mouros. A única alteração obtida por Raimundo Silva não é a da história passada de Portugal, mas a de sua própria história pessoal, que está no presente e tem futuro. O gesto temerário de escrever "não" tem efeitos na vida do revisor, e não no texto do historiador traído, em que fica como um mero erro lógico, em contradição com o resto do discurso, e do qual pode ser deletado facilmente por um outro revisor. E a grande alteração obtida por Saramago está na maneira de ler e refletir sobre a "História Acreditada".

Embora, neste romance, a negação esteja na própria trama e no enunciado, aí também ressoa, como no *Memorial*, o "não" geral da enunciação. É nítida a simpatia do narrador, e do próprio Raimundo, narrador em segundo (ou terceiro) grau, pelos mouros sitiados ("pobres deles, feridos e desgraçados"), e o repúdio pelos atos dos sitiantes. Esse repúdio se manifesta de modo muito sutil; por exemplo, na ironia que resulta de juntar, no discurso do rei, as razões de ordem divina e civilizacional com a proclamação de atos de barbárie: "Foi toda a população passada à espada, homens, mulheres e meninos, sem diferença de idades e terem ou não armas na mão [...] mas ainda não falei doutras melhores razões, que é contarmos nós, portugueses, com a ajuda de Nosso Senhor Jesus Cristo, cala-te, Afonso". Fica claro, entretanto, que os sitiados têm a simpatia do narrador, não por serem mouros, mas por serem, naquele momento, as vítimas.

Em *O evangelho segundo Jesus Cristo*, Saramago diz "não" ao nosso mito fundador judeu-cristão. Mais do que isso, diz "não" a um Deus que sacrifica seu próprio filho e deixa que, em seu nome, corram rios de sangue através dos séculos. Esse "não", como era de se esperar, foi o que custou mais caro ao escritor, que sofreu toda espécie de recriminação e de censura por causa dele. Como no caso do revisor do *Cerco de Lisboa*, o "não" do narrador não altera o fim da história. No nível da narrativa, o próprio Jesus tenta dizer "não" à sua morte anunciada, e ao futuro cruel dos mártires, que de sua morte decorreria: "Não quero esta glória", diz ele a Deus; "Mas eu quero esse poder", responde-lhe aquele. A assertiva de Deus é mais forte do que a negativa de Jesus. O "não" pode não ser vitorioso no nível da narrativa, mas ele se impõe no nível da enunciação, alterando a significação da história e induzindo o leitor a encará-la de modo crítico.

O "não" de *O ano da morte de Ricardo Reis* e de *Ensaio sobre a cegueira*, embora proferido pelo romancista contra os mesmos poderes opressores, é mais complexo no que diz respeito às personagens e suas ações. Nos dois romances, as personagens principais assumem uma postura de *denegação*, no sentido psicanalítico do termo. Ricardo Reis recusa-se a participar da história, pretendendo manter-se apenas como observador da mesma. "Não agir" é sua divisa, como a de Bernardo Soares, autor de uma das epígrafes do romance. Sua atitude é a da denegação do real: "O que eu não quero saber, não existe". Dessa denegação, resulta uma funesta asserção negativa: "Não somos nada", que aproxima perigosamente Ricardo Reis do slogan da juventude nazista.

Ensaio sobre a cegueira não é um romance histórico, mas pode ser lido como um romance de antecipação, que relata um momento presente-futuro da humanidade. As personagens desse livro cegam porque denegam a própria cegueira; porque, como Ricardo

Reis, não querem ver o que ocorre à sua volta, ou fazem de conta que não vêem. Ressoa, em toda a parábola que é essa narrativa, a moral contida no ditado popular: "O pior cego é o que não quer ver". O final do romance esclarece: "Por que foi que cegámos, Não sei, talvez um dia se chegue a conhecer a razão, Queres que te diga o que penso, Diz, Penso que não cegámos, penso que estamos cegos, Cegos que vêem, Cegos que, vendo, não vêem". Tanto no caso de Ricardo Reis como no dos cegos, a denegação é fatal, porque aquilo que faz a infelicidade humana deve ser recusado, e não apenas denegado como não existente. O enunciador dos dois romances diz "não" ao "não agir" e ao "não ver" de suas personagens. A negação de uma negação, segundo a lógica, produz uma afirmação. A afirmação (implícita) de Saramago é: agir é inevitável e necessário; ver é preciso. Se toda a obra de Saramago é um dizer "não" à infelicidade dos homens, ela é um dizer "sim" ao seu contrário. Embora em suas narrativas, como na vida, a infelicidade seja a mais constante, em todas elas são indicadas as possibilidades de a ela escapar: pelo amor, pela solidariedade, pela arte, pela recusa de pactuar com o *status quo.*

Há, em Saramago, um permanente desejo de que a fatalidade brutal da história se detenha. É pelo "não" contraposto aos fatos históricos que o romancista deixa de ser historiador, opondo a liberdade da fabulação à prisão da história, escapando à lógica exclusiva do "sim" ou "não" que preside aos fatos passados e documentados. Os próprios documentos históricos, tantas vezes contraditórios entre si, abrem brechas por onde a fabulação pode esgueirar-se. Essas contradições, que tanto embaraço causam aos historiadores, obrigando-os a lembrarem-se de que a história é um discurso, são, para o ficcionista, um convite ao exercício da imaginação. No real, as coisas estão submetidas à lógica mutuamente exclusiva do "sim" ou "não". Na literatura, que é apenas linguagem, mas linguagem com poder infinito de significância, as coisas podem ser e não ser, ao mesmo tempo. Diferentemente das obras históricas, as ficções permitem "um infinito Talvez", que não deixa "pedra sobre pedra nem facto sobre facto". As ficções "fazem-se todas com uma continuada dúvida" (*História do cerco de Lisboa*). Elas escapam, assim, ao determinismo da história.

O escritor quer recuperar o passado: "Todo romance é isso, desespero, intento frustrado de que o passado não seja coisa definitivamente perdida" (ibidem). A diferença, porém, está no fato de que o escritor tem a permissão de alterar o passado e, com isso, sugerir que o presente e o futuro podem ser outros. O passado não pode ser alterado pelo presente, mas o futuro sim. Ao falar do passado, é sempre no presente que Saramago está pensando. Daí a função dos paralelismos, espelhismos e anacronismos que, em sua obra, não são meros jogos narrativos, mas aproximações para fazer pensar, projeção e projeto. Nos romances de Saramago, a evocação do passado, como a visão do presente, abre-se para o futuro. Um futuro que é tanto o destino real dos homens como aquele, essencial para que este não seja mero destino, isto é, fatalidade cega: o da preservação de seus valores, dentre os quais a arte.

À luz desse projeto humanista de Saramago, a censura que lhe têm oposto os católicos tradicionalistas aparece como a mais absurda. Cegados pelos dogmas, eles não vêem o quanto o humanismo de Saramago está próximo do ideal cristão de justiça e solidariedade. Também não atentam para o fato de que a existência ou não de Deus, assim como a questão da redenção dos homens, mortos ou vivos, é inquietação permanente do escritor, fazendo dele o mais crente dos ateus. "Para ser ateu como eu sou, deve ser preciso um alto grau de religiosidade" (*Ler*, 1991).

Saramago não é um otimista; ele é demasiadamente lúcido para o ser. *Ensaio sobre a cegueira* pode mesmo parecer, à primeira vista, um agravamento de seu pessimismo. Mas o próprio fato de continuar a dizer "não" à desgraça humana, nesse livro como nos outros, mostra que pode haver uma saída: "Enquanto puder, disse a rapariga dos óculos escuros, manterei a esperança, a esperança de vir a encontrar meus pais, a esperança de que a mãe desse rapaz apareça, Esqueceste-te de falar da esperança de todos, Qual, A de recuperar a visão". O ceticismo que Saramago tem manifestado, em conferências e entrevistas, com relação à possibilidade de a literatura melhorar os homens e influir na história, é felizmente desmentido em suas obras, por suas personagens e pela própria beleza de seus textos, provas, como toda arte, de que o homem é capaz de transcender a estupidez do real.

O fato de essa obra alcançar um grande público (e, no Brasil, um grande público jovem) demonstra o quanto os leitores estão carentes de histórias e de sentido, e não de qualquer historinha de entretenimento, ou de qualquer mensagem piegas ou esotérica. "São os grandes sentimentos, e não os sentimentalismos, que nos exaltam, que nos fazem acreditar", disse o romancista à *Folha de S.Paulo*, em 1996. Saramago sabe muito bem para que serve a literatura: "Se a literatura nesta terra ainda serve para alguma coisa, isto é, se for mais do que alguns estarem a escrever para alguns estarem ainda a ler, torna-se urgente recuperá-la, já que a nossa sociedade corre o risco, devido aos audiovisuais, de emudecer, ou seja, de haver cada vez mais uma minoria com grande capacidade para falar e uma maioria crescente limitada a ouvir, não entendendo sequer muito bem aquilo que escuta" (*Jornal de Letras*, 1983).

O Nobel de Saramago não reconforta apenas nossos corações lusófonos. Reconforta a todos que ainda acreditam na necessidade da grande literatura.

III
ALGUNS BRASILEIROS

Raul de Leoni, um poeta de retaguarda*

"Morrem cedo os que os Deuses amam", disse Fernando Pessoa a respeito de Mário de Sá-Carneiro. Essa frase, pelo que diz e pela forma de dizer, conviria a um contemporâneo brasileiro dos dois poetas portugueses: Raul de Leoni, que morreu de tuberculose em 1926, aos 31 anos de idade.

Raul de Leoni é um poeta incômodo para a crítica e para a historiografia literária. Teve a infelicidade de publicar seu único livro, *Luz mediterrânea*, em 1922, ano divisor de águas nas artes brasileiras; de modo que seu livro, escrito anteriormente, já nasceu antigo. Leoni pertence àquele período indistinto e eclético das primeiras décadas do século XX, que em poesia tanto pode ser chamado de neoparnasiano, neo-simbolista, como de pré-modernista, conforme se olhe para o passado ou para o futuro.

Desse período, a crítica costuma resgatar apenas um poeta: Augusto dos Anjos. Entretanto, sentimos um vago sentimento de

* *Mais!*, *Folha de S.Paulo*, 29/10/1995. Comemoração do centenário de nascimento do poeta.

injustiça quando relemos Raul de Leoni. Embora não possamos elevá-lo à categoria de poeta maior (sua obra é pequena, desigual e anacrônica), não seria justo descartá-lo como poeta menor. "Poeta autêntico", como o classificou Otto Maria Carpeaux e mais tarde Alfredo Bosi, é o qualificativo que melhor lhe convém. Leoni, diferentemente de tantos contemporâneos seus, não é frívolo, nem convencional, nem sentimental, nem palavroso. Do parnasianismo, tem o rigor formal; do simbolismo, adota, em outros poemas, o verso livre e divagante. Mas não é frio e acadêmico como os parnasianos, nem evanescente e precioso como os simbolistas. É um neoclássico muito particular, único, por muitos aspectos, em nossa poesia. Diz Andrade Muricy: "Raul de Leoni colocava-se na confluência de várias correntes, mas conservando autonomia perfeita". Praticamente esquecido nos dias de hoje, Leoni foi unanimemente apreciado em seu tempo. Ronald de Carvalho, Nestor Vítor, Alceu Amoroso Lima, Sérgio Milliet, Agrippino Grieco, Manuel Bandeira e Carlos Drummond de Andrade, entre outros, elogiaram sua poesia. "Foi aceito e festejado por todos", diz Andrade Muricy.

Embora constituída em grande parte de sonetos exatos, a poesia de Raul de Leoni não é lapidar, como a dos parnasianos; é cristalina, pela nitidez, pelo brilho discreto, pela sonoridade clara. A metáfora do cristal, presente em seus poemas, é a que ocorre mais freqüentemente àqueles que falam de sua obra. Agrippino Grieco, em seu estilo florido e tagarela, encontra fórmulas muito saborosas para definir Leoni: "carrilhoneiro de pequenos sinos de ouro", "mão de rendeira", "versos incorpóreos, antes desenhados no ar que traçados no papel".

Surpreende, nessa poesia, a extrema simplicidade dos recursos no tratamento de temas filosóficos, psicológicos, estéticos. O tom é coloquial, o vocabulário é quase sempre comum. As imagens são elementares, tiradas dos aspectos mais gerais da natureza: árvores, folhas, flores, raízes, conchas. A métrica e a rima parecem acontecer por acaso, numa fala naturalmente ritmada. O resultado é altaneiro sem presunção, e convincente sem ênfase. É por essa coloquialidade, esse poder de síntese e esse despojamento que Leoni, sem ser modernista, é um poeta moderno.

Seduzem, em *Luz mediterrânea*, algumas imagens de rara felicidade: "Os pinheiros pensavam cousas longas/ Nas alturas dormentes e desertas"; "a prata dos luares sedativos"; "a linha leviana das estradas"; "a memória volúvel das areias"; "mais leve do que a euforia de um anjo" etc. É nesses acertos verbais, nessa "naturalidade" dos achados que se reconhece o autêntico poeta. "Uma naturalidade de expressão melodiosa muito penetrante, uma espontaneidade impressionante", escreveu Sérgio Milliet a respeito dele. O melhor de Leoni, para a sensibilidade de hoje, não está em seus sonetos perfeitos, de elaborados fechos de ouro, mas em certos versos de ritmo encantatório e em certas imagens que, encontradas, parecem ter sempre estado ali. Essas imagens têm uma visualidade que se comunica como evidência.

Alguns o consideraram um poeta em quem o pensamento se sobrepõe à poesia, um filósofo versejador. Não é verdade e é fácil comprová-lo. Qual é o pensamento, ou a filosofia de Raul de Leoni? Resume-se a bem pouco, em extensão e em profundidade: a perseguição de um Ideal, as decepções do mundo, a busca da serenidade na abnegação altiva, no recurso à ironia, ao sonho, e na fruição instintiva das alegrias da existência. Um vago platonismo, curiosamente pincelado com traços nietzschianos. Mas essa pouca filosofia é formulada com uma elegante precisão: "Não é preciso crer nas cousas, basta amá-las,/ Sendo que amar é muito mais que crer...".

Essa simplicidade de tom e essa justeza de ritmo, que nos incitam a reter de cor os seus versos, são a maior garantia de que Leoni é sobretudo poeta, alguém que faz com que as idéias adquiram vida nas palavras. O que é original nessa poesia, dentro do contexto brasileiro, é a capacidade de abstração, a ausência de sentimentalismo e de grandiloqüência, a despersonalização que busca a universalidade, o domínio pleno e consciente de seu instrumento. Dessa discrição resulta um acento de autêntica emoção.

Embora original em nosso meio, Raul de Leoni é bem representativo de certas tendências de sua época, que morreram de morte súbita com a revolução modernista. No momento de sua concepção, essa poesia correspondia a aspirações estéticas e fundamentações ideológicas ainda muito ativas. Como explicar esse fulgor de uma "luz mediterrânea" num tempo de penumbrismo? O próprio título da coletânea remete para a ideologia da latinidade, de origem francesa, que alimentou na virada do século obras tão diversas como as de Anatole France e de Paul Valéry, dos quais Raul de Leoni era leitor. A origem desse conceito tão forte quanto fluido, que se expressou politicamente tanto em escritores reacionários (Maurras) como em escritores progressistas (Anatole France), está na derrota da França para a Alemanha, em 1870, e no crescimento arrogante do Império britânico. As reflexões sobre a decadência dos povos latinos coincidem com o decadentismo em arte. E provocaram uma reação inversa, a valorização das culturas mediterrâneas e o incentivo a seu renascimento.

No início do século XX, todos os visitantes franceses que vieram ao Brasil (Anatole France, Clemenceau, Jaurès) saudavam o país como terra em que se antevia o futuro glorioso da latinidade. Em 1914, Paul Adam publicava seu livro de torna-viagem, *Les visages du Brésil*, onde se refere às "faces dessas forças latinas que, em quatrocentos anos, instalaram no Novo Mundo o espírito do Mediterrâneo, com toda a sua estranheza, todo o seu divino poder de criação". Leoni bebeu dessas fontes. Jovem da alta burguesia carioca, afilhado do presidente Nilo Peçanha, diplomata e deputado "de segundo time", segundo ele mesmo, Leoni leu ou ouviu esses autores franceses, e assumiu a tarefa de difundir aqui essa "luz mediterrânea". O que ficou dessa ideologia em sua obra é o que mais envelheceu, e às vezes incomoda, pelo elogio da raça ariana e pelo eugenismo com ranços de Gobineau.

Embora entusiasta da latinidade, quando teve a oportunidade de viver como diplomata em Roma, Leoni abandonou o cargo e a carreira por ter ficado com "saudades de sua gente". Viver com sua gente, para ele, era freqüentar a boêmia da Lapa e, depois de doente, conversar com os tropeiros e caipiras de seu sítio em Itaipava, imaginando que estes eram pastores virgilianos. Tudo indica que foi a doença e a morte precoce que salvaram Leoni do oficialismo e do academismo que o rondavam. Isolado, pelas circunstâncias, em seu retiro espiritual, o poeta pôde desenvolver o melhor que havia nele: a meditação existencial e a especulação metafísica, um humanitarismo sincero e a busca do essencial na expressão poética.

O orgulho da alma greco-latina era embaçado pelo ceticismo da época, resultando numa amargura aristocrática que irmanava Leoni, para além do Atlântico, com os poetas portugueses de *Orpheu*, como ele defensores da Poesia e da Beleza (com maiúsculas) num tempo em que o papel das mesmas se torna duvidoso, e indecisos entre o decadentismo e o modernismo. Por coincidência temporal de sensibilidade, e não por influência direta, há toques de Pessoa e Sá-Carneiro na poesia de Leoni. Este prega um "epicurismo triste" como o do neoclássico Ricardo Reis, exalta a simplicidade e a naturalidade como Alberto Caeiro e sofre da crise do sujeito como Fernando Pessoa ele mesmo.

Impossível não reconhecer a temática pessoana em versos como estes, de Leoni: "A alma da gente muda tanto nesta vida,/ Na sua história escrita sobre a areia,/ Que um dia, ao recordar-se de si mesma,/ Numa hora esquecida,/ Já nem se reconhece mais e sente,/ Estranhamente,/ Que tudo aquilo que ela está lembrando,/ São as recordações de uma alma alheia!...". Ou não lembrar Ricardo Reis ("Tenho mais almas que uma/ Há mais eus do que eu mesmo"), quando lemos Leoni: "Alma estranha esta que abrigo,/ Esta que o Acaso me deu,/ Tem tantas almas consigo,/ Que eu nem sei bem quem sou eu".

Essa temática do "eu" dividido e perdido, embora característica da crise do sujeito na modernidade, tem uma longa tradição na poesia de língua portuguesa. Na mesma forma simples de quadras com versos de sete sílabas, ela começa no famoso poema seiscentista "Comigo me desavim", de Sá de Miranda, e reaparece em Fernando Pessoa, como em Mário de Sá-Carneiro.

Poeta da estirpe pessoana, buscando aliar o sentir e o pensar, Leoni aponta para as mesmas possibilidades de solução sugeridas pelo poeta português: o elogio do instinto, da naturalidade, da ingenuidade, da infância. Diz Pessoa: "Olha-me rindo uma criança/ E na minha alma madrugou,/ Tenho razão, tenho esperança/ Tenho o que nunca me bastou". E diz Leoni: "Eu tenho tanta pena das crianças! [...]/ São toda a Humanidade que renasce,/ Ingênua, simples e maravilhada,/ Como a primeira vez que apareceu".

Há em Leoni, correlato à proposta de um neopaganismo, o sonho de um cristianismo alegre e sem culpa como aquele que Alberto Caeiro personificou em seu irreverente Menino Jesus: "Sonho um cristianismo singular [...]/ Um cristianismo sem renúncia e sem martírios,/ Sem a pureza melancólica dos lírios,/ Temperado na graça natural...". Entretanto, "está para sempre envenenada a alma humana", como dizia Pessoa. Para os poetas que pensam, o sentimento simples se transforma automaticamente em pensamento complexo. Sobre eles, pesa a condenação do conhecimento, expressa de forma angustiada no "Fausto" de Pessoa e num poema de Leoni, com palavras que parecem as mesmas. "Pensei demais, e agora sei/ Que tudo que eu pensei estava errado.../ De tudo, então, ficou somente em mim/ O pavor tenebroso de pensar,/ Porque as idéias nunca tinham fim...". De quem são esses versos? De Leoni.

Essa poesia carregada de "emoção filosófica" (expressão de Rodrigo Mello Franco, retomada e comentada por Sérgio Milliet) tem uma qualidade universal e atemporal que lhe garante, se não a imortalidade em que não cremos mais, pelo menos aquele "longo assentimento" de que falava Kant. Pessoa resolveu o conflito entre as diversas tendências de sua personalidade e da estética de seu tempo multiplicando-se nos heterônimos. Ricardo Reis permaneceu clássico, Alberto Caeiro adotou a coloquialidade moderna, Álvaro de Campos incorporou todo o frenesi modernista e o "Ele-Mesmo" ficou com as brumas simbolistas e a falsa simplicidade das canções tradicionais. Leoni não teve a força ou o tempo necessários para ser diferente do que foi. Mas os fragmentos em prosa que deixou mostram, nele, a consciência dos dilemas estéticos de sua época, incluindo o reconhecimento da emergência de uma poesia diversa da sua, "extremamente sintética, intensa, dinâmica, livre, consistindo, quase, em pura sugestão, em que se condense, no recorte de uma imagem, todo um mundo de idéias associadas". Essa "arte de um homem que não pode perder tempo interior" seria a dos modernistas.

Assim como Leoni compreendia os modernistas em sua diferença, muitos modernistas o compreenderam. O reconhecimento do valor da poesia de Leoni não deve implicar nenhuma valorização nostálgica da poesia neoclássica em prejuízo das conquistas imediatamente posteriores das vanguardas, definitivas e de conseqüências infinitamente maiores para a poesia brasileira de nosso século. Mas também me parece descabido que desprezemos um autêntico poeta, ou fenômenos históricos como o neoclassicismo latinizante do início do século, em nome de uma vanguarda ela mesma já histórica e plenamente reconhecida. Vistas deste fim de século, as fronteiras entre essas últimas manifestações neoclássicas ou decadentistas, estetizantes e metafísicas, e as primeiras manifestações modernistas só existem no esquematismo dos manuais literários. Na prática, essas tendências conflituosas coexistiram, com notáveis resultados, em poetas da grandeza de um Valéry ou de um Pessoa. E se manifestaram, de um modo bastante feliz, em nosso Raul de Leoni.

Oswald de Andrade em francês*

Oswald de Andrade, o selvagem da era tecnológica, será finalmente lido em francês. É o desenlace tardio de uma batalha que durou meio século, e que foi iniciada pelo próprio escritor, nos anos 20. Ele não a ganhou em vida, apesar dos aliados poderosos que encontrou pelo caminho: Valery Larbaud, que em sua correspondência com outros insistia sempre no interesse desse brasileiro; Camus, que ficou fascinado por ele quando veio ao Brasil, nos anos 50.

Essa longa espera terá sido compensada pelo encontro raro que é o de um texto com o tradutor ideal. De fato, traduzir Oswald é um desafio. Era preciso que a obra caísse nas mãos de uma pessoa com diversas qualificações: alguém que conhecesse, além da língua portuguesa, o Brasil, seus habitantes, suas paisagens, sua história; alguém que, em sua própria língua, fosse tão inventivo e engraçado

* "Anthropophagies", *La Quinzaine littéraire*, nº 375, Paris, 16 a 31/7/1982. Sobre a edição francesa de *Miramar*, *Serafim* e manifestos: *Anthropophagies*, trad. Jacques Thiériot, Paris, Flammarion, 1982.

quanto Oswald na sua; alguém que soubesse dançar, tão bem como ele, o samba e o *charleston*, para não perder o ritmo de sua prosa. Ora, Oswald de Andrade encontrou, em Jacques Thiériot, esse tradutor teoricamente inencontrável.

O que sempre surpreende, quando se lê ou relê Oswald, é seu extraordinário pique. Nosso século não sobeja de grandes escritores alegres. Pois aí está um grande escritor cheio de saúde física e psicológica, sem ser, entretanto, um tonto ou um inconsciente. Que os franceses não esperem encontrar em Oswald de Andrade o bom selvagem de *là-bas*, preservado das inquietações da civilização ocidental moderna. Oswald viu de tudo, leu de tudo, viveu de tudo.

Milionário, viajou, freqüentou as pessoas mais interessantes dos meios literários e artísticos de Paris, numa época em que aí aconteciam muitas coisas. Arruinado depois da baixa do café e do craque de Wall Street, conheceu o aperto financeiro e o ostracismo. Preocupado com a miséria endêmica e a "incompetência cósmica" de seu país, tornou-se comunista. Logo desgostoso dos rumos da revolução soviética, abandonou o partido, perdendo a boa consciência política como havia perdido sua fortuna.

Seus amores múltiplos, escandalosos, e suas piadas sarcásticas — tão boas que era impossível esquecê-las — custaram-lhe o resto de estima pública de que ainda gozava. Quando morreu, em 1954, havia um consenso quase geral a seu respeito: uma grande inteligência desperdiçada, um cara engraçado e irresponsável, autor de algumas boas sacadas e de uma obra malograda.

Os textos reunidos para a edição francesa (*Anthropophagies*, Flammarion, 1982) contradizem esses julgamentos. Oswald de Andrade concebeu e animou um movimento artístico extremamente original e fecundo, a Antropofagia, e deixou, entre outras obras, dois grandes textos de ficção: *Memórias sentimentais de João Miramar* (1924) e *Serafim Ponte Grande* (1933).

A Antropofagia foi o ponto culminante do modernismo brasileiro, e a bem dizer a única verdadeira novidade desse modernismo. No *Manifesto antropófago* de 1928, Oswald de Andrade captou, em sínteses fulgurantes, os principais problemas de seu país: a opressão colonial prosseguida pela exploração capitalista; a catequese, que recobriu a alegre nudez dos índios com trapos cinzentos e pendurou pesados rosários em nosso inconsciente; o patriarcado, que fez tanto mal aos homens quanto às mulheres; o colonialismo cultural, que nos faz oscilar entre a submissão e a recusa dos aportes estrangeiros. Através da metáfora da antropofagia, Oswald indicou a saída: devorar para sobreviver, transformar o Tabu em Totem.

Seu golpe de gênio consistiu em não ficar travado na nostalgia de uma Idade de Ouro passada, nem se contentar com vagas promessas para o futuro. Ele deu uma torção na história de modo que essa Idade de Ouro fosse possível a cada instante, pela integração seletiva do melhor do passado com o melhor do presente: o telefone na palmeira, Marx e Freud relidos e corrigidos pelos sábios da tribo, "a Idade de Ouro e todas as *girls*" (*Manifesto antropófago*). "Contra a realidade social, vestida e opressora, cadastrada por Freud — a realidade sem complexos, sem loucura, sem prostituições e sem penitenciárias do matriarcado de Pindorama." Utopia? Sem a utopia americana, dizia ele, "a Europa não teria sequer a sua pobre declaração dos direitos do homem".

Miramar e *Serafim* são a autobiografia sincopada de um burguês brasileiro dos anos 20. Registro fiel do ritmo alucinado desses anos e das experiências disparatadas de quem os viveu, esses romances têm uma forma fragmentária. Mas o fragmento, em Oswald de Andrade, não apresenta nenhuma nostalgia da totalidade perdida. Pelo contrário, o fragmento oswaldiano é a assunção plena dos choques temporais e espaciais aos quais suas personagens estão expostas.

Paródias do romance de formação e da narrativa de viagem, *Miramar* e *Serafim* são feitos de *flashes*. São álbuns de fotografias que, folheados na velocidade oswaldiana, se tornam filmes. Esses heróis picarescos, sentimentais por natureza e cínicos por necessidade, partem à conquista de países e mulheres, aceitam fleumaticamente as decepções e traições, enxugam uma lágrima enquanto já preparam o próximo golpe. As aventuras, nesses livros, são submetidas a um trabalho estilístico de compressão, "o estilo telegráfico e a metáfora lancinante", que ele propunha como adequados à nossa "época da cacofonia". Por exemplo: "Vinham motivos como gafanhotos para eu e Célia comermos amoras em moitas de bocas".

O escritor previa a má recepção que esses livros teriam: "A crítica vai acusá-lo e a posteridade clamar porque não continuou tão rico monumento da língua e da vida brasílicas no começo esportivo do século XX" (*Miramar*). De fato, a crítica considerou malogrado esse "rico monumento"; mas a posteridade receberia seu autor como um contemporâneo. O que a vida cultural brasileira tem apresentado de mais vivo e inventivo é herança de Oswald de Andrade: na música popular, no teatro, no cinema, na poesia.

Oswald resistiu a todas as provas porque resiste à principal: "A alegria é a prova dos nove" (*Manifesto antropófago*). Quando se lê Oswald, sente-se que nem tudo está perdido, porque se pode ser lúcido sem ser acabrunhado. Ele é a própria demonstração de uma postura vital, a do antropófago que, atacado por todos os lados, consegue sempre colocar a palavra impertinente que se revela exata. "Tudo é tempo e contratempo! E o tempo é eterno. Eu sou uma forma vitoriosa do tempo. Em luta seletiva, antropofágica. Com outras formas do tempo: moscas, eletro-éticas, cataclismas, polícias e marimbondos! [...] Viva a rapaziada! O gênio é uma longa besteira" (*Serafim*).

Os modernistas recebem Cendrars*

A questão das influências francesas sobre o modernismo brasileiro já tem sido suficientemente debatida. Sobretudo em se tratando de movimentos de vanguarda do início do século XX, a questão de "quem disse primeiro", ou de "quem copiou quem", é uma questão menor, que só interessa à história literária das minúcias. O levantamento dessa discussão em tom polêmico — para diminuir o que veio depois, ou para exaltar o que veio antes — ocorre em ambientes culturais que sofrem da "angústia da influência".

Os movimentos de vanguarda do início do século foram coletivos, cosmopolitas e intercomunicantes. Seus representantes eram estrangeiros, viajantes, exilados, transnacionais. As idéias estavam no ar, e cada um as apanhava como queria ou como podia. Portanto, mais do que em outros períodos da história literária, a questão dos empréstimos e assimilações deve ser tratada em termos de intertexto, e não de influência. Os resultados interessam mais do

* Comunicação apresentada no colóquio "Blaise Cendrars", São Paulo, USP, agosto de 1997.

que as origens. Nos anos 60, Benedito Nunes, em educada polêmica com Heitor Martins no *Suplemento Literário de Minas Gerais*, esclareceu a questão das influências européias sobre nossos modernistas (Oswald de Andrade em particular); e de lá para cá, graças a outros numerosos estudos, muitos pontos se tornaram pacíficos.

Um desses pontos pacíficos é o reconhecimento de que o convívio com Blaise Cendrars foi fecundador para os nossos modernistas. Que o Oswald da poesia "Pau Brasil" deve muito ao poeta Cendrars, é fato reconhecido. Que Manuel Bandeira tenha aprendido com Cendrars a poesia do cotidiano, foi declarado pelo próprio Bandeira. Que Cendrars tenha estimulado, nos artistas e ensaístas brasileiros, aquilo que Alexandre Eulálio chamou de "interesse revisionista" pelo nosso passado, é mais do que certo. Mas também é fato que a experiência brasileira e a pintura de Tarsila deixaram marcas na obra subseqüente de Cendrars. E o único fato realmente importante é que esse encontro teve bons efeitos estéticos de ambos os lados.

Em vez de continuar rasteando influências, parece-me mais interessante examinar agora, como propõe Pierre Rivas, os mal-entendidos, as defasagens, os *à-côté* desse encontro dos modernistas brasileiros com Cendrars, porque isso pode nos levar a uma reflexão mais ampla sobre as relações culturais e artísticas entre o Brasil e a França.

Em termos humanos, o encontro foi realmente simpático. Cendrars e os modernistas não apenas se entenderam bem, mas confraternizaram em todos os sentidos. Em termos culturais e artísticos, a coisa foi e é mais complexa. Para além dos saraus em casa de dona Olívia, e dos agradáveis momentos nas varandas das fazendas, havia, desde o início, discretas reservas e mal-entendidos de parte a parte.

O primeiro encontro dos modernistas brasileiros com Cendrars, como todos os encontros humanos, efetuou-se com base em mútuas expectativas não formuladas. Os brasileiros, em maior ou menor grau, esperavam desse encontro o contato direto, de igual para igual, com um representante da vanguarda parisiense. Esperavam que ele lhes trouxesse novidades estéticas e que, por sua própria presença, lhes desse o aval do reconhecimento internacional. As expectativas de Cendrars se situavam em outro plano. Independente, Cendrars não pretendia representar nenhum parisianismo; viajante insaciável, buscava novas paisagens e novos estímulos para escrever; homem prático, queria ver *in loco* as possibilidade concretas de "fazer a América".

A recepção do homem Cendrars no Brasil foi geralmente calorosa, mas com nuanças, segundo os interlocutores. Oswald de Andrade, pelo menos nos primeiros tempos, foi de um entusiasmo incondicional; fora ele o principal incentivador da vinda de Cendrars. Mas Mário de Andrade, desde o início, recebeu Cendrars com um pé atrás. Em seu artigo da *Revista do Brasil*, em 1924, não apenas havia piadas de gosto duvidoso, como havia considerações sobre "a nefasta influência francesa". Apesar de reconhecer sua dívida para com Cendrars, esta, segundo Mário, se devia muito mais à personalidade livre, vibrante, audaz de Cendrars, ao caráter objetivo de sua poesia, do que a traços franceses previsíveis (cultura, teoria, civilização). Assim, diz Mário de Andrade: "poeta francês, [Cendrars] libertou-me da França"; "É como homem livre, sem ligação de escola alguma, francesa, italiana, alemã ou portuguesa, como selvagem, que saúdo o poeta francês". Curioso modo de acolher o *outro* por suas características de suposto *mesmo*, um *mesmo selvagem* que devolvia a imagem que o outro tinha de nós. A atitude geral de Mário tem muito daquele "sorriso irônico dirigido a Paris", que ele deixou registrado em outra parte.

Se Mário de Andrade recebia Cendrars com um sorriso irônico, Cendrars olhava os brasileiros com outro sorriso irônico. Naturalmente, Cendrars os achava exóticos; e Mário retribuía, nos mesmos termos, dizendo que Cendrars "era exótico mesmo para nós" (*Estética*, abril-junho 1925). Cendrars achava os brasileiros simpáticos, engraçados, talentosos, mas não lhes augurava um grande futuro artístico: "Os paulistas se divertiam muito. Os jovens modernistas de São Paulo tinham um talento doido. Mas que restará disso ao fim de duas, três décadas? Nada, senão a curiosidade, alguns romances quase ilegíveis, um punhado de brochuras raras e raríssimas, um ou dois poemas" (apud Alexandre Eulálio, *A aventura brasileira de Blaise Cendrars*). Cendrars ficaria muito surpreso se soubesse, hoje, que Oswald, Mário e Raul Bopp estão traduzidos na França e que a última edição francesa de *Macunaíma* se esgotou rapidamente e foi reeditada.

Esses simpáticos descompassos entre o poeta suíço-francês e seus amigos brasileiros, ampliados como mal-entendidos França-Brasil, estão alegorizados de forma caricatural no magnífico relato verídico-ficcional intitulado *La Tour Eiffel sidérale*. A chegada do narrador a Glaréola (na verdade, a cidade paulista de Limeira), em seu espantoso Alfa-Romeo, coincide com a chegada da luz elétrica à localidade. O narrador entra triunfalmente no lugarejo sob os gritos de "A luz! A luz!". Os habitantes o "aclamavam", "sorriam maravilhados", como se ele fosse "le bon génie de la fête", chegando naquele carro com "uma placa da França luminosa". Nada mais natural; não nos esqueçamos de que, durante todo o século XIX e até aquela data, a França era para os brasileiros "*o farol*" do mundo civilizado (Junqueira Freire, entre outros), a pátria das *Luzes* cuja capital era a Cidade *Luz*.

Por seu lado, o motorista luminoso não abandona nunca sua posição de civilizado-hegemônico. Ele atravessa a floresta ouvindo o *quatuor Poulet*, contrapondo sua cultura àquela natureza selvagem. Nota com desdém "o clima infernal", "o imenso país disparatado", "a decadência já iniciada do café". Transcreve, com displicente e sistemática imperfeição ortográfica, os nomes próprios e comuns da língua do país. E, ao chegar à Fazenda Morro Azul, desabafa: "Ah! que lindeza e que tristeza! Pois toda aquela macaqueação da Europa não fazia o menor sentido naquela vastidão do sertão" ("Ah! c'était du joli et quelle tristesse! Car toute cette singerie d'Europe ne rimait à rien du tout dans cette vastitude du sertão").

O proprietário da fazenda, Oswaldo Padroso, representa o tipo acabado do brasileiro deslumbrado pela França. "Un Français chez moi!", "la France est immortelle!", exclama ele. Oswaldo Padroso havia descoberto, nos céus austrais, uma constelação em forma de Torre Eiffel. A própria descoberta era um comovente tributo de seu amor incondicional pela França e por Paris, que ele nunca viu. E, cruel decepção, sua "descoberta" não foi reconhecida pelos astrônomos de Paris. Para Cendrars, o Brasil é a *Utopialand*, fascinante e absurda; para o fazendeiro brasileiro, Paris é uma miragem ofuscante. Nos dois casos, se trata de um imaginário. Tanto o francês como o brasileiro estavam *sidérés*, isto é, estupefatos (*sidéré* = sob a influência dos astros; *estupefato* = entorpecido; portanto, iludidos). Uma dupla miragem que, com o passar do tempo, tenderia a se dissolver. No céu do Brasil atual, a Torre Eiffel sideral parece ter sido tragada por aquele buraco negro, o "saco de carvão" também detectado por Oswaldo Padroso. Os brasileiros deslumbrados pela França constituem, hoje, exceções.

Quanto aos modernistas brasileiros, ao elegerem Cendrars como elo privilegiado com a vanguarda francesa, atiraram no que viam e acertaram no que não viam. Quando encontraram Cendrars, este *tinha tido* uma influência importante nos movimentos de vanguarda franceses, mas já não estava interessado neles, desejando até distanciar-se dos mesmos. Alguns dos modernistas brasileiros viam em Cendrars o protótipo do europeu sofisticado, do vanguardista parisiense. Ora, Cendrars era um artista franco-atirador, mais viajante e aventureiro do que militante vanguardista, mais cidadão do mundo do que parisiense, mais amante da natureza, do campo ou da floresta do que da cidade ou da metrópole. Os brasileiros buscavam, em Cendrars, a modernidade mais avançada, o futuro; Cendrars, no Brasil, interessou-se mais pelo país selvagem, arcaico, barroco, popular, passado. E foram justamente essas características do homem Cendrars que lhe permitiram ver e mostrar um Brasil fascinante, e que asseguraram as marcas profundas deixadas por nosso país em suas obras. Quando Mário de Andrade saudou, nele, "o selvagem", estava mais próximo da verdade do que os que saudavam "o belo poeta francês".

Assim, apesar de defasadas, as expectativas de Cendrars e dos modernistas brasileiros foram, em grande parte, preenchidas. Havia uma empatia temperamental, uma boa disposição entre os parceiros desse encontro que, afinal, foi bem-sucedido. Em Paris, o poeta propiciou encontros decisivos aos nossos modernistas; no Brasil, deu-lhes excelentes conselhos. Por sua vez, Cendrars voltou revitalizado de sua primeira viagem ao Brasil, saiu do impasse em que se encontrava sua obra e, até o fim, alimentou-a com suas impressões brasileiras. O encontro deu certo, do ponto de vista humano como do ponto de vista artístico.

A volta do herói sem nenhum caráter*

Quase cinco séculos depois da grande *fête brésilienne* de Ruão, quase setenta anos após sua criação pelo escritor modernista Mário de Andrade e quase vinte anos desde sua última visita aos franceses (a primeira edição francesa de *Macunaíma* é de 1979), esse "filho da floresta", muito menos inocente do que seus antepassados do século XVI, já mestiço, esperto e corrompido pela civilização moderna, desembarca agora num contexto pós-moderno, pós-colonial e globalizado.

Será ele recebido como um espécime raro e exótico, sobre o qual se lançará um olhar benevolente de ecologista? Como um subdesenvolvido em busca de uma *carte de séjour* e arriscado à deportação? Ou simplesmente como aquilo que ele é: o herói de uma obra-prima da literatura moderna, que merece atenção não por-

* "Le retour du héros sans aucun caractère", *La Quinzaine littéraire*, nº 710, Paris, 16 a 28/2/1997. Sobre a reedição francesa de *Macunaíma*: *Macounaïma, le héros sans aucun caractère*, trad. Jacques Thiériot, Paris, Stock/Unesco/CNRS/Allea XX, 1997.

que vem de longe, mas porque as questões que ela levanta concernem, mais do que nunca, a todos os homens e a todas as nações de hoje.

O romance de Mário de Andrade foi publicado em 1928, em circunstâncias muito particulares da vida cultural de seu país. O movimento de vanguarda iniciado pela Semana de Arte Moderna de 1922, em São Paulo, tinha o projeto aparentemente contraditório de acertar o relógio da arte brasileira com a hora internacional e de reencontrar as raízes da identidade nacional. Isso foi possível não apenas devido à modernidade do jovem país, mas também pela valorização do primitivismo, que os artistas europeus de vanguarda buscavam alhures e que os brasileiros tinham em casa, nas manifestações ainda vivas de suas origens índias e negras.

Macunaíma é uma obra perturbadora. Sob as aparências de um conto folclórico, narrando as aventuras extravagantes de um herói pouco estimável, Mário de Andrade prosseguia sua busca da identidade brasileira. Ora, essa identidade apresenta-se como híbrida e inacabada. Macunaíma é uma personagem em permanente mutação, ora índio, ora negro, ora "louro e lindo". É também uma personagem em movimento acelerado, que percorre o Brasil de norte a sul, desde a floresta onde nasceu até a metrópole moderna à qual deve se adaptar.

A pesquisa do autor levou-o a fazer uma grande viagem pelo Brasil, que ele narrou num diário também recentemente traduzido para o francês: *O aprendiz turista* (*L'apprenti touriste*, trad. Monique Le Moing e Marie-Pierre Mazéas, La Quinzaine littéraire/Louis Vuitton, 1996). Esse retrato do brasileiro que é *Macunaíma* foi construído com traços variados e esparsos, que o autor colheu em obras de etnologia, na tradição oral, nos provérbios e canções populares, assim como em acontecimentos antigos ou contemporâneos da grande e da pequena história do país. O resultado é uma ficção pertencente a um gênero indeterminado, que o autor chamou de "rapsódia".

A presente edição (*Macounaïma, le héros sans aucun caractère*, trad. Jacques Thiériot, Stock/Unesco/CNRS/Allea XX) foi concebida em função de um público de língua francesa. Ela contém todas as informações necessárias para que o leitor possa orientar-se nessa profusão de referências — geográficas, zoológicas, botânicas e outras — que o autor misturou e confundiu de propósito. O prazer dessa viagem alucinante, através de um Brasil irreal mas profundamente verdadeiro, é garantido ao leitor. E os sábios estudos que acompanham o texto esclarecem esse leitor acerca das implicações complexas desse "divertimento".

A tradução de Jacques Thiériot, que já era admirável na primeira edição, foi revista, aprimorada e enriquecida de um glossário. Traduzir *Macunaíma* é um feito notável. O projeto de Mário de Andrade implicava a criação de uma língua literária brasileira, composta de regionalismos, arcaísmos, palavras eruditas, coloquiais, índias, africanas e estrangeiras. Thiériot não traduziu simplesmente (o que seria absolutamente impossível), mas recriou a obra, conservando sua riqueza verbal e sua verve.

A introdução de Pierre Rivas (editor do volume) coloca as grandes questões suscitadas pela obra no contexto da literatura brasileira, que ele conhece a fundo, e estabelece a ligação com a literatura francesa, pela recapitulação de afinidades históricas. No artigo final, intitulado "Recepção crítica de *Macunaíma* na França", Rivas comenta as reações à primeira edição da obra em francês. Ele mostra como "a translação de uma obra *genoclástica* como *Macunaíma*, num sistema ordenado como é o da literatura francesa", efetuou-se, na maior parte dos casos, como anulação da alteridade. Dentre as raras leituras atentas à especificidade da obra, ele cita Roger Bastide (que a lera anteriormente), André Laude e Hubert Juin.

O "Dossier" contém mais três estudos. O primeiro é assinado pela maior especialista brasileira da obra de Mário de Andrade, Telê Ancona Lopez, que foi responsável por várias edições de *Macunaíma* em português, das quais a mais importante foi justamente a da Coleção Archivos da Unesco que serve de base à presente edição. A especialista esclarece as origens da obra, as diversas etapas de sua redação, as perplexidades e os escrúpulos do escritor diante de um texto que ultrapassava, de modo inquietante, seu projeto inicial. As explicações de Telê Ancona Lopez interessarão especialmente àqueles que praticam a crítica genética.

Num outro estudo, Rita Olivieri-Godet analisa o texto de *Macunaíma* seqüência por seqüência, põe em evidência seu caráter lúdico e mostra, ao mesmo tempo, que esse jogo, como o de toda poesia, é muito sério. Acerca de uma questão fundamental para as literaturas pós-coloniais, a da relação com as culturas hegemônicas, ela precisa que o autor afirmou a identidade brasileira de modo dessacralizador, e que sua perspectiva "recusa tanto a admiração alienante pela cultura européia como a atitude xenófoba".

Acerca dessa mesma questão do nacionalismo crítico, o estudo de Michel Riaudel traz uma contribuição importante. Os autores do movimento "antropófago", do qual essa obra é a expressão maior, reservavam "em sua concepção do universal um lugar irredutível para a alteridade". Mostrando um Brasil mestiço, "desregionalizado", um brasileiro desprovido de essência étnica ou nacional, em processo de constituição, aberto a todos os aportes e a todas as transformações, Mário de Andrade indicava a via de um nacionalismo universalizante que se mostra, neste fim de século, extremamente desejável. Riaudel examina também a questão da significação "final" da obra, que permanece não resolvida pela crítica brasileira, dividida entre os que a consideram otimista e alegre e os que a vêem, pelo contrário, como pessimista e mesmo trágica.

Na verdade, as duas interpretações podem ser defendidas. Num primeiro projeto, o autor imaginava o fim da história como uma festa ao pé da Torre Eiffel — imagem estereotipada de um Brasil carnavalesco que é, ainda hoje, aquela vendida pelas agências de turismo. Mas, contra a vontade do autor, o fim do livro tomou outra feição. Chegado ao cabo de suas aventuras, alegres porque totalmente desprovidas de ética, o herói se vê solitário, doente, e pela primeira vez ele esboça uma autocrítica que é a crítica do "ser brasileiro". Esse impasse se resolve num final que deixa a questão em aberto. Como nos mitos indígenas originais, o herói se transforma em estrela. Mas, como o mito já está contaminado de uma consciência infeliz moderna, essa estrela é "solitária" e "inútil".

As questões colocadas por Mário de Andrade em 1928 são ainda candentes no Brasil de hoje. Não sabemos ainda (felizmente) qual será o fim da história. E aquilo que parecia local, no momento da publicação de *Macunaíma*, concerne hoje ao mundo e ao futuro de todos. Como criar uma sociedade multicultural que conserve a memória de suas origens arcaicas e que, ao mesmo tempo, se abra às transformações de um mundo tornado global? Como esse homem novo, fruto de todas as misturas e submetido a todas as seduções da tecnologia, pode inventar uma nova ética? Mário de Andrade não nos deu a resposta, ele deixou-nos uma enorme pergunta. Não é essa a função da grande literatura?

Clarice Lispector em francês*

Clarice Lispector dispensa apresentação ao público francês. Ela já está reconhecida internacionalmente como um dos maiores escritores do século XX e isso, em grande parte, se deve a Hélène Cixous e à Editora Des Femmes, que durante os últimos quinze anos a têm divulgado em língua francesa. Como Pessoa, foi necessário que ela saísse do "túmulo" da língua portuguesa. Como no caso do poeta português, o custo desse reconhecimento é uma recepção um pouco alterada com relação àquela que eles esperavam e obtiveram em sua própria língua. Mas o importante é que um vasto público os possa ler e que, para os ler de mais perto, conceba até mesmo o desejo de aprender o português (foi o caso de Antonio Tabucchi com Pessoa e de Hélène Cixous com Clarice).

* "Clarice Lispector", *La Quinzaine littéraire*, nº 630, Paris, 1º a 15/9/1996. Sobre a edição francesa de *A legião estrangeira*: *Corps séparés*, trad. Jacques e Teresa Thiériot, Paris, Des Femmes, 1993. A parte referente às crônicas foi escrita a pedido da mesma revista, por ocasião da publicação de *La découverte du monde*, trad. Jacques e Teresa Thiériot, Paris, Des Femmes, 1995. Ignoro se foi publicada e quando.

Fora do Brasil, Clarice se tornou célebre pelo viés do feminismo. Ela mesma via entretanto com suspeita a leitura feminista de sua obra. Mais de uma vez ela se declarou nesse sentido: "Um escritor não tem sexo, ou melhor, ele tem os dois" (entrevista de 1967). Se ela não era feminista, era indiscutivelmente mulher, e isso se vê na qualidade das experiências existenciais predominantes em sua obra: experiências vividas por mulheres no interior de suas casas, em contato com as coisas mais humildes e com elas identificadas. Mas permanecer no domínio da temática e do cenário seria reduzir brutalmente a experiência das personagens de Clarice, e sua experiência da escritura.

Essa experiência é, nem mais nem menos, a experiência da verdade. De que verdade se trata? Daquela que "se revela em surpresa", como dizia Lacan. As histórias de Clarice são todas construídas em torno de um momento em que, de repente, algo de essencial se revela. Nos contos de *A legião estrangeira* (*Corps séparés*, trad. Jacques e Teresa Thiériot, Paris, Des Femmes, 1993), uma menina tem um enfrentamento decisivo com um adulto, vendo e forçando este último a ver coisas que assustam os dois ("Os desastres de Sofia" e "A legião estrangeira"); uma dona de casa olha um ovo em sua cozinha e fica ofuscada por sua invisibilidade ("O ovo e a galinha"); uma outra, desejando matar baratas, contempla a agonia dos insetos e vê sua própria morte ("A quinta história"); dois adolescentes cheios de ilusões se deparam, de repente, com uma casa em ruínas que lhes revela a separação dos sexos e a castração ("A mensagem").

Os críticos brasileiros têm tratado abundantemente da questão da epifania na obra de Clarice. Uma epifania bem particular, já que aquilo que se revela não é Deus mas "o deus", não a beleza mas freqüentemente a abominável feiúra, não a bondade mas a crueldade nua e crua. O que aparece, nesses momentos-chaves, só é claridade no sentido de conhecimento súbito, emergência de verdade. Clarice é uma mística sem Deus, uma vidente que, na realidade, vê o real. "A veracidade do ovo não é verossímil" ("O ovo e a galinha").

É por isso que a consideraram uma bruxa. "O ovo e a galinha" é um de seus textos mais famosos. Diante de um ovo posto sobre a mesa da cozinha, ela se entrega a uma "meditação visual" (expressão que a escritora usou em outro lugar). E produz quinze páginas de puro encantamento, em que o mistério não é desvendado mas exposto, através das observações mais loucas, mais engraçadas, mais verdadeiras. Convidada a participar num congresso de bruxaria em Bogotá, em 1976, foi esse o texto que ela apresentou.

Quem quiser ler de fato o que Clarice propõe, precisa de coragem. A coragem que ela mesma teve ao aceitar sua vocação de reveladora de verdades duras de engolir. "Meu papel era ruim e perigoso [...] a realidade era o meu destino, e era o que em mim doía nos outros" ("Os desastres de Sofia").

Escrever, para Clarice, não era uma atividade agradável, narcísica. Era, segundo ela, missão e condenação. Era a tarefa de dizer o indizível em palavras detestadas porque insuficientes, e amadas porque, apesar de tudo, significantes. As palavras estão sempre aquém ou além das coisas; mas é fingindo utilizá-las que a escritora agarra, nas entrelinhas, a verdade das coisas. E essa verdade não é um significado oculto nas coisas. Assim como o ovo, a casa em ruínas não contém nenhuma "mensagem": "Eu sou enfim a própria coisa que vocês procuravam, disse a casa grande. E o mais engraçado é que não tenho segredo nenhum, disse também a grande casa" ("A mensagem").

A noção de aprendizagem é fundamental na obra de Clarice. Ela escrevia para aprender e para ensinar. O quê? Queiram desculpar, as palavras são pretensiosas e Clarice, desconfiada, não responderia o seguinte: aprender e ensinar o que é a vida. A vida é voraz e assassina. "Viver leva à morte." O ser vivo está absolutamente só diante de seu semelhante. "O amor não é ter", é "a desilusão do que se pensava que era amor". Assim como a vida, o amor mata. Mas não percam toda esperança, sussurrava ela: "Viver é extremamente tolerável, viver ocupa e distrai, viver faz rir" ("O ovo e a galinha").

Aparentemente próxima, em certos momentos, das reflexões existencialistas, Clarice delas se afasta pela ausência de pensamento conceitual. O que ela sabe, sem estar certa de o saber, é do domínio da experiência sensível e da intuição. E isso só pode ser comunicado pela sensibilidade corporal e por aquilo que ela chamava de "telepatia".

Há nesses contos, como em outras obras da escritora, a aprendizagem como tema: crianças ou adolescentes diante de mestres. Mas é também e sobretudo na relação da escritora com a linguagem, e do narrador com o leitor, que a aprendizagem está presente. O narrador clariciano é um mestre cruel. Hábil, ele conduz o leitor de surpresa em surpresa, distraindo-o com histórias inicialmente anódinas, com metáforas belas ou cômicas aqui e ali, para finalmente jogar-lhe na cara a insuportável verdade. É o que faz a pequena Sofia com seu professor, a mulher adulta com a pequena Ofélia de "A legião estrangeira", a casa de "A mensagem" com os dois adolescentes. "Era impossível dar-lhe a palavra asseguradora que o fizesse não ter medo, consolar coisa que por ter nascido se espanta [...] Também este sabia, do modo como as coisas vivas sabem: através do susto profundo" ("A legião estrangeira").

Não há, entretanto, nenhuma presunção da parte dessa mestra-escritora, nenhum abuso de poder. Através de suas personagens e de seus narradores, Clarice ensina com prudência, e com uma compaixão que não se confunde com a piedade caridosa. A mestra tem pena do discípulo porque a infelicidade que ela lhe revela foi ou é a sua própria: "Aquele homem também era eu" ("Os desastres de Sofia"); "Por ali alguém já tinha andado, e ela adivinhava que eu já tinha andado muito" ("A legião estrangeira"). Clarice machuca porque, como resposta às nossas perguntas, ela só pode dar-nos o caminho e algum silêncio; porque, apesar disso, ela nos joga a verdade na "cara destampada" ("A legião estrangeira"). Mas ela também nos consola, porque somos "feitos da mesma carne" e porque essa carne é capaz de produzir uma escritura tamanha.

Prosseguindo a publicação das obras completas de Clarice Lispector, a Editora Des Femmes oferece agora os textos que ela publicou regularmente no *Jornal do Brasil* de 1967 a 1973 (*La découverte du monde*, trad. Jacques e Teresa Thiériot, Paris, Des Femmes/Antoinette Fouque, 1995). Para situar essa produção na obra da escritora, vale a pena lembrar alguns fatos de sua biografia no fim dos anos 60. Aliás, acaba de sair a primeira grande biografia da escritora no Brasil (Nádia Battella Gotlib, *Clarice — Uma vida que se conta*, São Paulo, Ática, 1995). Depois de ter acompanhado durante dezesseis anos seu marido diplomata, em várias cidades da Europa e dos Estados Unidos, Clarice voltara ao Rio em 1959, para aí viver sozinha com seus dois filhos. Esses anos de casamento e de vida diplomática foram, para ela, anos de tédio, em que teve dificuldades para "cumprir seu papel" e para continuar escrevendo. Foram anos que ela qualificou de "áridos". Bem ou mal, ela havia publicado, nesse período, três romances e alguns contos.

Reinstalada no Rio, no bairro do Leme onde viveria até a morte, Clarice atravessa anos difíceis, marcados pela solidão e pela falta de dinheiro. A situação política do país, submetido à ditadura militar desde 1964, não é nada animadora. Serão entretanto os anos em que ela escreverá o melhor de sua obra. Em 1960 ela publica *Laços de família* e, em 64, *A paixão segundo G. H.*, que lhe traz o reconhecimento definitivo. Enquanto isso, a falta de dinheiro a obriga a retomar a profissão de jornalista, a vender seus textos a várias revistas e, finalmente, a aceitar escrever uma crônica todos os sábados para o *Jornal do Brasil.*

A crônica era então um gênero em alta no país, um gênero que tinha suas estrelas, bons jornalistas que sabiam distrair os leitores com pequenas histórias ou confidências pessoais. Nada mais estranho ao temperamento de Clarice. E eis que a escritora mais secreta, aquela que teimava em fixar as sensações mais impalpáveis e em aprofundar inquietações metafísicas, vê-se forçada a cultivar um gênero leve, divertido, pessoal, tagarela. Ela aceitou o desafio, e forneceu sua crônica semanal durante seis anos. Os leitores foram então levados a enfrentar crônicas inabituais, que freqüentemente os inquietavam mais do que distraíam.

Clarice fez o melhor que pôde. Consultava alguns de seus amigos, especialistas do gênero, para lhes pedir conselhos. Mas esses amigos, hábeis contadores de anedotas do grande balneário que era, apesar de tudo, o Rio de Janeiro, davam-lhe em vão suas receitas. Quando ela se instalava com a máquina de escrever sobre os joelhos, como era seu hábito, o que saía só podia ser "clariciano", isto é, "escritura, dura escritura" (*Água viva*). Assim, às vezes, em lugar de escrever uma simples crônica, ela se entrega a uma reflexão sobre sua inadaptação ao gênero: "Mudar só porque isto é uma coluna ou uma crônica? Ser mais leve só porque o leitor assim o quer? Divertir? Fazer passar uns minutos de leitura?". Isso, ela não consegue: "Vou dizer a verdade: não estou contente" (22 de junho de 1968).

Clarice não consegue escrever como os outros cronistas. Quando ela empreende a descrição de Brasília, em 1970, começa com simplicidade: "Brasília é construída na linha do horizonte. — Brasília é artificial". Mas, à medida que ela avança na descrição, vemos aparecer coisas deste tipo: "Quando morri, um dia abri os olhos e era Brasília. Eu estava sozinha no mundo. Havia um táxi parado. Sem chofer". Ou: "Não chorei nenhuma vez em Brasília. Não tinha lugar. — É uma praia sem mar [...] Uma prisão ao ar livre. De qualquer modo não haveria para onde fugir. Pois quem foge iria provavelmente para Brasília. Prenderam-me na liberdade [...] Se tirasse meu retrato em pé em Brasília, quando revelassem a fotografia só sairia a paisagem" (20 de junho de 1970). Dá vontade de citar a crônica toda, de tal modo ela é ofuscante de invenção e de visão surreal do real. Nenhuma foto, nenhuma descrição objetiva de Brasília é tão fiel ao que se sente nessa cidade como essas páginas de Clarice.

Embora por vezes ela consiga escrever verdadeiras crônicas, em que conta acontecimentos menores, repete os ditos engraçados dos filhos, ou faz uma entrevista com alguma personalidade famosa, ela volta sempre a suas verdadeiras preocupações, o que não impede um certo humor: "Sou uma pessoa muito ocupada: tomo conta do mundo [...] O cosmos me dá muito trabalho, sobretudo porque vejo que Deus é o cosmos. Disso eu tomo conta com alguma relutância [...] Hão de me perguntar por que tomo conta do mundo: é que nasci assim incumbida [...] Tomar conta do mundo exige também muita paciência: tenho que esperar pelo dia em que me apareça uma formiga. Paciência: observar as flores imperceptivelmente e lentamente se abrindo. Só não encontrei ainda a quem prestar contas" (4 de março de 1970).

Esses momentos de estado de graça escritural, tão inesperados numa página de jornal quanto uma borboleta pousada num trator, foram mais tarde retomados e retrabalhados em livros como *Água viva* e *Uma aprendizagem — O livro dos prazeres.* Certos contos futuros também fizeram sua primeira e sintética aparição nessas crônicas que foram, como dizem os tradutores franceses na apresentação, "o cadinho, o laboratório de uma parte importante de sua obra".

Felizes leitores de jornal aqueles que, durante seis anos, receberam esse precioso presente. Os mais sensíveis tinham certamente dificuldade em utilizar depois aquelas folhas para embrulhar legumes ou forrar a lata de lixo. Já esquecemos as notícias publicadas naqueles dias, ainda mais que as importantes estavam censuradas. Já esquecemos os nomes dos diretores do jornal que, um belo dia, dispensaram sumariamente os serviços da escritora. Suas crônicas, em compensação, estão ainda aqui, e brilham com a luz de Clarice.

Quando Osman Lins preparava suas armas*

Ouvindo as eternas invectivas de Osman Lins, eu lhe disse, um dia, que ele me lembrava Flaubert citando são Policarpo: "Meu Deus, em que século me fizestes nascer!". Ele me respondeu: "Eu acrescentaria: e em que lugar!". Esse lugar, o estado de Pernambuco, estava na origem de seu pessimismo arraigado, assim como na de sua obstinação em reclamar um mundo mais bem-conformado, na realidade ou na ficção.

O fiel e a pedra foi escrito em 1960 e publicado em 1961. Na capa da edição francesa (*Le fléau et la pierre*, trad. Maryvonne Lapouge-Petorelli e Claude Barousse, Actes Sud/Unesco, 1990), os editores dizem que esse romance "é considerado o mais importante de sua obra". Sim, se pensarmos no sentido tradicional da palavra *romance*, e não se considerarmos a obra ficcional posterior de Osman Lins. Esse livro conclui a primeira fase do autor, que daria uma grande virada em 1966 com *Nove, novena* (*Retable de Sainte Joana Carolina*, Denoël, 1971).

* "Quand Osman Lins faisait ses armes", *La Quinzaine littéraire*, nº 550, Paris, 1º a 15/3/1990.

O fiel e a pedra inscreve-se ainda na tradição do romance regionalista do Nordeste, que conheceu seu grande momento nos anos 30 e 40. É a história de Bernardo Cedro, um homem que defende princípios inflexíveis, sem fazer nenhuma concessão e pondo em perigo sua vida. Confrontado com uma pequena comunidade de patrões venais e empregados servis, Bernardo toma o perigoso partido da honestidade solitária.

Tais personalidades não são raras na história de Pernambuco. Esse estado, que conheceu um longo período de riqueza graças à cana-de-açúcar, entrou em decadência depois da abolição da escravidão, da industrialização e da chegada de capitais estrangeiros. Em suas vastas propriedades rurais, uma civilização patriarcal se instalara desde a descoberta do Brasil, e havia vivido segundo uma ética feudal que o isolamento reforçava e fazia durar. O fim do ciclo da cana-de-açúcar produziu, de repente, uma geração de aristocratas empobrecidos, rebeldes a qualquer nova forma de autoridade, vivenciando a infelicidade social como infortúnio pessoal. Cavaleiros errantes em pleno século XX, esses Quixotes viam inimigos escondidos em toda parte e os combatiam, menos para vencê-los do que para afirmar os antigos valores segundo os quais tinham sido criados.

É pois um romance de cavalaria ou um *western* (a versão moderna do gênero medieval) que nos é oferecido por Osman Lins. Romance épico (as epígrafes colhidas na *Eneida* e nos *Lusíadas* o confirmam), romance ético, sobretudo. O herói dessa história capta nossa simpatia, não por seu heroísmo à antiga, mas por suas dúvidas e escrúpulos, que o colocam na categoria moderna do "herói infeliz". Bernardo nunca sabe se seu comportamento é o correto; vive no mal-estar de sentir sua coragem ameaçada pela covardia e no medo de provocar, por suas nobres decisões, a infelicidade alheia. Da mesma forma, o vilão Nestor Benício é construído pelo narrador de modo que o leitor não sabe jamais se deve detestá-lo ou ter pena dele. Essa tensão ética, mantida ao longo da narrativa, inocula as incertezas morais da modernidade na tragédia antiga vivida por Bernardo.

Esse universo de tensão e de severidade, comunicado num estilo sóbrio e freqüentemente solene, pode surpreender o leitor francês que tenha idéias feitas acerca da literatura brasileira. Osman Lins está nos antípodas de um Jorge Amado, por exemplo. Folclore, cor local, sensualidade e festa são totalmente estranhos a esse universo. Tão perto da Bahia, Pernambuco é outro mundo.

O rigor e a dureza estão cifrados no próprio título do romance, que a tradução francesa tornou ainda mais rico de significação, graças ao duplo sentido da palavra *fléau* (fiel da balança e calamidade), ausente da palavra portuguesa *fiel* (derivada de *fidelis* e não de *flagellum*, como a palavra francesa). Ora, temos aí uma história de fidelidade tanto quanto de calamidade, o que prova, se necessário fosse, que tradução nem sempre é sinônimo de perda.

A história de Bernardo termina com o nascimento de sua filha Joana. Somos tentados a ver aí o anúncio do nascimento do grande escritor Osman Lins, que encontrará em sua obra seguinte (*Nove, novena*) a forma plena de seu talento. Com *O fiel e a pedra*, o romancista preparou suas armas, provou que podia rivalizar com os melhores escritores da geração anterior. Em *Nove, novena*, ele encontrou "a sua coisa", sua maneira pessoal e inovadora de organizar a narrativa romanesca, que será desenvolvida depois em *Avalovara* e *A rainha dos cárceres da Grécia*. Todas as características dessa realização futura encontram-se aqui em germe: o rigor que se tornará geometria, o gosto pelo legendário que tomará a forma assumida do mito, a teatralidade que será levada em direção da alegoria.

Melhor dizer, para terminar, que essa tradução de um romance mais antigo de Osman Lins convida a redescobrir o conjunto de sua obra.

Leminski, o samurai malandro*

Olhe nos olhos dos poemas de Paulo Leminski (*Caprichos & relaxos*, São Paulo, Brasiliense, 1983) e você verá que ele está por dentro, no centro. Tudo o que não interessa, cai fora, sem demora. O olho do furacão é imóvel porque ele administra as fúrias gratuitas do movimento.

Do rio de palavras, Leminski se ri, e à verborragia desatada ele pede, exigente, um momento de silêncio. Para bom entende-dor, meia palavra raspa; e para bom gozador, uma piscada basta. Leminski já foi e já voltou, e quem não percebe a inteireza de suas meias palavras, ainda nem saiu de casa.

A forma breve não é um valor em si; o breve pode ser apenas pouco. Ter ouvido a lição da poesia concreta também não é garantia de concretizar poesia. Quando o jogo de palavras é só graçola, não cola. Mas Leminski não "bate palmas para as performances do acaso", nem tem "o vício de achar tudo ótimo". Simplesmente não

* "Leminski, o samurai malandro" — *Cultura, O Estado de S. Paulo*, 27/11/1983; "Leminski, tal que em si mesmo" — *Revista USP*, São Paulo, set.-out.-nov. 1989.

deixa por mais quando pode acertar no menos, e nunca se contenta com o mais ou menos. Contrariamente à maior parte da literatura brasileira atual, prosa ou poesia, que vive no complacente regime do mais ou menos, achando que qualquer obra escancarada é aberta, e que basta chutar para acertar.

Samurai e malandro, Leminski ganha a aposta do poema, ora por um golpe de lâmina, ora por um jogo de cintura. Tão rápido que nos pega de surpresa; quando menos se espera, o poema já está ali. E então o golpe ou a ginga que o produziu parece tão simples que é quase um desaforo:

acordei bemol
tudo estava sustenido
sol fazia
só não fazia sentido

Diante de acertos como esse, por favor, sejamos sóbrios. Nada de demonstrar-desmontar com apoio em bibliografia especializada, pois qualquer metagesticulação crítica ficaria ridícula, contraposta ao gesto exato do poeta.

Leminski é samurai em seus caprichos e malandro em seus relaxos. Mas entre caprichado e caprichoso, entre relaxamento e relaxo, "entre a pressa e a preguiça", há comunicações e passagens.

Samurai:

nuvens brancas
passam
em brancas nuvens

Malandro:

não discuto
com o destino
o que pintar
eu assino

Samurai-malandro:

a palmeira estremece
palmas para ela
que ela merece

Formalista, como todo artista, Leminski não é porém um poeta de gabinete. Suas vivências de *beatnik* caboclo e sua filosofia de malandro zen são depuradas no cadinho da linguagem até chegar à cifra certa. Amor, amizade, inquietação, raiva, estão na raiz de sua poesia, mas esses sentimentos libertam-se do anedotário pessoal para encontrar a forma justa, que encanta e ensina:

um pouco de mao
em todo poema que ensina
quanto menor
mais do tamanho da China

Informada e enformada pelo zen, esta poesia é busca do caminho e entrega de uma despretensiosa sabedoria:

soubesse que era assim
não tinha nascido
e nunca teria sabido
ninguém nasce sabendo
até que eu sou meio esquecido
mas disso eu sempre me lembro

Malandro da linguagem, Leminski não é apenas um intuitivo, um criativo, um sacador, como os 130 milhões que se dispensam de conhecer seus ofícios. Como observa Haroldo de Campos, sua poesia é "sempre construída, sabida, de *fabbro*, de fazedor". Esse auto-intitulado "cachorro louco" queimou pestana na poesia universal. Sabe onde está pisando e com quem, queira ou não queira, o poeta de hoje tem de se confrontar. Diante dos faixas pretas da linguagem, Leminski não descuida do preparo físico.

E passa, honestamente, por todos os estágios do confronto. Confessa que sonhou ser Homero, que se imaginou Rimbaud ou Pessoa, que desejou ser um grande poeta inglês do século passado, e que acabou "um pequeno poeta de província". E é exatamente aí que ele ganha a parada. A viagem pelos grandes textos, num primeiro tempo, reduz o poeta provinciano a sua "insignificância"; mas, abrindo o seu desconfiômetro, permite-lhe safar-se da repetição involuntária ou degradada. Ele sabe que espaços de linguagem já estão ocupados, e onde se abre lugar para sua fala. Ao assumir seu provincianismo, o poeta deixa de ser provinciano, porque provinciano é justamente aquele que nem desconfia. Tendo dado essa volta para "além das serras que azulam no horizonte", o poeta não corre mais o risco de versejar caipiramente "a aurora de sua vida".

Internacional e provinciano, Leminski é brasileiríssimo. Mestiço, antropófago, poetiza, sem folclore, Oxalá e o frevo, pajés e xavantes. Parisa, novaiorquiza, moscoviteia, sem tirar o pé do chão. Torce pelo time de várzea, mas não cai no conto do nacional e popular:

> eu queria tanto
> ser um poeta maldito
> a massa sofrendo
> enquanto eu profundo medito

eu queria tanto
ser um poeta social
rosto queimado
pelo hálito das multidões
em vez
olha eu aqui
pondo sal
nesta sopa rala
que mal vai dar para dois

Geografia e história habitam o corpo de sua poesia, sem enrijecê-lo em militância. Irônico, ele diz que "CHUTES DE POETA/ NÃO LEVAM PERIGO À META". E aí também o menos é mais e o quase é tanto. Porque conhecer o alcance de uma práxis é condição mínima para sua eficiência, e saber os limites de um campo permite ilimitar a ação nesse campo. Chute de poeta leva, sim, perigo à meta: quando é lateral e com efeito. Na verdade, Leminski acredita muito em sua arma, a poesia, e a afia:

en la lucha de clases
todas las armas son buenas
piedras
noches
poemas

Sem demagogia, com amor e humor, talento e lucidez, Leminski vai abrindo caminhos na selva selvagem da linguagem, no repertório caótico de nossas cabeças cortadas. Destila tudo com sabedoria, e suas gotas de poesia são colírio para nossos olhos poluídos.

À guisa de conclusão:

Sobre seu próprio desaparecimento, Mark Twain escreveu, de antemão, a seguinte manchete de jornal: "As notícias de minha morte são muito exageradas". É o que sinto com relação ao desaparecimento de Leminski. A morte de tanta vitalidade deve ser mentira.

Leminski pingou um poema em nosso olho e passou. Passou rápido, porque ele morava no olho do furacão. A vida era intensa, mas a poesia era paciente trabalho de linguagem. Leminski não caía no logro da expressividade ou da inspiração. Ostentando as insígnias da contracultura, ele era um poeta culto, que conhecia seu ofício e o levava a sério, num gabinete cheio de vida e de desordem.

A forma breve, por ele cultivada, oferece grandes riscos. O breve pode ser apenas pouco, o menos obtido por subtração. O grande poema breve é concentração sem perda, o máximo no mínimo. Leminski conhecia essa arte e colhia o poema com o golpe certeiro da espada zen.

Como outros poetas de nosso século, ele encontrou no haicai o humor e a imagem, a economia verbal e a objetividade, qualidades que, segundo Octavio Paz, são também os elementos centrais da poesia moderna.

Leminski era transcultural: polonês, caboclo e "japonês", malandro e samurai, provinciano e internacional. Jogava na várzea e falava latim. Eclético e autodidata, era o mais brasileiro dos poetas, talvez o discípulo mais fiel deixado por Oswald de Andrade: "a palmeira estremece/ palmas para ela/ que ela merece".

Leminski era intratável. Amor e raiva em fúrias equivalentes, uma força que podia dar em abraço ou em murro. O que garante a sua poesia aquele calor dentro do rigor, palavras habitadas por um corpo. Desconfiava da crítica e da universidade; quando me chamava de professora, não era um elogio.

Não fazia média com ninguém, nem com ele mesmo. "Na vida ninguém paga meia"; na poesia também não. Leminski pagou e recebeu inteira. A multiplicidade de tarefas, de línguas, de gêneros, de veículos em que ele circulava deixa, paradoxalmente, a lembrança de uma inteireza: a integridade de uma vocação de poeta que ele, obstinadamente, cumpriu.

As armadilhas de Carlos Sussekind*

Armadilha para Lamartine, de Carlos & Carlos Sussekind, foi publicado em 1975 e obteve imediatamente um sucesso de estima: excelentes críticas e recomendação boca a boca entre leitores seletos. Hélio Pellegrino, Ana Cristina César, Gilberto Mansur, Torrieri Guimarães e Nogueira Moutinho foram alguns dos que escreveram sobre o romance e o recomendaram, mas essas boas críticas não tiveram grande conseqüência. O romance merecia alcançar um círculo mais largo de leitores, o que a Editora Brasiliense providenciou, republicando-o em 1991.** Novamente se falou em "obra-prima", mas a tiragem de 1500 exemplares e a vendagem lenta dos mesmos refletem a triste realidade do público brasileiro de boa literatura.

O romance é de fato um primor, pela originalidade de seu tema, pelo rigor sutil de sua estrutura e pelo domínio absoluto da linguagem, coisa rara num país em que a criatividade corre solta

* *Mais!*, *Folha de S.Paulo*, 26/9/1993.

** Reedição: São Paulo, Companhia das Letras, 1998.

mas o trabalho da língua é tarefa que poucos podem e querem enfrentar. Carlos Sussekind tem estilo, e um estilo que é só dele. A particularidade de seu estilo é a de parecer simples e transparente, mas de ir destilando, nas entrelinhas, um humor corrosivo que percorre uma vasta gama, desde a ironia quase imperceptível até o riso amargo, resto elaborado de uma experiência dolorosa.

Armadilha para Lamartine é um acerto de contas de um filho com o pai. Contas terríveis, porque somam-se os erros e descontam-se os carinhos, na contabilidade infinita da paixão, palavra que carrega em sua etimologia amor e sofrimento. ARMADILHA e LAMARTINE são quase um anagrama. E com as letras das duas palavras podemos formar AMAR, ARMAR, ARTE, TRAMA e DRAMA. De tudo isso se trata.

O pai, o dr. Espártaco M., é uma personagem e tanto. Jurista por formação e funcionário público por profissão, o dr. Espártaco pertence a uma classe média carioca dos anos 50 que luta por manter um discreto padrão de vida num apartamento apertado à beira-mar. Moram com ele a mulher, a filha, o genro e o filho Lamartine. A vidinha da casa, com suas poucas alegrias e numerosas contrariedades, é observada pelo pai a partir de seu reduto particular, uma varandola-gabinete onde ele escreve um diário.

Pelo diário vamos conhecendo seu autor, obsessivo, hipocondríaco, amoroso, autoritário. O próprio diário é a forma que ele encontrou para manter sob absoluto controle a vida da Casa (que ele dota de um C maiúsculo) e daqueles que nela vivem. O diário fixa tudo, desde a movimentação da cozinha, dos quartos e da sala de visitas, até os movimentos peristálticos e os ciclos uterinos dos membros da família. A minúcia dos registros é extrema: saídas e entradas dos moradores, incluindo a empregada, meteorologia, meios de transporte, cardápios, preços, cuidados pessoais, remédios. Sem esquecer o que se passa no país e no mundo, que chega pelo rádio ou pelos jornais. Tudo é devorado pelo onívaro diário, que em alguns casos incorpora e digere a vida exterior sob a forma da colagem de textos impressos e de fotografias.

O diário do dr. Espártaco é um microcosmo. A quantidade de informações que ele condensa, em uma ou duas páginas por dia, é prodigiosa. Ao mesmo tempo que vamos nos inteirando das picuinhas familiares, vemos desfilar, como pano de fundo, o Rio de Janeiro de 1954 e 55, uma cidade hoje tão perdida no tempo quanto a de Machado de Assis: um lugar onde se saía à noite para comprar hortênsias, para "pegar um cineminha" ou dar uma caminhada depois do jantar, onde se fazia "camaradagem no bonde", e onde toda precaução consistia em "evitar o sereno", desconfiar dos "forasteiros e batedores de carteiras" e enfrentar "atropelos no Tabuleiro da Baiana", causados pela falta de lugares nos bondes. Uma cidade em que se conquistavam mulheres "do outro mundo", e onde se apreciava a graça dos "brotinhos". Um cotidiano sem televisão e, no caso da família M., pontuado de leituras. As do dr. Espártaco são, entre outras, a da correspondência de Renan com Berthelot, Lutero, Nietzsche, Eça, Machado, Ibsen, Bilac. Não fosse outro o mérito do romance de Sussekind, ele já seria precioso como documento de época.

O mundo, o país e a cidade convergem para a Casa, centro que se quer estável no olho do torvelinho. A sagrada rotina da Casa é constantemente perturbada pela "invasão" de visitantes, e os projetos do pai ameaçados pela contrariante realidade. Com a mais amorosa das intenções, o dr. Espártaco encarcera a família em seu diário. O resultado só poderia ser uma família doente. Todos padecem de algum achaque: o pai tem vermes, reumatismo de calcanhar, dores no peito, cacoetes; a mulher padece dos intestinos e da bexiga; a filha sofre dos nervos e dos ovários. Mas é o filho, Lamartine, quem vai assumir em seu corpo a neurose familiar até explodir num espetacular sintoma, um surto esquizofrênico que o leva ao hospício.

O talento de Carlos Sussekind se revela na forma que ele dá a essa matéria existencial e a esse material pré-escrito (o diário de Carlos Sussekind pai, mantido ao longo de trinta anos). O romance começa pelas mensagens redigidas por Lamartine no sanatório, e que sugerem um desvairado balé composto de vários quadros, mesclando ficção e realidade: a elaboração de um jornal satírico pelos internados, as sessões de eletrochoques, os sonhos eróticos do "louco".

Sem transição, o leitor passa à leitura dos diários do dr. Espártaco, alimentados da realidade corriqueira e vazados em lógica inatacável. Pouco a pouco, o eixo do romance se revela: um eixo de equilíbrio precário, que faz oscilar o leitor, como as personagens, da razão à loucura, até a inversão de papéis. O surpreendente equilíbrio das duas partes do romance está emblematizado na cena em que o dr. Espártaco descreve o filho, um pouco antes do surto:

> Na sala de livros, encontro Lamartine a exercitar-se numa estranha ginástica: o corpo verdadeiramente petrificado equilibrava-se sobre um ponto cuja realidade parecia ser apenas geométrica — a porçãozinha infinitésima de nádega que tocava o braço de uma das poltronas [...]; entre o tronco inclinado para trás e as pernas esticadas para cima ocorriam movimentos oscilatórios quase imperceptíveis, mas que não cessavam nunca, ora numa ora noutra direção, de uma regularidade automática, perfeita. [...] Na poltrona ao lado, outro espetáculo de "moto-perpétuo" se realizava como um acompanhamento: o mesmo equilíbrio precário e instável tinha sido provocado num álbum de discos de 78 rotações.

Quem é louco, quem não é? Afinal, o maior louco dessa história parece ser o dr. Espártaco, a cuja loucura o filho reage, demonstrando em seu surto um desejo de libertação, isto é, de saúde mental. A própria reescritura do diário do pai, num romance, pode ser vista como uma sadia elaboração da loucura, pelo filho. "De médico e louco etc." é o título do artigo principal do nº 7 do jornal produzido pelos internos do sanatório, o mesmo em que Lamartine começa a publicar o "Diário da Varandola", fazendo de conta que lê o diário do pai "por telepatia". "O alienista" versão 1975. Pela temática e pela sutil ironia, Sussekind é um Machado de Assis do século XX; uma filiação que não é imitação nem influência, mas a prova feliz de que temos uma alta tradição literária.

Em 1960, Sussekind havia publicado uma narrativa curta, *Ombros altos*, que foi republicada em 1985 pela Editora Taurus. Mais sintética, essa novela exibe claramente as marcas do escritor. Também aí se trata de uma história que oscila entre a imaginação e a realidade. É a história de um amor que se desenvolve quase que apenas no plano imaginário (e não é isso o "verdadeiro amor"?); as poucas ações são constantemente postas em dúvida pela mudança de foco narrativo. Essas mudanças de foco e o recurso a *ghostwriters* aparecem como traços característicos da ficção de Sussekind. Meia dúzia de personagens deliciosamente maluquetas, com apelidos estranhos e literários, é fixada com intransferível personalidade em poucos e decisivos traços, numa técnica hábil de caricatura.

O encontro e a amizade do protagonista com o Galocha têm semelhanças com os de Bouvard et Pécuchet, de Flaubert. O início do texto lembra o do romance francês:

> Eu e Galocha éramos dois funcionários públicos que um dia resolvemos ir morar juntos num apartamento de quarto e banheiro a fim de nos dedicarmos à literatura. [...] Tínhamos planejado que escre-

veríamos uma novela para vingar as horas perdidas na repartição mas nem tentamos. — Os sentimentos que gostaria de descrever e as palavras que me ocorrem não combinam, me dizia ele numa voz desolada. — Comigo é a mesma coisa.

O estilo Flaubert convive às mil maravilhas com o estilo Machado: "Fui falar nessa história do elevador e já está aqui um pensamento metendo-se onde não foi chamado". Paula, a heroína de *Ombros altos*, é uma Capitu dos "anos dourados", construída pelo olhar ansioso de seus apaixonados. Flaubert e Machado relativizaram a loucura e a burrice: ambas estão a um passo do sublime, ou vice-versa.

Essa narrativa, falsamente ingênua, coloca a mesma questão essencial em que se apóia, milagrosamente oscilante, *Armadilha para Lamartine*: o limite inexistente entre razão e loucura, a impossibilidade de se conhecer o outro, a auto-ironia como garantia de lucidez. A história de *Ombros altos* é, na essência, a mesma do romance posterior. O Barão de Frankenstein, rival do herói, ocupa aí o lugar do pai. A mesma cena da sessão de eletrochoque figura em *Armadilha para Lamartine* e em *Ombros altos*, com as mesmas palavras; neste, é o Barão quem aplica o eletrochoque, demonstrando que o médico de Lamartine, o dr. Klossowski, é um alter ego do dr. Espártaco. E um poema escrito pelo apaixonado de *Ombros altos* contém a mesma exclamação que Lamartine dirige ao pai: "Clara luz que se acende sem adeus nem carinho". Luz da razão opressora que se transforma naquele "sol negro da melancolia" de que falou um outro "louco", Gérard de Nerval.

Razão e loucura são assuntos inesgotáveis. Entretanto, o que os livros de Sussekind demonstram é que, para que a loucura produza literatura, é preciso bem mais do que uma imaginação delirante. O artista não é artista por ser louco, como reza uma velha crença romântica. Para se tornar artista, é necessária uma grande saúde mental, aquela que exige um trabalho e produz uma forma. "Nesses assuntos Vida-Morte-O Artista, eu nunca sintonizo com ninguém logo na primeira conversa, sei lá. Em matéria de vida somos uns burros, mas há uns burros interessantes e outros menos", escreve Sussekind. Poderíamos acrescentar: em matéria de arte, são talvez todos uns loucos; mas Sussekind é certamente dos muito interessantes.

A profecia de Mário de Andrade*

Macunaíma é largamente reconhecido como o grande retrato literário do Brasil e do brasileiro. Apesar de ter sido tirado em 1928, esse retrato está a cara do Brasil de hoje, principalmente no que se refere ao final do "herói sem nenhum caráter". Nesse sentido, *Macunaíma* é um livro profético.

Muito se especulou sobre o final de *Macunaíma*, sobre as razões da punição do herói, que termina desesperançado, doente, sem ânimo e sem saída. Ora, as razões da triste situação do herói estão claramente indicadas por Mário de Andrade: "Tudo o que fora a existência dele apesar de tantos casos tanta brincadeira tanta ilusão tanto sofrimento tanto heroísmo, afinal não fora senão um se deixar viver [...] *E ele não tinha coragem para uma organização*" (grifo meu). O que Macunaíma chama de "casos", "brincadeira", "ilusão", "sofrimento" e "heroísmo" (e esse trecho do livro é o único em que há uma certa introspecção da personagem) na verdade é uma série de espertezas, falcatruas, sacanagens praticadas por ele

* *Cultura, O Estado de S. Paulo,* 13/6/1992.

desde seu nascimento. Macunaíma matou a mãe e o irmão, enganou meio mundo, tentou tirar proveito em tudo, viveu segundo o princípio de prazer sem a menor consciência de uma lei, de uma ética, sem nenhum projeto. Seu fim demonstra que aquele sistema (ou falta de sistema) não dá certo. A vingança de Vei, a Sol, é apenas um dos desastres que ele preparou com sua conduta. A razão maior de sua desgraça foi seu modo geral de ser e de viver: "Assim como tinha vivido era impossível. Até era por causa disso mesmo que não achava mais graça na Terra... [...] E pra parar na cidade do Delmiro ou na ilha de Marajó, que são desta Terra carecia de ter um sentido".

Macunaíma não tinha coragem para uma organização e nem mesmo para enfrentar esse balanço final de sua vida, assumindo suas responsabilidades. Perseguido pela "sombra leprosa" do irmão Jiguê e chegado a um impasse, o herói atribui a desgraça à fatalidade e, mais uma e definitiva vez, foge: "Qual o quê! Quando urubu está de caipora o de baixo caga no de cima, este mundo não tem jeito mais e vou pro céu". O herói vira estrela, mas essa transformação não é uma glória ou uma redenção: "Ia ser o brilho bonito *mas inútil porém* de mais uma constelação" (grifo meu).

Não é apenas a situação do Brasil de hoje que confirma o final de *Macunaíma*. Dois romances publicados em 1991 têm muito a ver com essa situação e com *Macunaíma*. São eles *Estorvo*, de Chico Buarque, e *Um táxi para Viena d'Áustria*, de Antônio Torres.

Antes de dizer o porquê dessa comparação, duas palavrinhas sobre esses romances. *Estorvo* é uma obra de alta qualidade, e como tal foi reconhecida pela crítica. Atingindo o extremo do desagradável referencial, o autor cumpre plenamente seu projeto. É um livro que não faz concessões, nem ao público nem ao Chico Buarque compositor romântico e engajado. Da primeira à última linha, o escritor mantém sua enunciação seca e sua dicção precisa. As breves erupções de lirismo ou de ironia apenas dão a medida daquilo de que ele se está despojando, em sua opção contrária a qualquer brilho estilístico e a qualquer entretenimento do leitor. Por um implacável trabalho de esvaziamento do sentido, de sonegação da mensagem, Chico Buarque vai construindo sua obra em negativo. Nas aflitivas experiências da personagem-narrador, reconhecemos a imagem ampliada de nosso cotidiano brasileiro, como demonstrou Roberto Schwarz em sua leitura.

Um táxi para Viena d'Áustria pode ser lido como uma versão *light* e *pop* de *Estorvo*. A escrita de Torres é bem diversa. Sua história se constrói por colagem de vários discursos da comunicação de massa, com a rapidez do texto publicitário e com recurso a um certo humor que quebra a dramaticidade do narrado. Entretanto, são muitas as coincidências entre os dois romances: em ambos as personagens estão fugindo de acontecimentos infaustos, e se deparando a cada passo com circunstâncias absurdas e brutais. Com ou sem razão, são personagens totalmente paranóicas, que temem tanto a polícia como o ladrão, que sentem "uma certa tensão no ar", prevêem "turbulências" e "tempestades de merda". Ambos batem em várias portas e são hóspedes inoportunos e desastrados nas casas das mulheres. Nos dois romances aparece o prestígio amoral da televisão. Assim como a mãe do suposto assassino, em *Estorvo*, se rende ao fascínio das câmaras, a personagem de Antônio Torres comenta: "Nenhuma câmara na porta a esperá-lo. Retiro os aplausos". Ambos vivem a experiência de "um olho no olho mágico". Etc. São coincidências que advêm do mesmo referente, o Brasil de hoje. Mas, se compararmos os dois enredos com o de *Macunaíma*, veremos que elas se aplicam a uma temporalidade brasileira mais larga, e têm razões mais profundas do que as circunstâncias atuais.

A história de Macunaíma é a de uma correria desenfreada e desordenada; na maior parte do tempo, essa correria é uma fuga. Existe em francês a expressão *fuite en avant* (fuga para a frente), que tem o sentido específico de aceleração de um processo julgado necessário, embora perigoso, e que evolui até ficar fora do controle de quem o desencadeia. É o que acontece com Macunaíma e, ressalvadas as diferenças, é o que acontece com as personagens de Chico Buarque e de Antônio Torres. Ora criminoso, ora vítima, Macunaíma corre sem projeto, improvisando segundo as circunstâncias imediatas. Bate em muitas portas, é por vezes acolhido mas finalmente expulso. Seu único objetivo é salvar a própria pele, colhendo de passagem algum breve prazer e fazendo bonito, não diante das câmaras, que ainda não existiam, mas diante de qualquer público encontrado, que logo se cansa dele. Vida dura e corrida, a de Macunaíma, que na prática não consegue ser preguiçoso, como declara, mas é obrigado a empregar uma tremenda energia apenas para sobreviver.

É curioso observar o papel das mulheres em todas essas histórias. Tanto Ci, a amada de Macunaíma, como a ex-mulher da personagem de Chico e a mulher da personagem de Torres são "guerreiras", batalhadoras, e é junto delas que o homem busca refúgio. O modo de viver das mulheres parece mais acertado, embora também ameaçado pela desorganização geral.

Já o método da "fuga para a frente" definitivamente não dá certo. Vejamos os finais dos romances em questão. Como Macunaíma, o herói de Torres quer ir para longe, para Viena, para "qualquer lugar perto do paraíso", "além do arco-íris", em cima de uma nuvem. Por não ser mitológico como Macunaíma, fica na vontade. *Estorvo* termina numa série de "se" e num "talvez" não muito auspiciosos: "Se mamãe não atender, andarei até a casa do meu amigo [...] Se meu amigo tiver morrido, baterei à porta de minha ex-mulher [...] quando olhar a mancha viva na minha camisa talvez faça uma careta e me deixe passar".

Macunaíma termina melancolicamente, o desastre se congela na forma estelar, aistórica. O desastre definitivo fica adiado nos dois romances contemporâneos, mas nada indica que ele possa ser efetivamente evitado. Ambos comprovam a análise do modo de ser do brasileiro, feita por Sérgio Buarque de Holanda em *Raízes do Brasil* (1936): o individualismo, a falta de coesão na vida social, a solidariedade restrita ao ambiente doméstico e ao círculo de amigos, a sensação de sermos "uns desterrados em nossa terra". A diferença, terrível, é que aquilo que nas décadas de 20 e 30 se percebia como sintomas em nossos dias se manifesta como doença agravada e aparentemente incurável. O "homem cordial" acorda em plena barbárie: o herói de Torres mata o amigo por compaixão, o de Chico Buarque expõe a irmã querida ao estupro de assaltantes. São incapazes de analisar a situação e achar soluções globais e coletivas, para além do simples "salvar a pele". A oscilação entre otimismo e pessimismo, que Alfredo Bosi detectou em Macunaíma (na notável introdução à edição Archivos da Unesco, 1988), decide-se hoje pelo segundo, a memória afetiva de nada valendo diante do caos social. O herói de Mário de Andrade fugia, mas estava também buscando o objeto mágico, o muiraquitã. Os heróis de hoje apenas fogem.

Não podemos deixar de ver, nessas histórias recorrentes, microformas fictícias de nossa história nacional. O que tem sido a história do Brasil senão uma "fuga para a frente", um adiamento do desastre conseqüente da falta de um projeto e da falta de uma ética? E, paradoxalmente, a sensação de que cada um, em particular, é inocente, simpático, merecedor de melhor sorte, e que só alguma "caipora" inexplicável nos levou a tal situação.

Embora esses livros se prestem à leitura como retratos do Brasil, é preciso dizer mais duas palavrinhas a seu respeito. Não há grande romance que seja apenas o retrato de um país ou de uma circunstância particular. *Macunaíma* espelha o Brasil da década de 20, as correrias modernistas, o craque final da Bolsa, as dificuldades da modernização do país em todos os planos. Mas mantém-se grande não apenas pela longa duração de sua proposta, como também pela universalidade de seu *mýthos*, demonstrada no estudo de Haroldo de Campos (*Morfologia do Macunaíma*, 1973). Além disso, Mário de Andrade criou um herói representativo das inquietações e fraquezas do homem moderno em geral, como ele mesmo disse numa carta. *Um táxi para Viena d'Áustria*, apesar do talento do autor, não transcende o aqui e agora. *Estorvo* ainda não passou pela prova do tempo, mas passa pela prova do espaço. As absurdas experiências de sua personagem são as do Brasil de hoje. Mas não só. Chico Buarque escreveu um romance em que se pode reconhecer o estado de coisas do mundo, após "o fim dos grandes paradigmas" e a "morte das ideologias". O fato de não nomear nem personagens nem lugares favorece essa ampliação da leitura. A contracorrente dos divertimentos pós-modernos, citacionais e complacentes, ele fixa o lado sinistro da pós-modernidade: o desamparo absoluto em que nos deixa a desistência dos "grandes relatos", da busca de um sentido da História.

Estorvo tem sido comparado a *L'Étranger* de Camus. Mas por detrás de *L'Étranger* havia o "mito de Sísifo" e o "homem revoltado", toda a filosofia humanista de Camus. A exposição do absurdo, no existencialismo, levava à valorização do sentido e da consciência. Por detrás de *Estorvo* há um vazio, cujo preenchimento é diferido, e isso é a pós-modernidade, não apenas brasileira mas mundial. Teremos atingido essa triste pós-modernidade sem ter tido a modernidade social com que sonhavam nossos grandes escritores modernos?

Orientalismo e orientação em Guimarães Rosa*

As relações históricas do Brasil com a China, desconhecidas da grande maioria dos brasileiros e chineses, têm sido estudadas de modo mais sistemático e aprofundado nas últimas décadas. Uma preciosa síntese desses estudos pode ser encontrada no nº 22 (segunda série) da *Review of Culture*, publicada em 1994 pelo Instituto Cultural de Macau, com o título geral de "Macao-Brazil — Historical and cultural exchanges".

Como esclarece António da Silva Rego, no artigo de abertura, durante todo o século XVIII Macau perseguiu o sonho de travar relações comerciais com o Brasil sem passar por Lisboa. D. João V negou, inicialmente, essa autorização, argumentando que Portugal perderia divisas e que o comércio com o Brasil não seria proveitoso. Como Macau se encontrava então em dificuldades, o rei acabou

* Comunicação apresentada no 4º Seminário "A viagem na literatura", em Macau, outubro de 1998. Publicado em A. P. Laborinho, M. A. Seixo, M. J. Meira (orgs.), *A vertigem do Oriente — Modalidades discursivas no encontro de culturas*, Lisboa/Macau, Cosmos/Instituto Português do Oriente, 1999.

cedendo, sob condição do pagamento de impostos a Goa (Casa da Índia). No início do século XIX, com a partida de d. João VI para o Brasil e a instalação da corte portuguesa no Rio de Janeiro, pôde finalmente ser realizado o sonho de livre comércio entre os dois portos, com a ressalva de que este só fosse efetuado por navios do Reino.

A partir de então, não apenas os produtos de Macau passaram a circular no Brasil, mas também numerosos chineses ali se instalaram. De início, dedicaram-se ao cultivo do chá, descrito pelo viajante F. P. von Martius em 1817 e atestado em documentos do Arquivo Nacional do Rio de Janeiro. Em 1818, Johan Emanuel Pohl esteve no Brasil acompanhando a princesa Leopoldina, registrou a presença de trinta chineses na Fazenda Santa Cruz, ali colocados com "a intenção política de introduzir o chá" no país. Aos poucos, os chineses foram deixando as plantações e partiram para a cidade, onde passaram a vender roupas de algodão e fogos de artifício. Enquanto isso, o gosto pelas "chinesices", já amplamente difundido na Europa, manifestou-se na arquitetura, no paisagismo e na decoração de interiores brasileiros.

Entretanto, a influência chinesa nas artes coloniais brasileiras já ocorria desde tempos mais remotos, e em especial no estado de Minas Gerais, onde numerosas igrejas apresentam marcas que vão desde traços arquitetônicos vagamente copiados até objetos — portas, móveis, estátuas — trazidos diretamente da China ou executados por artesãos orientais. Infelizmente, não há muita documentação que permita saber exatamente como e por que isso ocorreu precisamente em Minas Gerais. Mas pode-se atribuir, sem abuso, essa abundância de marcas chinesas à intensa circulação de pessoas e de culturas no interior do vasto Império português, e à concentração de suas riquezas nessa região brasileira, naquele período literalmente áureo. Como é dito num documento macauense do século XVIII citado por António da Silva Rego, a viagem ao Brasil era desejável não apenas porque o país possuía "vários portos de grandioso contrato", mas sobretudo porque "são terras nossas". Essa expressão nos lembra que houve um tempo, agora quase esquecido e por isso espantoso, em que Macau e Brasil eram, para a Metrópole, uma terra só. E Minas Gerais, no século XVIII, eram as terras que mais interessavam à Metrópole, em virtude do ouro que aí se extraía.

No fim do século XIX, quando o Brasil, já independente, se abriu à imigração, discutiu-se muito a conveniência ou não de aceitar imigrantes chineses. Como a ideologia do período sustentava a supremacia natural da raça branca, e vários intelectuais brasileiros e estrangeiros apontavam os "estragos" já efetuados nos brasileiros pela mestiçagem resultante da aliança de portugueses com índias e escravas negras, houve forte oposição à recepção de imigrantes chineses. O ideal, para esses ideólogos da imigração, era que se "branqueasse" a raça com a contribuição de italianos e alemães. Tendo sido abolida a escravidão, tornou-se necessária a acolhida de um maior contingente de lavradores para servir nas plantações de café, e o país começou então a receber forte imigração, sendo a japonesa a contribuição oriental mais significativa. Os chineses continuaram a aparecer em pequenos contingentes, dedicados ao comércio de louça e de bordados.

Essas breves referências históricas nos servirão, aqui, de *background* para a análise de um conto do grande romancista de Minas Gerais, do Brasil e agora do mundo (pois está largamente traduzido e reconhecido), João Guimarães Rosa. O conto se chama "Orientação" e integra o livro *Tutaméia — Terceiras estórias* (Rio de Janeiro, Editora José Olympio, 1967). Como se verá, a questão do contato entre o Oriente e o Ocidente, a China e o Brasil, não é aí tratada como um "orientalismo" meramente ornamental, mas em termos de transculturação, no nível da história narrada, e de contaminação lingüística, no nível do discurso. Essa contaminação lingüística produz efeitos estéticos inéditos.

O conto inicia com uma exclamação de espanto: "Quem nunca viu tal coisa?". E "tal coisa" era o seguinte: "No meio de Minas Gerais, um joãovagante, no pé-rapar, fulano-da-china — vindo, vivido, ido — automaticamente lembrado". O chinês se chamava Yao Tsing-Lao, "nome muito embaraçado", facilitado para Quim, de Joaquim. A caracterização do chinês, pelo narrador, contém os traços físicos e psicológicos da personagem, que traduzidos em linguagem corriqueira seriam: magro, rosto redondo, cabeça raspada, delicado de gestos, silencioso e trabalhador. Quim "combinava virtudes com mínima mímica". Na linguagem poeticamente cifrada de Guimarães Rosa, as características do chinês são fornecidas por comparações e metáforas tão inesperadas quanto densas de informação. Quim era "sábio como o sal no saleiro, bem inclinado", "polvilhava de mais alma as maneiras, sem pressa, com velocidade". O sal é matéria leve, sutil e saborosa. O chinês morava num chalé, em torno do qual reproduzira uma paisagem oriental: "bambus, árvores, cores, vergel de abóboras, a curva idéia de um riacho". Mas, na verdade, morava "era onde em si, no cujo saber de caramujo, ensinado a ser, sua pólvora bem inventada". Toda a milenar sabedoria chinesa, do taoísmo à pólvora, está contida nesse modo de ser. Quim tinha a sabedoria do viver: "A mourejar ou a bizarrir, indevassava-se, sem apoquenturas: solúveis as dificuldades em sua ponderação e aprazer-se. Sentava-se, para decorar o chinfrim de pássaros ou entender o povo passar. Traçava as pernas. Esperar é um à-toa muito ativo".

Ocorre então o acontecimento, sem o qual não haveria "estória". Quim se apaixona por uma mulher. Essa mulher é, em tudo, o seu oposto: "Xacoca, mascava lavadeira respondedora, a amada, por apelido Rita Rôla — Lola ou Lita, conforme ele silabava, só num cacarejo de fé, luzentes os olhos de ponto-e-vírgula. Feia de se ter pena de seu espelho. Tão feia, com fossas nasais". "Xacoca", isto é, desprovida de graça; "mascava", como o açúcar mascavo, não refinado e escuro; "respondedora", por respondona, malcriada; "feia, com fossas nasais", o que sugere ser ela uma mestiça amulatada. As oposições são claras: "xacoca" × "mínima mímica"; açúcar mascavo × sal refinado; "respondedora" × ponderado, silencioso. Apesar de serem "parecidos como uma rapadura e uma escada", ou por isso mesmo, "cheiraram-se e gostaram-se", casaram-se.

A partir daí, o conto narra os acontecimentos entrelaçando duas ordens de razões: as razões afetivas e as razões culturais. O amor tende a unir os opostos até a identificação, a cultura tende a desunir os diversos até levá-los à ruptura. No período da lua-de-mel, "o primeiro efeito foi Rita Rôla semelhar mesmo Lola-a-Lita", "desenhada" pelo olhar de Quim. "A gente achava-a de melhor parecer, senão formosura. Tornava porcelana; terracota, ao menos; ou recortada em fôsco marfim, mudada de cúpula a fundo. No que o chino imprimira mágica — vital, à viva vista: ela, um angu grosso em forma de pudim". Quim, "lunático-de-mel, ainda mais feliz-quim", deu-lhe "um quimão de baeta, lenço bordado, peça de seda, os chinelinhos de pano". Ensinou-lhe "liquelices, refinices — que piqueniques e jardins são das mais necessárias invenções".

Ocorre então a ruptura cultural: "Mas Rôla-a-Rita achava que o que há de mais humano é a gente se sentar numa cadeira". Como se sabe, o "humano" é sempre definido a partir da cultura, a tal ponto que inúmeras sociedades primitivas se autodesignam com a palavra *homem*, encarando as outras tribos com suspeitas de animalidade. Segue-se um período de brigas, no qual as diferenças culturais se manifestam na fala: "patacoadas" do lado de Rita, "hipóteses" do lado de Quim. Rita "malsinava-o, dos chumbos de seu pensamento". Quim é chamado de "pazpalhaço" (*mot-valise* que contém "paspalho", "palhaço" e "paz", a placidez de Quim encarada como tolice), "dragão desengendrado" (qualificativo duplo que postula, através do animal fabuloso chinês, a monstruosidade e a origem desconhecida), e finalmente "pagão" (no que Rita, sem o saber, volta à Idade Média ocidental, quando o mundo era dividido em "cristandade" e "paganismo"). Sem "cuidar de sínteses", Rita joga na cara do marido negações contraditórias entre si, e sobretudo não significativas para a cultura do mesmo: diz que não é "escrava", não é "mulher-da-vida", não é "santa".

Aos "não" de Rita, a resposta oriental de Quim é apenas "Sim, sim, sei", ou "T's, t's, t's", o que resulta numa desconversa total, "uma boa compreensão de nada". "Falar, qualquer palavra que seja, é uma brutalidade?", pergunta o narrador, imbuído da sabedoria oriental de sua personagem. As negações de Rita, e o assentimento de Quim, sugerem toda a diferença filosófica entre a dialética ocidental e a sabedoria oriental. Diante do conflito, o chinês prefere a retirada: "Sínico, sutilzinho, deixou-lhe a chácara, por polidez, com zumbaia. Desapareceu suficientemente — aonde vão as môscas enxotadas e as músicas ouvidas. Tivessem-no como degolado". Permanece Rita na indecisão, entre considerar Quim um incômodo ("moscas") ou um encantamento ("músicas") em sua vida.

Desaparecido Quim, ocorre a segunda transformação de Rita. Quis saber onde ficava a terra do marido. Respondem-lhe com o vago conhecimento que caracteriza o homem do povo, no Brasil, a respeito da China: "Apontou-se-lhe, em êsmo algébrico, o rumo do Quim chim, Yao o ausente da Extrema-Ásia, de onde oriundo: ali vivem de arroz e sabem salamaleques".

E Rita achinesa-se. "Aprendia ela a parar calada levemente, no sóbrio e ciente, e só rir." Sua pele toma "reflexos de açafrão", e ela lamenta não ter tido um filho com Quim. A transformação de Rita é agora definitiva: "Outr'algo recebera, porém, tico e nico: como gorgulho no grão, grão de fermento, fino de bússola, um mecanismo de consciência ou cócega. Andava agora a Lola Lita com passo enfeitadinho, emendado, reto, proprinhos pé e pé".

O conto de Guimarães Rosa pode, à primeira vista, ser lido como apenas gracioso, como um exercício verbal requintado, uma "chinesice" fútil. Aliás, o volume todo de *Tutaméia* foi mal recebido por boa parte da crítica da época, que o considerou pouco sério, bizantino e artificial. Ora, qualquer análise mais atenta dos contos de *Tutaméia* revela a infinidade de sentidos que o escritor condensou em cada um deles, a riqueza significante de seus achados e de suas invenções verbais, só aparentemente gratuitos. Neste conto, como em outros do volume, o escritor trata o tema da alteridade (filosófica, psíquica e cultural) e o tema do ensinamento-aprendizagem (apontado por Vera Novis em *Tutaméia: engenho e arte*, São Paulo, Perspectiva, 1989). O que está implícito na "estória" de Quim e Rita é o fenômeno de transculturação que pode ocorrer quando os diferentes se encontram, e como este pode ser efeito do amor.

Numa leitura de base sociológica, podemos ver no conto um episódio do processo de formação do povo brasileiro pela mestiçagem. A história se situa em meados do século XX, o que está indicado no fato de o chinês trabalhar para um engenheiro da Central, isto é, a estrada de ferro Central do Brasil, construída desde o século XIX com a participação de engenheiros ingleses (como o dr. Dayrell, patrão de Quim), e assim designada em nosso século. Rita a Rôla, por sua descrição, era uma mestiça, e sua cultura aberta é típica das assimilações ainda em curso, quando as culturas de base se perderam e uma nova cultura ainda não se consolidou. Confrontada com a cultura forte de Quim, é ela quem, apesar da relutância ao desconhecido, se deixa influenciar. O chinês, por sua parte, não muda; prefere retirar-se, com o desprendimento e a polidez que lhe ditam sua cultura milenar.

A questão da assimilação de uma cultura estranha é exposta, por Guimarães Rosa, não apenas como tema, mas na própria linguagem que ele cria para contar a história. O escritor aí submete a língua portuguesa a um achinesamento, inverso e correlato ao aportuguesamento que o nome Yao Tsing-Lao sofreu até se tornar Joaquim e Quim. O achinesamento do discurso efetuado pelo escritor ocorre, primeiramente, no nível dos fonemas: "mínima mímica", "pingue", "pingo no i", "pimpolins", "felizquim", "liquelices, refinices, piqueniques", "tico e nico" etc. Além disso, o fonema *sin* do radical *sino* (chinês) está disseminado através do conto, com as variantes *quim, chim, zim, sim*: "*chin*a", "*Quim*", "co*zin*hava", "*chin*frim", "*chin*elinhos", "en*sin*ava-lhe", "mal*sin*ava-o", "*sín*teses", "*sim, sim*", "*sín*ico", "sutil*zin*ho". Mas o achinesamento não se resume à sonoridade. Guimarães Rosa iconiza o texto, numa sugestão de ideograma, pelo uso abusivo de acentos circunflexos em palavras que não os têm (e nunca tiveram, na ortografia brasileira): "bochêchas", "Seô Quim", "nôivo e nôiva e bôlo", "êsmo", "môscas" — figurando o chalé de Quim, "abado circunflexo", assim como um virtual chapéu de chinês. Da mesma forma, a abundância do signo de pontuação ponto-e-vírgula, em determinados parágrafos, iconiza os "olhos de ponto-e-vírgula" de Quim. Esses aspectos foram, em parte, levantados por Vera Novis (op. cit.) e por Luiz Antônio de Figueiredo ("Orientação: sina e signo", in *Através*, nº 1, São Paulo, Livraria Duas Cidades, 1977). A linguagem poética de Guimarães Rosa sugere que mesmo a maior diferença, aquela que produz o maior desentendimento, isto é, a língua, pode ser trabalhada no sentido do acordo e da harmonia, tornando-se "melódica".

O título do conto, "Orientação", remete não apenas ao óbvio Oriente mas também, para além dos orientalismos ornamentais, aos deslocamentos espaciais (orientar-se, achar seu caminho) e aos ensinamentos (orientações) que podem ser recebidos do Outro. A palavra *outro*, aliás, está constantemente presente no texto: "o chinês tem outro modo de ter cara"; "outra espécie de fenômenos"; "outr'algo recebera". As reações de Rita à alteridade de Quim oscilam, metaforicamente, entre duas invenções chinesas: a "pólvora" da explosão raivosa, a "bússola" de uma nova orientação no modo de ser e de viver. Essas duas metáforas resumem as duas reações que os povos podem ter com relação aos outros: a guerra e a destruição, ou a mútua aprendizagem.

A mensagem central do conto está logo no início: "Tudo cabe no globo". A Terra é o espaço dos cruzamentos humanos, das distâncias aproximadas e afastadas pelas andanças do homem que, como Quim, é "vindo, vivido, ido". O tempo, embora invertido geograficamente em termos de dia e noite, é circular ("de sol nascente a vice-versa", "entre leste-oeste-este"), como a cara de Quim, "plenilunar", ou como a própria lua, que é sempre a mesma, vista de leste ou de oeste. No momento alegre do casamento, o tempo se detém, "o mundo não movendo-se". No dia-a-dia do casal, o tempo retoma seu curso "rio-acima".

O que pode aproximar os opostos é o "mistério" do amor, e suas "matérias intermediárias", as mediações que o amor permite. "O mundo do rio não é o mundo da ponte." O rio é a vida corrente, com seu "mau-hálito de realidade", com suas mesquinhezas, entre as quais a resistência à alteridade tem um lugar de destaque. Mas existe também "o mundo da ponte", que liga os opostos e pode fundi-los.

O Brasil é um país-ponte, na medida em que o que nele ocorre não é um *multiculturalismo* como o existente nos países do hemisfério norte, que consiste em tolerar a existência de várias culturas justapostas, mas uma mistura de culturas, uma *transcultura-*

ção. Na época em que eu estava escrevendo esta comunicação, participei, com uma multidão, do "Festival das Estrelas" no bairro oriental de São Paulo. Essa festa de origem chinesa, há muito incorporada pelos japoneses, é ela mesma um fenômeno antigo de transculturação oriental. Em São Paulo, no bairro teoricamente oriental, o "Festival das Estrelas" consiste na decoração japonesa com as cores predominantes da bandeira do Brasil; na alimentação, que mistura, numa mesma barraquinha, o tempurá, o frango xadrez e o acarajé africano da Bahia; na música, que alterna canções orientais com *funk*, *rap* e um tipo de samba que curiosamente se chama "pagode". E sobretudo pude ver, nessa festa paulista, numerosos casais de namorados que lembravam Rita a Rôla e Yao Tsing-Lao, ou Lola-a-Lita e Quim, ou vice-versa. Todos falando português. Essa miscigenação brasileira parece indicar a orientação que pode tomar nosso globo, onde tudo deve caber.

Nenhures 2: "*Lá, nas campinas*"*

A grande obra literária, portadora de múltiplos saberes, oferece à crítica muitas entradas e nenhuma saída definitiva. A leitura psicanalítica é apenas uma entre muitas, e a crítica ideal é aquela capaz de integrar o maior número possível de níveis de leitura. E nunca é demais lembrar que o risco das interpretações fundadas num único tipo de saber é o da redução da obra à teoria ou ao método. Entretanto, alguns textos parecem solicitar uma visada crítica particular, que se revela mais rentável do que outras.

Há exatamente vinte anos, propus uma leitura psicanalítica de um conto de Guimarães Rosa que parecia solicitar essa visada. Tratava-se de "Nenhum, nenhuma" (*Primeiras estórias*). Procurava então demonstrar que, na topografia rosiana, há um lugar que é nenhum lugar, e que esse não-lugar bem poderia ser o do inconsciente: "lugar" de onde vêm as pulsões, "lugar" onde ficam inscritas as lembranças obsessivas, determinantes de percepções e compor-

* Comunicação apresentada no Seminário Internacional Guimarães Rosa, Belo Horizonte, PUC-Minas, agosto de 1998.

tamentos futuros. Segundo Lacan, ao inconsciente "o nome de *todo lugar* convém tanto quanto o de *nenhum lugar*" (*Télévision*, Paris, Seuil, 1974, p. 15). Convidada a participar deste encontro rosiano, numa mesa "psicanalítica", dispus-me a enfrentar outro conto do autor, em que um lugar obsessivamente lembrado assombra a personagem durante toda a sua vida, dando forma a esta e ao conto. Trata-se de "Lá, nas campinas", de *Tutaméia — Terceiras estórias* (Rio de Janeiro, José Olympio, 1967).

O enredo do conto é mínimo, em termos de ação. O protagonista da "estória" nada sabia de sua infância. Criança abandonada, viera de lugar desconhecido e ficara "bem de vida". Mas uma lembrança o perseguia: "Que jeito recobrar aquilo, o que ele pretendia mais que tudo?". Recordava um lugar, cifrado num fragmento de frase: "Frase única ficara-lhe, de no nenhum lugar antigamente: — '*Lá, nas campinas...*' — desinformada, inconsoante, absurda [...] Antes ele buscara, orfandante, por todo canto e parte. — '*Lá, nas campinas?...*' — o que soubesse acaso. Tinha ninguém para lhe responder". Acabou por renunciar: "Esqueceu-a, por fim. Calava reino perturbador; viver é obrigação sempre imediata". A lembrança só lhe voltará no fim da vida, no fim do conto.

Vejamos, um a um, os elementos que compõem essa "estória". Em primeiro lugar, o agente ou, melhor dizendo, o paciente dessa trama. O melancólico Drijimiro vive numa permanente sensação de perda, num estado de falta. Mas seria a falta uma conseqüência da perda ou seria ela anterior a qualquer posse? De qualquer modo, ele vive a falta como perda, que é menos a perda de um lugar real, a que pudesse voltar, do que a perda da memória integral desse lugar, posse que seria mais fundamente sua do que a das coisas tidas e lembradas.

Drijimiro fala a falta, é obrigado a dizê-la: "Nada diria, hermético feito um coco, se o fundo da vida não o surpreendesse, a só saudade atacando-o, não perdido o siso". A necessidade de comunicar verbalmente a outros sua dor caracteriza Drijimiro como um neurótico, e não como um psicótico. Daí o narrador indicar, com precisão, que ele não perdera o siso. O desejo, como se sabe, é o desejo do Outro, e seu campo é a linguagem. A resposta do interlocutor é sempre frustrante, pois o desejo é sem objeto: "Tinha ninguém para lhe responder". Mas dizer-se como demanda, embora imperfeitamente, é a única maneira que o desejo encontra para prosseguir sua busca e minorar sua frustração. Drijimiro fala porque a "só saudade" o *ataca.*

Drijimiro "tudo ignorava de sua infância mas *recordava-a*, demais" (grifo meu). A palavra *recordar* contém *coração* (*cordis*); recordar é muito diferente de lembrar. O que se recorda é do domínio dos afetos, é menos uma coisa, pessoa ou lugar, do que um tom, uma qualidade, um estado do ser. A lembrança pode ser nítida, a recordação será sempre fluida, imprecisa. Com as lembranças, sabemos lidar conscientemente; com as recordações, lidamos como pode o coração, e muitas vezes ele não pode. E, então, as recordações nos aprisionam, num retiro melancólico. É o caso de Drijimiro, apertado pelo "nó das recordações".

Em vários pontos da vasta obra de Guimarães Rosa aparecem reflexões sobre o sentimento da saudade. Em *Grande sertão: veredas*, diz Riobaldo: "O senhor sabe? Já tenteou sofrido o ar que é saudade? Diz-se que tem saudade de idéia e saudade de coração" (Rio de Janeiro, José Olympio, 1956, p. 28). Não resta dúvida de que a saudade maior de Riobaldo, como a de Drijimiro, é "saudade de coração", não aquela que se cultiva como lembrança, mas aquela que dói sem remédio. "Saudade de idéia" era aquela que Riobaldo sentia das madrugadas vividas em companhia dos outros cavaleiros, e que gostava de lembrar: "Até hoje eu represento diante de meus olhos aquela hora, tudo tão bom; e, o que é, é saudade".

"Saudade de coração" é a que sentia de Diadorim, e seu discurso inteiro é a expressão desse sentimento fundo e doloroso. Na "Estória de Lélio e Lina" (*Corpo de baile, I*) a saudade que Lélio tem da Mocinha também é "saudade de coração": "ela para ele havia de ser sempre linda no mundo, um confim, uma saudade sem razão"; "uma saudade gloriada, assim confusa" (Rio de Janeiro, José Olympio, 1956, pp. 258 e 259).

A "saudade de coração" de que sofre Drijimiro é ainda mais vaga do que a de Lélio, porque é um afeto quase sem suporte, ligado não a uma pessoa mas a um lugar apenas entrevisto e desabitado. Esse desejo sem objeto palpável é o que move a personagem ao longo de toda a sua vida, e faz dela um ser em busca. É admirável a caracterização da personagem pelo escritor, por meio de traços breves mas densos de informação, e de uma coerência profunda que só podemos chamar de "verdade". Drijimiro é definido por quatro predicados: ele sofre de uma falta, ele anda em busca, ele sofre, ele oculta essa dor. Ora, na primeira visão que o narrador nos oferece da personagem, ela já está inteira, com todos esses predicados: "Drijimiro passava, debaixo de chapéu, gementes as botinas" — o andar incessante, o segredo oculto e a dor, materializados no chapéu desabado e nas botinas gementes. Drijimiro era "orfandante", palavra que condensa a falta e a busca, *órfão* e *andante*. "Calava, andava, mais bezerros negociava."

Drijimiro vive "entre a necessidade e a ilusão", personificadas por duas mulheres. Divída, a esposa, como seu nome indica, é vital: "Dona Divída debruçava-se à janela, redondos os peitos, os perfumes instintivos"; "Divída, matéria bonita"; "Dona Divída, sacudida e bela, chamava-o, temia o envelhecer, queria que o marido não bebesse, homem de bigode"; "Dona Divída aparecia, sua pessoa de filha de Deus, tão vistosa". Mas a vida vistosa de Divída não supre a nebulosa falta de Drijimiro, que dirige seus olhares e afetos à alva

Tavica, figura propícia a seu imaginário de orfandante: "Aparecia, na clara ponta da rua, Dona Tavica, jasmim em ramalhete, tantas crianças a rodeavam"; "Tavica, alva tão diferente, para simplificação do coração. Gostou dela, como de madrugada geia"; "Diante dali passava Dona Tavica: entre a horda de filhos, ela ralhava, amava e parcelava-se"; "E viu Dona Tavica, a quem calado entregou seu coração, formosa desbotada".

Divída e Tavica correspondem a dois planos: o da realidade e o do imaginário. No primeiro, Drijimiro prospera: de "tangerino, positivo, ajudador de arrieiro", passou a criador de bezerros, sócio de Iô Nhô e posteriormente seu sucessor como dono de um alambique. No plano psíquico, Drijimiro empaca, prisioneiro de sua saudade de lugar nenhum. A realidade social em que vive e prospera não lhe dá nenhuma satisfação. Os qualificativos aplicados à personagem mostram seu secreto dilaceramento: suas ações permitem qualificá-lo como "bem de vida", "esperto e prático", mas sua real condição é a de "afortunado falsamente", "sem regalo nenhum". Obrigado a esconder essa condição, ele fica "tácito". E passa a ser visto pelos outros como "velhaco", "silencioso mentiroso", ou mesmo "burro". Ao longo de uma "vida nunca conseguida", ele vai perdendo "o dom" da recordação, até "[ousar] estar inteiramente triste".

Embora o conto, como os outros de *Tutaméia*, seja curto (pouco mais de três páginas), ele abarca o tempo de uma existência humana. O tempo narrado é o tempo cronológico, que flui e carrega, deteriorando-os, os homens: "Tempos de fatos", nos quais Drijimiro prospera, o chefe Iô Nhô se entreva e morre, o amigo Rixío vai, volta e morre, e o herói, como suas duas mulheres, envelhece: "rugoso, sob chapéu, sem regalo nenhum, a ceder-se ao fado". Esse é o tempo do "mundo volteador", tempo do calendário: "Outro dezembro e o Rixío voltou"... Mas um outro tempo, o da duração inconsciente, paira em contraponto. Nesse tempo, Drijimiro permanece o mesmo, aprisionado em sua saudade. A esses dois tempos correspondem dois espaços, o da realidade — "as vastas terras e lugares" por onde passou Drijimiro, as ruas da cidadezinha em que vive — e o do imaginário, "lá, nas campinas", "durado na imaginação". Naquele, vive Divída; neste, Drijimiro projeta Tavica, figura condizente. Em vão, Drijimiro e Rixío tentam situar aquele lugar na geografia: "Dizendo-lhe o Rixío: que com esse nome de *Campinas* houvesse, em São Paulo e Goiás, arraial antigo e célebre cidade". Evidentemente, não é desse espaço geográfico que se trata.

Ora, já é tempo de olharmos, com Drijimiro, para o lado de suas campinas. O lugar perdido e incessantemente buscado é parcialmente descrito em três momentos do conto: no início, no meio e no fim. A primeira descrição, na voz modulada de Drijimiro, é transcrita pelo narrador:

> Vinha-lhe a lembrança — do último íntimo, o mim de fundo — desmisturado milagre. Só lugares. Largo rasgado um quintal, o chão amarelo de oca, olhos d'água jorrando de barrancos. A casa, depois de descida, em fojo de árvores. Tudo o orvalho: faísca-se, campo afora, nos pendões dos capins passarinhos penduricam e se embalançam...

A segunda descrição, constituída, igualmente, de traços esparsos, ocorre quando Drijimiro já está abandonando a busca:

> Mas achava, já sem sair do lugar, pois onde, pois como, do de nas viagens aprendido, ou o que tinha em si, dias com sobras de aurora. Notava: cada pedrinha de areia um redargüir reluzente, até os vôos dos passarinhos eram atos. O ipê, meigo. O sol poente cor de cobre — no tempo das queimadas — a lua verde e esverdeadas as estrelas.

Ou como se combinam inesquecivelmente os cheiros de goiaba madura e suor fresco de cavalo.

Essa descrição está contaminada de lembranças conscientes, lembranças "de idéia" ("já sem sair do lugar", isto é, sem voltar realmente ao passado, "do de nas viagens aprendido", isto é, os dados da experiência posterior), e vale mais como semelhança com o "lá, nas campinas", do que como recuperação daquele "lá". O esforço da memória consciente já anuncia a perda da recordação. A frase que segue essa descrição confirma: "Dom, porém, que foi perdendo".

A terceira descrição aparece no fim do conto. Depois de ter envelhecido e aparentemente esquecido, Drijimiro se depara com a terceira "mulher" de sua vida, e esta é a morte: "Surgindo-lhe, ei, vem, de repente, a figura da Sobrinha do Padre: parda, magra, releixa para segar, feia de sorte. Sós frios olhos, árdua agravada, negra máscara de ossos, gritou, apontou-o, pôde com ele". Atrás da Sobrinha, vem o próprio Padre com sua batina preta e a extrema-unção. Apavorado, Drijimiro foge e se esconde no quintal de sua casa:

> Mas logo não sorriu, transparentemente, por firmitude e inquebranto. Falou, o que guardado sempre sem saber lhe ocupara o peito, rebentado: luz, o campo, pássaros, a casa entre bastas folhagens, amarelo o quintal da voçoroca, com miriqüilhos borbulhando nos barrancos... Tudo e mais, trabalhado completado, agora, tanto — revalor — como o que raia pela indescrição: a água azul das lavadeiras, lagoas que refletem os picos dos montes, as árvores e os pedidores de esmola.
>
> Tudo era esquecimento, menos o coração — "*Lá, nas campinas!...*" — um morro de todo limite. O sol da manhã sendo o mesmo da tarde.

Os traços recorrentes desse lugar são a claridade, a cor (amarelo e azul), a presença da água borbulhante, a vegetação, os passarinhos. Numa leitura retórica, diríamos que se trata de um *locus amenus*, motivo literário conhecido desde a Antiguidade clássica, e identificado com o Paraíso terrestre, "o lugar dos lugares", na Idade Média. As "campinas" de Drijimiro têm todos os elementos desse *tópos*, devidamente transpostos para a natureza agreste das Minas Gerais: "o chão amarelo de oca — o amarelo quintal da voçoroca", "a casa em fojo de árvores — a casa entre bastas folhagens", "olhos d'água jorrando nos barrancos — miriqüilhos borbulhando nos barrancos", "passarinhos penduricados nos capins — pássaros". Em outras obras de Guimarães Rosa aparecem referências a esse tipo de lugar ameno, sempre com as mesmas características, sobretudo a presença da água: "Perto de muita água, tudo é feliz" (*Grande sertão: veredas*, p. 31).

Em sua análise fundadora de *Grande sertão*, Antonio Candido apontou o irrealismo geográfico da obra, em que "o deserto é sobretudo projeção da alma, e as galas vegetais simbolizam traços afetivos", em que o rio São Francisco "divide o mundo em duas partes qualitativamente diversas": o direito, fasto, e o esquerdo, nefasto (*Tese e antítese*, São Paulo, Companhia Editora Nacional, 1964, p. 124). O lado fasto, o Urucuia, é um *locus amenus*: "Muito deleitável. Cláráguas, fontes, sombreado e sol", "tudo dado e clareado", "perto do céu". Apesar desse caráter simbólico do lugar, ele é dado aí como realmente existente: "O senhor vá lá, verá. Os lugares sempre estão aí para confirmar" (p. 29). No conto que estamos analisando, desaparece essa ambigüidade entre a geografia física e a metafísica ou psíquica. Drijimiro admite a semelhança mas descarta a identidade entre suas "campinas" e os "alegres" do sertão: "No sertão, entanto, *campinas* eram os 'alegres': as assentadas nos morros, esses altos claros, limpos, ondeados nas encostas". Mas ele teima em afirmar que o lugar entrevisto era outro: "Disse-se-lhe: que, se num lugar tal alguém aquilo falara, então não seriam lá as campinas, mas em ponto afastado, diverso". Diferentemente dos "alegres", as "campinas" estão num lugar impossível de confirmar e permanentemente deslocado.

Só ao morrer a personagem recupera a memória desse lugar. Teria Drijimiro, que sofria de recordação, morrido de um ataque cardíaco? O narrador sublinha a ambivalência: "o peito, rebentado". O mesmo rebentar físico que o mata libera a recordação completada. A interpretação que se apresenta, de imediato, como a mais natural, é idealista. Drijimiro teria voltado ao lugar originário, anterior à vida. Há nessa volta, como em outros momentos da obra de Guimarães Rosa, traços marcados de platonismo. "Lá, nas campinas", seria o mundo perfeito de onde viemos e para onde voltaremos — "O sol da manhã sendo o mesmo da tarde". O lugar perdido e buscado seria aquele que o mesmo Guimarães Rosa define, no prefácio "Aletria e Hermenêutica", como "o de algum Éden pré-prisco, ou da restituição de qualquer de nós à invulnerabilidade e plenitude primordiais"? Nesse caso, a linha psicanalítica mais adequada seria a de Jung, que explicaria a recordação de Drijimiro como um arquétipo do inconsciente coletivo. Os religiosos diriam que Drijimiro voltou ao seio de Deus. A essas leituras podemos contrapor uma leitura psicanalítica não idealista, ancorada em Freud e Lacan. Essa leitura não diverge das outras quanto à estrutura, mas quanto à fundamentação ontológica. A estrutura é, como nas interpretações idealistas, a da falta. Mas, nestas, a falta é perda de um bem originário, enquanto na leitura freud-lacaniana ela é falta da própria origem.

Está dito expressamente, no conto, que o lugar pertence à existência de Drijimiro, mais precisamente, à sua infância. Numa leitura informada pelo freudismo mais elementar, diremos que se trata de um lugar materno, útero ou regaço, "le vert paradis des amours enfantines" de Baudelaire. Numerosos índices permitem essa interpretação: a orfandade de Drijimiro, sua atração pela figura maternal de Tavica, o fato de o lugar ser o da casa, do ninho: "Num ninho, nunca faz frio". Lugar onde "teria havido o amor, capaz de consumir vozes e rostos — como a felicidade".

Na primeira descrição, o lugar é inabitado. Contrariamente ao habitual das lembranças de infância, não havia pessoas nas lembranças de Drijimiro: "De pessoas, mãe ou pai, não tirava memória". Drijimiro, órfão abandonado, não ouvira nenhuma narrativa de sua infância, tendo por isso guardado apenas um lugar deserto em que nem ele mesmo está presente. Na última lembrança, a "completada", aparecem figuras humanas: lavadeiras e pedidores de esmola, talvez aqueles pais "pobres, migrantes", que "davam às vezes os filhos", o que corresponde à possível história de sua primeira infância.

Essa leitura "biográfica", embora aceitável, é pobre, se confrontada com a opulência significante do conto. Seria voltar ao inevitável "complexo de Édipo", que por explicar tudo não explica nada. Ora, uma leitura lacaniana, em vez de associar esse lugar à mãe real de Drijimiro, preferiria vê-lo como a "origem" ontológica de que todos os homens são órfãos, não por terem perdido uma completude anterior mas por serem constitutivamente incompletos. A completude só é imaginável e desejável porque há uma falta originária, uma incompletude constituinte do ser humano como ser de linguagem: "a falha que produz o ente no dizer-se" ("Radiophonie", in *Silicet* nº 2/3, Paris, 1970, p. 78).

Aquele lugar impresso em seu "último íntimo" estava "nem onde nem longe, na indefinição, a serra de atrás da serra". Em "Nenhum, nenhuma", o lugar da lembrança obsessiva é referido de modo muito semelhante. Exatamente como Drijimiro, o Menino daquele conto estava às voltas com "os irreversos grandes fatos" da infância, cuja recuperação lhe traria a paz. A "serra atrás da serra" não é uma vida anterior à própria vida, mas um lugar da infância do Menino. A relação de Drijimiro com o lugar das campinas, assim como a do Menino com a mansão atrás das serras, é uma relação pessoal, que depende de suas vidas particulares e da qual suas vidas dependem.

Também é ilustrativo comparar o "lá" que Drijimiro busca com o "lá" do conto "A menina de lá" (*Primeiras estórias*). Nhinhinha, "a menina de lá", não sofre de nenhuma falta. Ela não está desalojada do "lá", está apenas provisoriamente deslocada no "aqui". Tranqüila, sábia, alegre, ela parece nunca ter saído totalmente daquele "lá" de onde viera e para onde volta, no fim do conto. Ela está "aqui" só de passagem, estranha e impessoal ("Sua casa ficava para trás da Serra do Mim"), e suspira docemente: "Eu quero ir para lá". O conto "A menina de lá" não convida a uma leitura psicanalítica, pois leva explicitamente o leitor às questões demasiadamente incertas da parapsicologia ou demasiadamente certas da fé. Nhinhinha é ou uma debilóide ("cabeçudota e com olhos enormes"), ou uma paranormal (tem o dom da previsão e da realização dos desejos), ou uma santa ("Santa Nhinhinha"). Ela não recorda nem sofre; profetiza os incidentes de um "aqui e agora" contingente e passageiro. Seu "lá" é claramente o reino do céu ou o reino dos mortos. Diferentemente dela, o Menino de "Nenhum, nenhuma" e nosso Drijimiro "recordam" suas respectivas infâncias, tentando sofrer menos em suas vidas "aqui e agora".

É essa recordação que pode ser enfocada pelo ângulo da psicanálise. Lacan distingue a *rememoração* da *memória*. A memória é consciente, a rememoração é repetição inconsciente, ou o inconsciente como repetição. A rememoração não é a reminiscência platônica, lembra-nos Lacan; "não é a volta de uma forma, de uma marca, de um *eîdos* de beleza e de bem, que nos vem do além, de um verdadeiro supremo. É algo que nos vem das necessidades de estrutura, de algo humilde [...] da estrutura do significante" (*Le Séminaire. Livre XI — Les quatre concepts fondamentaux de la psychanalyse*, Paris, Seuil, 1973, p. 47). A rememoração ocorre entre a percepção e a consciência. Ela é um problema do sujeito, que necessita voltar para "lá onde era", segundo a famosa formulação de Freud: "Wo Es war, so Ich werden", que Lacan traduz e examina como "Là où c'était, le sujet doit advenir" (Lá onde era, o sujeito deve vir a ser). Esse "lá" é um encontro, que Lacan compara à *týche* de Aristóteles, e esse encontro, repentino e aparentemente casual, é determinado pela estrutura simbólica do sujeito, bem-sucedido porque é encontro, e sempre malogrado porque nele o sujeito se dissolve: "Lá onde era agora mesmo, lá onde era por um instante, entre essa extinção que ainda brilha e essa eclosão bloqueada, o Eu pode vir ao ser de desaparecer no dito" (*Écrits*, Paris, Seuil, Col. Points, 1971, vol. II, pp. 160-1).

O sofrimento reminiscente de Drijimiro pode ser visto como uma experiência única, individual, decorrente de sua biografia de criança pobre abandonada. Mas o lugar lembrado por ele é um lugar comum a todos os homens, não como *locus* mas como *tópos*, como elemento recorrente da estrutura inconsciente dos seres falantes. A linguagem é uma rede de lugares vazios, só ocupados em provisórias situações e em permanentes deslocamentos. A palavra *utopiedade*, criada por Guimarães Rosa nesse conto, junta *utopia* (outro lugar) e *piedade* (comiseração); pela semelhança fônica, *utopiedade* lembra *autopiedade*. A orfandade e o abandono eram experiências particulares de Drijimiro, mas a falta e o desejo são de todos os homens que, como ele, sofrem e merecem piedade. Saber *dizer* esse lugar comum faz a grandeza de Guimarães Rosa, e o alcance universal do conto.

A natureza da recordação de Drijimiro é verbal: "Frase única, ficara-lhe [...] — *Lá, nas campinas*". O lugar existe apenas como discurso, e o discurso não é somente referencial. As descrições são harmoniosas não apenas pelos referentes evocados, mas pelas recorrências fônicas dos significantes: "l*ar*go r*asga*do", "jo*rran*do de ba*rran*cos", "nos *pen*dões dos ca*pins p*assar*in*hos *pen*dur*i*cam", "mi*ri*qüi*lhos* *bo*r*bulhan*do nos *ba*r*ran*cos". Além de residir num fragmento de frase, repetidamente desdobrada em outras frases, não basta a Drijimiro cultivar interiormente esse discurso; ele precisa *falar* desse lugar, comunicá-lo a outros homens ("comunicado o tom"). Ao falar, sua voz é diferente, mais clara, musical: "Escura a voz, imesclada, amolecida; modula-se, porém, vibrando com insólitos harmônicos, no ele falar naquilo". Essa voz, que vem como surpresa irreprimível, e o que ela diz, por mais incompleto que seja (e talvez por isso mesmo), fascinam os outros, que querem ouvi-la. O amigo Rixío, por exemplo, depois de correr mundo volta só para "rever Drijimiro, pedir-lhe perguntado o segredo: '*Lá, nas campinas...*' ". E, sobretudo, a personagem tem um ouvinte que ainda não referimos, mas a quem pertencem a palavra inicial e a final: o narrador da "estória".

A primeira frase coloca o narrador, talvez em companhia de outros, na situação de ouvinte: "Está-se ouvindo". Essa indefinição do sujeito também cumpre a função de incluir, entre os ouvintes, o leitor. Logo em seguida, sabemos que esse ouvir é uma intercomunicação pessoal e afetiva de Drijimiro com alguém que fala na primeira pessoa: "Teve recurso a mim. Contou, que me emocionou". É uma "fala plena", da qual poderíamos dizer: "Falou e disse". A fala é reconhecimento do desejo como desejo do Outro. Mesmo no momento da morte, sozinho, Drijimiro fala. Fala então "rebentado", finalmente liberto: "Súbito, sem sofrer, diz, afirma: '*Lá...*' ". O lugar é reduzido a um advérbio com função de dêictico, à sua essência de lugar, sem nenhuma superfluidade de pormenor. A própria linguagem torna-se então supérflua, porque o ego sofredor e falante se anula. Entendemos, então, a epígrafe do conto: "... nessas tão minhas lembranças, eu mesmo desapareci", epígrafe atribuída a um "Diurno", livro de sabedoria eclesiástica.

"Tudo era esquecimento, menos o coração." Drijimiro perde a memória e por um minuto, o último, habita totalmente o lugar da recordação. Chegamos ao "morro de todo limite", *morro* que é acidente geográfico, obstáculo e limite, e *morro* do verbo morrer: obstáculo a qualquer linguagem, fim de tudo. Ao transcrever a descrição final feita por Drijimiro, o discurso se interrompe: "Então, ao narrador foge o fio. Toda estória pode resumir-se nisto: — Era uma vez uma vez, e nessa vez um homem. Súbito, sem sofrer, diz, afirma: — '*Lá, nas campinas...*'. Mas não acho as palavras". O "sem sofrer" final faz *pendant* positivo com outros *sem*, que diziam a falta sofrida por Drijimiro ao longo do conto: "sem sair do lugar", "sem regalo nenhum", "sem crer", e sobretudo "sem saber", já que, agora, ele sabe, e por isso não sofre mais. A suspensão do discurso é, ao mesmo tempo, do "narrador imaginário" (Drijimiro) e do narrador do conto, que reassume a primeira pessoa: "não acho as palavras". A busca de Drijimiro, como toda exploração do inconsciente na linguagem, era uma busca de identidade.

Não conhecemos a identidade do narrador do conto. Ele poderia ser um narrador-participante, pois, no início, está na condição de ouvinte emocionado, como os outros integrantes do mundo de Drijimiro. Entretanto, no fim do conto, ele é um narrador onisciente, que sabe tudo o que a personagem sente e diz no momento solitário de sua morte. O narrador poderia ser o próprio escritor. "Lá, nas campinas" se encontra num ponto-chave de *Tutaméia*, em cujo índice Ana Maria Machado lê: "Hiato: intruge-se João Guimarães Rosa lá nas campinas" (*Recado do nome. Leitura de Guimarães Rosa à luz do nome de seus personagens*, Rio de Janeiro, Imago, 1976, p. 92). Vera Novis observou que os contos de *Tutaméia* "não apenas infringem, por sua disposição, a ordem alfabética do volume criando a seqüência JGR, mas também tematizam a questão do nome próprio e da identidade" (*Tutaméia: engenho e arte*, São Paulo, Perspectiva, Col. Debates 223, 1989, p. 40).

O mesmo questionamento da identidade, no discurso da rememoração, ocorre no final de "Nenhum, nenhuma", que termina com a pergunta: "Eu?". Haveria todo um estudo a fazer sobre a questão do sujeito da enunciação como vacilação da identidade no conjunto da obra de Guimarães Rosa. Por exemplo: "Uai, eu?", título de outro conto de *Tutaméia*, pode ser visto como uma síntese mineira da teoria lacaniana do sujeito como ninguém, e do "eu" como sempre imaginário.

Nas lembranças parciais, do imaginário, ocorria uma abertura para o real do inconsciente que fascinava e emocionava os ouvintes. Na fala, o inconsciente só se revela em "retalhos do verbo", lampejos, "faíscas", "redargüir reluzente". Na hora da morte, o real se revela todo mas não pode ser dito. No prefácio "Sobre a escova e a dúvida", lemos: "Não se imagina o perigo que ainda seria, algum dia, em alguma parte, aparecer uma coisa deveras adequada e perfeita".

Profundo conhecedor do inconsciente, Guimarães Rosa realiza o corte necessário nesse tipo de discurso, que "só vale na medida em que tropeça ou mesmo se interrompe" (Lacan, *Écrits*, pp. 160-1). A interrupção do discurso, antes de ser uma prática psicanalítica, é um procedimento corrente na literatura moderna. Por essa brecha do discurso, por essa abertura final da narrativa, entramos também nós, leitores do conto, que também desejamos reencontrar esse impossível lugar originário, "lá, nas campinas".

Em *Ave palavra* (Rio de Janeiro, José Olympio, 1978), encontramos o seguinte fragmento: "2-X — As sete sereias do longe: si-mesmo, o céu, a felicidade, a aventura, o longo atalho chamado poesia, a esperança vendada e a saudade sem objeto" (p. 65). "Lá, nas campinas" responde ao apelo dessas sete sereias. Como Drijimiro, sofremos todos de uma falta incolmatável, suprida pelo trabalho do imaginário, na linguagem plena da poesia rosiana. A conclusão, uma vez mais, é a seguinte: os psicanalistas sabem muito, os poetas sabem tudo.

IV
CRÍTICA E CRÍTICOS

Calvino elege seus clássicos*

O grande escritor é sempre um grande leitor. Sem Homero não haveria Virgílio, sem Virgílio não haveria Dante, sem Dante... etc. Apesar dessa evidência, persiste no senso comum uma convicção de origem romântica pretendendo conectar a palavra à coisa, e a literatura à vida, sem mediações; e que é "coisa"? e "vida"? "Words, words, words", diria aquele inglês, também grande leitor, como sua personagem Hamlet, que andava com um livro na mão. Ou aquele espanhol que pretendeu ter lido, num livro, a história do triste fidalgo que lera ele mesmo demasiadas novelas de cavalaria.

E em nosso século? O que lêem os escritores? Como lêem os escritores? Se, no passado, o escritor dispunha de um repertório consagrado de predecessores, para nele buscar seus mestres e guias, em nosso século de incertos valores o escritor teve de ler muito, teve de refletir sobre o que lia, teve de criar sua própria tradição e escolher, entre os diversos caminhos, aquele que lhe convinha. Eis por que tantos grandes escritores modernos são autores de uma obra

* *Mais!*, *Folha de S.Paulo*, 31/10/1993.

teórica e crítica paralela à obra de criação: Pessoa, Proust, Eliot, Pound, Borges, Paz e tantos outros. Para esses grandes modernos, a crítica está intimamente ligada à criação. Ela é fundadora de outra escritura e, como tal, busca e afirma valores. "Lire, élire" ("Ler, eleger"), dizia Valéry.

Italo Calvino pertence a essa categoria dos escritores-críticos modernos. Embora tenha escrito textos críticos desde a juventude, estes ficaram esparsos na imprensa ou em prefácios de coleções literárias, e só começaram a ser reunidos por ele nos anos 80. *Por que ler os clássicos* (Companhia das Letras, 1993) é o terceiro livro de ensaios do escritor, publicado postumamente por sua viúva, em 1990.

O que chama a atenção do leitor, desde o índice dessa coletânea, é a quantidade e a variedade das leituras de Calvino, que abrangem várias literaturas, de várias línguas, várias épocas e vários gêneros. Só nesse volume podemos contar, por alto, ensaios sobre 32 escritores, dos quais dois gregos, dois latinos, um persa, um espanhol, sete italianos, oito franceses, oito anglo-saxônicos, dois russos e um latino-americano. No interior dessas monografias, o número de outros autores e obras referidos é impressionante. E mais ainda: as referências a leituras de obras críticas sobre os escritores comentados chegam a incríveis requintes. Calvino cita, com a maior naturalidade, a opinião de um crítico soviético sobre Hemingway, ou a de um crítico inglês sobre Raymond Queneau, e assim por diante. E tudo sem o menor pedantismo, num tom de conversa amena.

Comentando os ensaios de Queneau, Calvino diz que estes podem dar-nos "um retrato intelectual" do escritor, "pressuposto de sua obra criativa". O mesmo vale para seus próprios ensaios. Suas leituras, ecléticas e desiguais em extensão e em profundidade crítica, vão pouco a pouco definindo um caminho. Dos anos 50 aos 80, as escolhas e os julgamentos de Calvino se precisam, na mesma medida em que sua obra criativa evolui do neo-realismo inicial até o intelectualismo lúdico de suas últimas ficções.

No ensaio que dá nome ao livro, Calvino não responde propriamente à pergunta (como se o questionamento do valor dessa leitura nem lhe ocorresse), mas experimenta várias definições de "clássico". Talvez a mais feliz seja esta: "Um clássico é um livro que nunca terminou de dizer aquilo que tinha para dizer". A renovação infinita do significado é um dos valores mais freqüentemente louvados por Calvino nas obras que analisa: "O que conta para nós na obra literária é a possibilidade de continuar a desfolhá-la como uma alcachofra infinita, descobrindo dimensões de leitura sempre novas", diz ele a respeito de Carlo Emilio Gadda; da mesma forma, encanta-se com o fato de que os poemas de Montale "não se exaurem jamais".

Como a maioria dos escritores-críticos modernos, Calvino pratica uma leitura "sincrônica" dos clássicos, isto é, uma leitura feita à luz do presente do leitor, de seus gostos e indagações. Assim, a destruição do carro solar por Júpiter, nas *Metamorfoses*, é vista como um dos numerosos "acidentes de trânsito" da obra; os catálogos de Plínio se assemelham ao *Guiness book of records*; *Cândido* é "um grande cinematógrafo mundial que Voltaire projeta em seus fulminantes fotogramas"; Ovídio pode ser relido à luz de Robbe-Grillet, e Cardano à luz de Proust.

O modo como Calvino exerce a crítica literária é uma lição para todos que a praticam. Sua primeira grande qualidade é uma enunciação desprovida de qualquer autoritarismo. Apesar da enorme cultura que esses ensaios revelam, Calvino é sempre leve e despretensioso. Seu texto é semeado de formulações exatas e saborosas. Por exemplo: a "poeira de fenômenos" em Stendhal, "o talento espontâneo e um tanto desengonçado" de Mark Twain, "o turismo cruento" de Hemingway etc. Calvino procede quase sempre por comparatismo, buscando semelhanças e diferenças entre os termos comparados. O comparatismo tem a dupla vantagem da relativização e da universalidade. Assim, ele lembra por que é importante, para um italiano, ler os escritores estrangeiros: "Os italianos são indispensáveis justamente para serem confrontados com os estrangeiros, e os estrangeiros são indispensáveis exatamente para serem confrontados com os italianos". Por outras palavras, o conhecimento das literaturas estrangeiras é um antídoto contra o provincianismo.

As modalidades críticas praticadas por Calvino são extremamente corteses: o convite à leitura (de Francis Ponge); a recomendação da releitura (de Plínio); a homenagem "modesta e amigável" (a Ariosto); o agradecimento (a Borges). O leitor por ele suposto é o "leitor errante", o leitor do "prazer do texto". Como Barthes, de quem foi amigo, ele buscava uma moral literária. Muitos dos textos aqui presentes demonstram essa preocupação ética, subjacente à sua leitura como à sua escrita. Naqueles de seus contemporâneos que Calvino reconhece, explicitamente, como seus mestres, são louvadas as qualidades que lhe parecem essenciais para que a literatura cumpra plenamente sua função: a exatidão (de Montale) contra a "peste da linguagem" atual, que é a generalidade e a imprecisão; a recusa da "inspiração" e a busca da obra construída e burilada (em Queneau); a desautomatização da experiência (em Ponge); o rigor e a geometria (de Borges), "uma revanche da ordem mental contra o caos do mundo".

A presença marcante de Borges naquilo que Calvino chama de sua "estante ideal" merece nossa atenção. Borges é o único autor latino-americano que conseguiu o feito não apenas de agradar aos leitores europeus (como é o caso de Jorge Amado ou de García Márquez) mas de influenciar a literatura européia. Calvino dá um eloqüente testemunho disso. Os defensores do regionalismo dirão, de mau humor, que isso se deve ao fato de Borges ter sido um europeu exilado nos Pampas. A isso, o próprio Borges soube replicar com a graça de sempre: só um não-europeu pode ser "europeizado". Formado por um conjunto *sui generis* de leituras européias e orientais, Borges produziu uma obra original e inesperada, que deslocou o cânone europeu e a leitura do mesmo. A lista dos clássicos de Calvino começa com Homero e termina com Borges.

O lugar de Barthes*

No dia 26 de março de 1980, morreu Roland Barthes, uma das maiores figuras intelectuais dentre as muitas que a França produziu neste século. Sua morte foi a conseqüência de um atropelamento ocorrido em fevereiro, em frente do Collège de France, onde, há três anos, ele ensinava. Os que o acompanharam até a última hora dizem que não foi tanto o acidente, ele mesmo sintomático de uma desatenção, a razão maior de sua morte, mas sobretudo um desinteresse pela sobrevivência, uma desistência.

Qual era o lugar de Barthes, no mundo intelectual francês e internacional, no momento de seu desaparecimento? Qual é o seu lugar agora? Perguntas que se impõem, quando se compara o prestígio universitário e mediático de que ele se revestia então com o quase total silêncio que agora cerca seu nome, especialmente em seu país.

* "Le souvenir de Barthes", *La Quinzaine littéraire*, nº 551, Paris, 16 a 31/3/1990, e *Idéias, Jornal do Brasil*, Rio de Janeiro, 25/3/1990.

Recentemente, uma estudante brasileira que se preparava para ir a Paris perguntou-me quem havia substituído Barthes, quem prosseguia seu ensinamento. Apesar de sua admiração pelo mestre desaparecido, essa estudante mostrava, por sua pergunta, não ter compreendido muito bem qual era o papel de Barthes e a natureza de seu ensino. Barthes não foi substituído. Insubstituível, como qualquer pessoa, ele o era ainda mais pelo fato de não ter lugar. Seu ensino não era um discurso de saber, mas uma postura e uma impostação, indissociáveis de sua pessoa, de sua voz, de modo que o prosseguimento de sua fala só poderia produzir imitações irrisórias.

Nesse sentido, o livrinho de pastiches *Le Roland Barthes sans peine*, que dois discípulos publicaram nos anos 60 (e que magoou o mestre), demonstrava, com um humor feroz, que a imitação do estilo de Barthes, sem sua escritura, tornava-se facilmente caricatural. O que era, de algum modo, uma homenagem. Só quem possui um estilo muito pessoal pode ser pastichado, e nenhuma escrita criativa pode ser imitada. Barthes possuía ambos.

Não tendo deixado um pensamento, um método ou uma obra pertencente a um gênero preciso, Barthes não se presta a uma exploração póstuma de tipo universitário ou simplesmente discursivo. Se ele é prosseguido, isso ocorre alhures, na arte ou na vida, sem que seja preciso citá-lo. "Repetir suave e lentamente" — instrução colhida em Brecht e desviada por Barthes de seu sentido original, para se transformar em conselho de boa leitura. Seus livros andam por aí em muitas mochilas e mesas-de-cabeceira. São os melhores. Os que figuram em bibliografias de teses são os que envelheceram, os que ele não reconhecia mais.

Ele mesmo sabotou sua única chance de sobrevivência universitária quando, promovido a semiólogo emérito, derivou para outra direção e publicou *O prazer do texto*, deixando os discípulos perplexos. Em vez de colaborar, como anunciara, para a constituição de uma ciência da literatura, que se incluiria na ciência geral dos signos, ele se aplicou em demonstrar o que transbordava de todos os modelos e os desmantelava, as "loucuras" e "escândalos" da estrutura. Sua aptidão a organizar e a classificar era exatamente proporcional à sua inapetência pelos sistemas totalizadores.

Toda a sua energia (seu desejo, dizia-se na época) se investiria então na utopia da escritura, sustentada nele por uma utopia maior, a da "insenção do sentido". Deter a imensa máquina discursiva que produz diariamente, em nossas sociedades tagarelas, toneladas de mensagens pré-fabricadas e exaustivamente repetidas, para tentar ouvir "o rumor da língua", "imenso tecido sonoro no qual o aparelho semântico se encontraria irrealizado". Deixar espaço para a eclosão de sentidos novos, que encontrariam sua forma num futuro desejado: "Ouvir ao longe um som doravante liberto de todas as agressões de que o signo, formado na triste e selvagem história dos homens, é a caixa de Pandora" (*O rumor da língua*).

Tal utopia implicava um suicídio: o do intelectual, formado e reconhecido num século perpassado pela "guerra dos sentidos". Essa empresa de libertação e de renovação da linguagem, própria da linguagem poética, colocava o autor de ensaios entre dois abismos: o ilegível e a bobagem. "Ilegível" foi o qualificativo que lhe deram no momento da velha polêmica da "nova crítica". "Tolo" era o que ele pensava dos discursos que se levam demasiadamente a sério.

Depois de ter acuado, com extraordinário brilho, a bobagem camuflada nos discursos mediáticos (*Mitologias*), ele se dedicara à prática dos próprios discursos em que a tolice o seduzia e ameaçava. Assim, em *Roland Barthes por Roland Barthes*, ele esgotou a "bobagem egotista" da auto-imagem, e nos *Fragmentos de um discurso amoroso* desmontou, com a delicadeza que lhe ditava a simpatia, a tolice patética da fala apaixonada. Faltava-lhe enfrentar um terceiro tipo de discurso, carregado de asserções e de estereótipos: o discurso político. O projeto tardio e irrealizado de um "diário político" o tentava e intimidava: "Seria preciso uma coragem enorme, mas talvez isso exorcizasse essa mistura de tédio, de medo e de indignação que constitui para mim o Político (ou melhor, a Política)" (*Deliberação*).

O projeto era bom e seus temores, infundados. Atualmente, quem se sentiria no direito de contestar a desmistificação do discurso político então dominante? Tal desmontagem, aliás, não seria nem mesmo necessária, pois o discurso político se desagregou ele mesmo diante dos acontecimentos. Ou, pelo menos, perdeu muito de suas certezas e de sua arrogância.

Contra o discurso da arrogância e a histeria dos debates, Barthes propunha "a palavra calma", a delicadeza da enunciação e a disponibilidade do ouvido às múltiplas linguagens que tentam atravessar a barreira do som: "Que ao ouvir, ao falar, ao responder, eu nunca seja o autor de um julgamento, de uma sujeição, o procurador de uma Causa" ("Escritores, intelectuais, professores", em *O rumor da língua*). Bonito demais para ser realizável? Liberalismo frouxo? O fato é que hoje, no mundo ocidental, os procuradores andam à míngua de causas, e os julgamentos se tornaram muito mais prudentes.

Curioso lugar, o de Barthes. Em sua inadaptação ao moderno, em sua nostalgia dos valores clássicos, ele era um homem do passado; por seu ceticismo, seu ecletismo, seu hedonismo e sua errância, ele era um pós-moderno. Com um faro impressionante ele anunciava, contra a corrente dos anos 70, vários temas que dominariam a época seguinte: o prazer e o medo, o individualismo e o corpo, o romanesco e a sedução, o Japão... Tudo isso viria a ocupar os meios de comunicação nos anos 80, infelizmente sem a sutileza e a generosidade de Barthes. Ele, que renunciara de repente a ser moderno (*Deliberação*), já tinha o tom *cool* da década seguinte.

Marcado, em sua juventude, pelas preocupações éticas do existencialismo e pelas esperanças do marxismo, ele viveu, no fim da sua vida, a triste época da "morte das ideologias", da desconfiança nos signos, da saturação das mensagens reduzidas ao simples estado de ruído. A história tardava a realizar-se como se esperava, e a arte tinha esgotado todas as novidades. Os mitos da sociedade de consumo, que ele apontara nos anos 50, triunfavam com uma desfaçatez tal que a tarefa do mitoclasta se tornara inócua; os consumidores não eram mais enganados, eram coniventes. As novas propostas de sua crítica literária tinham sido diluídas e assimiladas pelo sistema universitário, transformando-se em novos academismos.

No fim de sua vida, até mesmo a literatura, sua única e constante paixão, parecia-lhe um esplendor passado: "Amo a literatura, amo-a de um modo dilacerante, no próprio momento em que ela definha?" (*Deliberação*). O ensaio não lhe bastava mais, e o romance não era mais possível. Restava-lhe, sem muita convicção, o diário: pequenas anotações cotidianas, enquanto se espera por dias melhores. Estudos recentes sobre o "diário íntimo" mostram que este é geralmente praticado na infelicidade, que seus fragmentos são restos de naufrágio aos quais o diarista se agarra, precariamente, ou garrafas que ele lança, sem muitas esperanças, ao mar.

Em seu diário, Barthes registrou "a dupla postulação da literatura: a Justeza e a Inanidade". Uma vez mais, e a última, ele expunha sua duplicidade escritural: a justeza, postulado clássico de adequação de uma expressão ao conteúdo, e a inanidade, orgulhosa assunção dos modernos, desde Flaubert e Mallarmé. Em seus melhores textos, Barthes foi exato, preciso, elegante; e inútil ou inutilizável, isto é, poético.

Suas idéias, extraídas do texto em que elas se corporificam, podem parecer de curto alcance. Elas não adquirem a completude reconfortante de um pensamento, não têm aplicação prática imediata e não se enunciam no tom forte dos que arregimentam partidários. Entretanto, o modo como elas se colocam ilustra a "moral da forma" por ele buscada. O tom de sua voz, audível em sua escritura, e o lugar flutuante (receptivo, generoso) em que ele soube manter sua enunciação permanecem infinitamente sugestivos e aptos a ecoar, no devido tempo, em outras palavras.

Barthes e o pós-modernismo*

Barthes morreu há treze anos, em março de 1980. Enquanto outros mestres de sua geração, ao desaparecer, deixaram uma herança teórica que se pode explorar ou contestar, ele deixou um texto leve, fragmentário, inseparável de sua voz, de seu jeito de ser. E seus antigos discípulos não sabem muito bem o que fazer daquele que, mais do que qualquer outra coisa, é uma lembrança forte e pessoal.

A própria morte do mestre foi sentida por eles como um abandono, uma traição. Ele gostava de citar Valéry: "Nem mesmo um deus ousaria tomar como lema este dito: eu decepciono". Pois, ainda vivo, ele já havia decepcionado alguns de seus seguidores. Prometeu uma ciência dos signos (a semiologia), ela o aborreceu, ele a abandonou. Prometeu o desejo e o prazer, ambos o abandonaram. Anunciou um romance, nunca o escreveu. Deixou-se matar, num acidente suicida; e isso foi imperdoável. Dois livros recente-

* "Roland Barthes: comment s'en débarrasser", *La Quinzaine littéraire*, nº 618, Paris, 16 a 28/2/1993, e *Cultura*, *O Estado de S. Paulo*, 10/4/1993.

mente publicados na França dão testemunho da marca deixada por Barthes naqueles que o conheceram de perto: *Roland Barthes*, de Patrick Mauriès (Paris, Gallimard, 1992), e *Le corps couché de Roland Barthes*, de Martin Melkonian (Paris, Armand Colin, 1989). Os dois autores assumem posturas bem diferentes diante dessa lembrança.

O primeiro conta como, jovem liceano de província, enviou ao mestre cartas "desajeitadas e cacográficas", às quais este respondeu. Como vários dos que se aproximaram de Barthes, o aluno sofreu o medo de o aborrecer, já que este não conseguia esconder o tédio ocasionalmente provocado por seus interlocutores. O segundo discípulo parece não ter tido nenhum receio. Sua aproximação, segundo ele, não foi uma demanda mas uma "interpelação". E o modo como ele continua falando do mestre é, em suas próprias palavras, "contrariante".

Vejamos o que resulta de aproximações tão diversas. O texto de Mauriès teria agradado a Barthes. São fragmentos à moda do mestre e, freqüentemente, à altura deste, pela elegância e pela inteligência afetiva. Esse livro corresponde ao desejo expresso pelo escritor de encontrar, depois de sua morte, um biógrafo amável que só retivesse dele "um plural de encantos". Mas não se trata de um livro piedoso ou piegas. O biógrafo demonstra perplexidade, tanto quanto admiração. Ele nos dá alguns retratos concisos e parecidos, o que não é coisa fácil em se tratando de modelo tão mutável e investido de imagens de toda espécie. Vemos, assim, ressurgir aquele físico "que não combinava com sua escritura" e aquele rosto "cujos traços não combinavam uns com os outros": os belos olhos claros e o nariz torto, a testa nobre e a boca pesada, a elegância gestual e a tendência à gordura. Um professor benevolente mas não desprovido de crueldade, uma pessoa toda "em dissonâncias", como "os buracos e manchas que constelavam seus pulôveres caros de *cashmere*" (eis um "biografema" como os propostos por Barthes). O que move a escritura de Mauriès é o desejo de manter vivo o mestre, de evitar que ele se torne, por falta de quem o recorde, "um ser que nunca existiu".

Esse livro é ainda o equivalente escrito de um álbum de fotografias. O que aí se encontra não é apenas Barthes mas todo um ambiente em torno dele, um ambiente agora tão desaparecido quanto ele: "Era a época em que os rapazes usavam bijuterias de bronze ou de ferro batido, anéis com uma turmalina ou um olho-de-gato; em que as moças utilizavam intensamente o henê, o khôl e o pachuli [...] Em que os quartos dos estudantes eram cheios de gravuras orientais baratas, almofadas, rendas velhas, trapos de toda espécie, tapetes de pele de cabra, móveis de plástico". Túnel do tempo, nostalgia dos *sixties*. "Isso era assim", como disse Barthes das fotografias (*A câmara clara*).

Já no livro de Melkonian não há lembranças, mas uma análise fria e julgamentos. Na verdade, uma psicanálise elementar que ninguém contestaria: a mãe de Barthes está na origem de tudo, do melhor e do pior. Segundo esse analista, sobretudo do pior. Para o comprovar, ele traça um paralelo entre a mãe de Barthes e a mãe de Proust. Poderosas, essas mães de *Psicose*, balançando eternamente em suas cadeiras plantadas nas obras dos filhos!

Apoiado em citações, Melkonian é implacável. A argumentação é convincente, mas a enunciação deixa aparecer, se não uma condenação, pelo menos muitas queixas e reclamações. Barthes é culpado (e vítima) de uma falta de abertura ao Outro, de promessas não cumpridas, de uma "sedução fria beirando à mentira", de "confusões mentais", de "relaxamentos teóricos", em suma, de "uma patologia do ser". Desconfia-se que o maior erro de Barthes tenha sido o de "estender um espelho que não nos reflete", isto é, que não devolveu, ao autor do livro, a imagem que ele queria. Não é pois de estranhar que o texto desemboque numa evocação vingativa do corpo morto de Barthes: "Seu corpo ferido, machucado. Seu corpo transformado em pó. Seu corpo comido pelos vermes negro-azulados. Seu corpo dilatado, inchado, tocando a terra". A última palavra do livro é PAX. Aqui jaz. E lá vai uma pá de cal.

Apesar das diferenças, os dois livros são discursos amorosos. As censuras de Melkonian correspondem a uma das formas do discurso apaixonado reconhecidas por Barthes, a figura do "même pas": "Ele (ou ela) *nem ao menos* fez isso ou aquilo...". Diferenças à parte, fica evidente que é difícil esquecer Barthes, e mais difícil encontrar o lugar certo para colocar sua lembrança: no fundo do coração? no currículo universitário? na bibliografia? no arquivo morto?

O que é preciso lembrar é que o luto pela mãe não foi a única causa da depressão final de Barthes. Por mais influente que tenha sido essa perda pessoal, o fato é que esse acontecimento coincidiu com um declínio geral das idéias e das formas. Os anos 60 e 70 tinham sido extraordinariamente férteis e estimulantes. Como diz Mauriès, "era um momento de grande promessa, como na sociedade em geral; esperávamos possibilidades subitamente abertas, fugitivas utopias". É por isso que, quando ele pergunta: "O que é que perdemos com Roland Barthes?", seria preciso responder: nossa juventude e nossas ilusões. Barthes não é o único culpado das promessas não cumpridas.

Enquanto os ex-discípulos elaboram o luto pelo mestre, os universitários americanos encontram um outro modo de o matar: transformá-lo, *post mortem*, em guru do pós-modernismo. Fazendo um balanço em *Condição pós-moderna* (Loyola, 1992), David Harvey diz que Barthes foi "uma das figuras centrais do pós-modernismo".

O termo *pós-modernismo* é uma criação americana que Lyotard levou para a França, provocando as polêmicas que se conhecem. O termo continua entretanto pouco usado no discurso universitário francês. Barthes não viveu o suficiente para se pronunciar a respeito. Os americanos o etiquetam de pós-modernista porque ele colaborou para a derrocada das "metanarrativas totalizantes e legitimadoras", pregou a dissolução do sujeito numa *jouissance* egotista, estetizou a vida etc. Os americanos sempre viram Barthes como uma espécie de Maurice Chevalier da teoria, um dândi tipicamente *French*, com uma taça de champanha na mão e um dito picante na boca. Mesmo Susan Sontag, que o admirava, o imagina assim. Ora, para colar em Barthes essa etiqueta de esteta irresponsável e bem integrado no mundo contemporâneo é preciso ou ter lido muito mal sua obra ou varrer muita coisa para debaixo do tapete, principalmente suas preocupações éticas. A. Huyssen chega mesmo ao absurdo de dizer que Barthes pregava o *plaisir* para a ralé e a *jouissance* para os *yuppies*, e David Harvey (que também parece não ter lido *O prazer do texto*) acha que essa imagem "pode ser bem apropriada"!

Barthes, como se sabe, foi inicialmente o corrosivo destruidor dos mitos da mídia, das aparências enganosas da publicidade consumista, da boa consciência burguesa (*Mitologias*). Essa base marxista de sua leitura deixou de ser explícita nos anos 70, mas nunca desapareceu de todo: significação, história e ética sempre foram as palavras-chave de sua obra. As três são palavras proscritas ou ignoradas pelo pós-modernismo. Ao abandonar progressivamente suas certezas teóricas, a partir de *O prazer do texto* (1973), Barthes foi avançando por um caminho que não lhe trouxe grande satisfação pessoal ou escritural. Em *Roland Barthes por Roland Barthes* (1975) já há várias marcas disso: a má consciência de ser "um mau sujeito político" (que é ainda própria de um sujeito político), o tédio diante do Texto que degenerava em Tagarelice (isto é, em ausência de significação), a busca de uma postura ética que não fosse moralista, a nostalgia de certos valores passados, não como mera citação pós-moderna, mas como pertencentes a tempos efetivamente melhores para as relações humanas e para a arte. "Na cidade, na rua, sou bombardeado de informações — não de significações" (*Deliberação*, 1979).

No momento em que perdeu a mãe, tudo aquilo que nele estava desmoronando veio abaixo. Dentro da pós-modernidade reinante, Barthes se viu como o aprendiz de feiticeiro. Ele, que nem ao menos tinha assumido plenamente a modernidade estética (veja-se, em *O grau zero da escritura*, a inveja de Voltaire como "o último escritor feliz", e a caracterização da poesia moderna como hostil, não comunicativa, "sem ternura", "uma linguagem cuja violência de autonomia destrói todo alcance ético"), tinha entretanto defendido essa modernidade até as últimas conseqüências. Tinha proposto a dissolução do sujeito e a valorização do corpo; viu-se, de fato, num mundo superpovoado de corpos incomunicáveis e vazio de gente. Desejara a "isenção do sentido"; encontrou não o vazio zen da liberdade e do gozo, mas o simples esgotamento do sentido e a repetição citacional. Em vez das diferenças que defendia, começou a ver uma série de "minorias" intolerantes ou a indiferença generalizada: "Pequenos fatos incríveis: no Egito, teriam decidido punir com a morte os muçulmanos que se convertessem a outra religião. Na URSS, uma cooperante francesa foi expulsa porque teria dado de presente roupas íntimas a uma amiga soviética. Fazer um dicionário contemporâneo das intolerâncias (a literatura, no caso em pauta Voltaire, não pode ser abandonada enquanto subsistir o mal de que ela deu testemunho)" (*Deliberação*).

Pode-se chamar de pós-moderna essa preocupação? A tolerância era um valor iluminista de que ele não queria abrir mão.

Também não abria mão da "alta cultura", música erudita e grande literatura. À noite, lia Chateaubriand ou Tolstoi. Desejava escrever um romance de verdade e isso, para o fragmentista moderno, já não era mais possível. Reconheceu estar num "marasmo" (*Deliberação*). O lugar de Barthes, portanto, não era o pós-modernismo, mas bem antes, entre o classicismo e a modernidade, entre o prazer e o gozo: "sujeito incerto" (*Aula*, 1977), escritor a cavalo entre duas sensibilidades. Naquele lugar paradoxal, de onde combatia as certezas metafísicas, as teorias totalitárias, os clichês da *dóxa*, e defendia as vanguardas modernas num estilo prazeroso e sedutor (clássico), ele produziu o melhor de sua obra. No palco de espelhos da pós-modernidade, ele se sentiu tão desnorteado que se deixou atropelar e morrer.

O efeito Derrida*

A obra de Jacques Derrida exerceu uma grande influência na teoria e na crítica literárias das últimas três décadas. Desde a publicação de *A escritura e a diferença* e *Da gramatologia*, em 1967, suas propostas têm tido uma repercussão internacional, sob o nome de desconstrução (ou desconstrucionismo). Que essa repercussão tenha por vezes assumido formas imprevistas ou mesmo indesejadas pelo filósofo, isso é apenas parte do efeito Derrida.

Para tratar dos efeitos da desconstrução nos estudos literários, convém lembrar alguns pontos dessa proposta, que serão aqui forçosamente simplificados. A desconstrução nasceu na área filosófica mas não é exclusivamente filosófica, nem mesmo filosófica no sentido tradicional da filosofia. Não é um sistema nem um método. É uma prática de leitura crítica e, em Derrida, uma *escritura* dessa leitura. Talvez convenha falar dessa prática como o faz o próprio Derrida, que a designa como "aquilo que foi chamado de des-

* *Mais!*, *Folha de S.Paulo*, 3/12/1995. Número especial dedicado à visita de Derrida a São Paulo.

construção", evitando transformá-la em sistema conceitual, método ou grupo homogêneo de pensadores, o que é contrário a seus propósitos.

A desconstrução é uma leitura crítica dos textos filosóficos e literários (cujas fronteiras genéricas ela contesta), uma "estratégia geral, teórica e sistemática" (*Positions*) de decomposição dos discursos, revelando seus pressupostos, suas ambigüidades, contradições e não-ditos. Essa leitura crítica visa à subversão da metafísica ocidental (isto é, toda a tradição filosófica de Platão a Hegel, e além), apontada como logocêntrica e dominadora. Ela tem suas raízes filosóficas em Kant, Nietzsche e Heidegger. Mas com sua obstinação (ou seu cuidado) em descobrir contradições e paradoxos, ela desconstrói muitos aspectos desses discursos que lhe são afins.

O discurso de Derrida nunca é totalmente contrário àqueles que ele desconstrói. Ele não trabalha com o *sim* ou o *não*, porque esse dualismo supõe o conceito de verdade e visa, na dialética hegeliana, à unificação final dos opostos num saber absoluto. Daí a multiplicação, em seu estilo, das expressões "por um lado... por outro...". Mas não se trata absolutamente de ficar na indefinição. Trata-se de um trabalho *no interior* dos discursos metafísicos ocidentais (todos o são, em certa medida, inclusive o discurso desconstrucionista, porque a metafísica *habita* nossas línguas), uma "prática vigilante" que os desestabiliza, deslocando seus limites. A estratégia desconstrucionista consiste em *residir* nesses discursos, para os submeter a uma interrogação que, não sendo teleológica, é interminável. Uma dialética sem síntese final, se é que nesse caso ainda se pode falar em dialética. A ambivalência, a duplicidade, a dubiedade são constantes na teoria desconstrucionista, e reconhecendo isso ela desconstrói, de antemão, muitas das acusações que lhe são feitas.

Em que medida essa atividade se interessa por, ou interessa à literatura? Derrida foi, desde o início, um teórico da escrita. Segundo ele, haveria nesta um suplemento e uma disseminação de sentidos que o idealismo filosófico sempre temeu e reprimiu. O idealismo privilegia a fala e a voz, como mais próximas da verdade do Ser ou da Idéia, em detrimento da escrita, considerada tradicionalmente um simulacro diabólico, "exterior à memória, produtora não de ciência mas de opinião, não de verdade mas de aparência" (*A disseminação*). A esse privilégio concedido à fala, Derrida chamou de *fonocentrismo*. Os filósofos idealistas consideram a fala como unívoca, associada à autoridade e à presença do sentido. O *fonocentrismo* está intimamente ligado ao *logocentrismo*. O *Lógos* é o Pai que vigia a escrita, e os escritores desafiam esse pai.

A questão maior da desconstrução é a do sentido na linguagem. Mas "o sentido" não faz sentido para Derrida, porque falar do sentido, no singular, seria estar dentro do idealismo que ele combate. A escrita não tem sentidos unívocos; ela produz sentidos, os quais, mais do que múltiplos (polissemia), são sempre relacionais, incertos e não sabidos, diferentes e diferidos. Os conceitos desconstruídos por Derrida são os de significado, verdade, ser, essência. A esses conceitos, ele opõe as noções *diferência* (*différance*) e *rastro* (*trace*). A *diferência* é o próprio movimento do sentido, que só existe numa rede de elementos passados e futuros, numa economia de *rastros*.

Vê-se logo que esse tipo de leitura, crítico com relação ao discurso filosófico institucional (conceitual e logocêntrico), encontra sua confirmação mais eloqüente nos textos literários. Os que lidam com a literatura, principalmente com a poesia, aceitam mais facilmente do que os filósofos a afirmação de que as obras verbais não têm um sentido único e final, mas uma significância, ou poder de criar sentidos que se renovam a cada leitura e através do tempo.

Encaram a obra verbal não como reflexo do mundo, nem como resposta ao mundo, mas como pergunta sempre reformulada, ou como mentira que diz a verdade. Na teoria literária contemporânea é ponto mais ou menos pacífico que, no texto literário, é o modo de dizer (a *expressão*) que cria o *conteúdo*. E que o próprio sujeito do discurso, na literatura, é um efeito textual (o eu lírico, o narrador etc.).

Na efervescência teórica do fim dos anos 60 e início dos 70, foi Derrida quem forneceu embasamento e rigor filosófico aos teóricos da *escritura* e do *texto*. Ele foi um crítico agudo do estruturalismo lingüístico e literário, quando este era o método dominante. No próprio momento em que se descobria Saussure, e em que a lingüística se colocava como "ciência piloto", Derrida mostrava que o conceito lingüístico de signo é "uma relíquia da metafísica".

Vários foram os teóricos e críticos literários atentos às propostas de Derrida. Barthes, depois de um breve idílio com a semiologia, deu uma virada nietzschiana com *O prazer do texto* e ficou muito mais próximo de Derrida do que dos lingüistas e semiólogos. Julia Kristeva e todo o grupo Tel Quel aprenderam muito com Derrida, mas demoraram mais do que este para ver que a aliança da lingüística e da semiótica com o marxismo e a psicanálise esbarrava em incompatibilidades de princípios. O grupo Tel Quel também insistiu demasiado na idéia de *ruptura*, de *corte*, de *revolução*, que implicava uma visão linear e teleológica da história, evidentemente rejeitada por Derrida, que preferia falar em "deslocamento dos limites do fechamento [*clôture*]".

Os nomes e as teorias desses intelectuais franceses bastam para mostrar como aquilo que se chamou de "estruturalismo francês" dos anos 60-70 foi muito mais complexo do que se diz, e como o termo *pós-estruturalismo* (muito usado nos Estados Unidos) é passível de desconstrução (porque supõe uma história linear, porque pretende unificar sob a mesma denominação um momento de grandes debates internos).

Da França, as teorias de Derrida passaram aos Estados Unidos, onde encontraram calorosa acolhida principalmente na Universidade de Yale. Rejeitando a leitura conceitual como essencialista, os desconstrucionistas norte-americanos preferem a leitura retórica, que desmonta os artifícios da linguagem utilizando seus próprios recursos figurais. Alguns, como Paul de Man, consideram que os tropos e as figuras não são acidentes ou ornatos discursivos, mas constitutivos de qualquer discurso. O tropo, para ele, é o paradigma lingüístico por excelência (*Allegories of reading*). Mas a retórica clássica, como era de se esperar, também é desconstruída por eles, no que ela implica de filosofia idealista.

O grande êxito da desconstrução nos Estados Unidos se deve, em parte, a certas afinidades com o *close reading* do New Criticism. A retomada de algumas propostas da estética kantiana, dos teóricos do romantismo alemão e sobretudo de Nietzsche via Heidegger (jogo, vontade de potência, aliança ou identificação da poesia com a filosofia, reflexões sobre e prática das figuras retóricas, proposta de uma crítica-escritura etc.) é muito rentável, na crítica literária, para os textos do romantismo até os dias de hoje. Sua aplicação a textos anteriores já é discutível. Não por acaso, a maioria das análises dos desconstrucionistas norte-americanos (De Man, Hartmann, Hillis Miller) incide sobre a poesia romântica, e as principais referências literárias de Derrida são Mallarmé, Lautréamont, Joyce, Blanchot, Artaud e outros modernos.

Por essa adequação do objeto literário da modernidade a seus pressupostos e propósitos, o desconstrutivismo franco-americano desenvolveu-se na área literária mais do que na filosófica. Na área que ainda se defende como especificamente filosófica, a aceitação da postura desconstrucionista é muito mais polêmica. Nas áreas política e sociológica, os ataques a Derrida e à desconstrução foram violentos, e nem sempre respeitosos daquilo que de fato o filósofo escreveu. As acusações mais freqüentemente dirigidas a Derrida e aos desconstrucionistas são as de "aistoricismo", "descontextualização" e "niilismo". A exploração, nos anos 80, do passado pró-nazista de Heidegger e de Paul de Man veio pôr água na fervura. A resposta de Derrida foi dada em *Heidegger, la question* (1987) e em *Mémoires pour Paul de Man* (1988). Considerando que o discurso é inseparável da vontade de potência, e que desfazer as tramas do discurso é uma atividade ética, Derrida afirma que "a desconstrução não é um assunto discursivo e teórico mas prático-político" (*Carte postale*).

A contribuição da desconstrução para a crítica literária foi uma fundamentação filosófica mais rigorosa, que resultou no aguçamento do senso crítico com relação aos textos, no afinamento dos instrumentos de leitura, e no estímulo à criatividade escritural. A crítica desconstrucionista permitiu o ultrapassamento do formalismo tecnicista que começava a dominar nas universidades como "método científico".

Mas a desconstrução, por suas próprias premissas, tende a chegar a aporias. Como falar de crítica se já em 1972 Derrida se perguntava se a crítica literária não estaria presa ao "mimetologismo metafísico", e se o próprio projeto de um *krínein* (julgar) não estaria minado pela postulação da *diferência*, do descentramento, e pelos próprios textos literários da modernidade (*La dissémination*)? De fato, como propor uma crítica desprovida do conceito de verdade e de uma hierarquia de valores consensuais? A partir de que Centro (recusado, desconstruído) ela se enunciaria?

Além disso, se se leva ao extremo a opacidade e a disseminação do sentido, na leitura das obras literárias, assume-se o risco de declará-las ilegíveis, como fazem De Man e Hillis Miller, na esteira de Schlegel, que já no século XVIII desafiava o racionalismo das Luzes em *Sobre a incompreensibilidade.* Ou o risco de projetar nelas sentidos que estão apenas no leitor, desconhecendo aqueles limites que Barthes colocou ao falar da *validade* da crítica (*Crítica e verdade*), e caindo naquilo que Umberto Eco chama de *overinterpretation.* Se a literatura, por sua própria natureza, condena o crítico a uma certa *cegueira*, permitindo-lhe apenas *vislumbres*, por que uma leitura se consideraria mais lúcida (já que um desconstrucionista jamais diria "mais autorizada") do que outra? *Blindness and insight* é o título de um dos livros de Paul de Man. É preciso entretanto lembrar que o próprio Derrida, ao propor a leitura-escritura como jogo, alertava para os limites do mesmo: "Não terá entendido nada do jogo aquele que se sentir autorizado a extrapolar, a acrescentar coisas a esmo" (*La dissémination*).

Outra grande contribuição de Derrida e dos desconstrucionistas foi a de abalar a dominação do Centro, de liberar assim as "margens" (as quais, na ausência de um centro, seriam não margens, mas diferenças), sejam elas as formas não canônicas da literatura (paródia, pastiche etc.) ou as expressões particulares de literaturas antes marginalizadas por situação geográfica ou opressão ideológica. A desconstrução abriu caminho para os estudos de literaturas emergentes ou de grupos minoritários, desembocando no grande êxito atual dos "estudos culturais" e na contestação do cânone ocidental.

Sem dúvida, isso foi uma abertura revolucionária nos estudos literários, como ideologia democrática e não preconceituosa. Mas, simplificada e banalizada nos estudos culturais, a desconstrução chega a novos paradoxos. O questionamento dos valores estéticos em que se baseia o cânone ocidental acabou levando à valorização das obras por critérios exclusivamente ideológicos, por seus conteúdos "politicamente corretos". Além disso, a proposta anárquica (no sentido de oposta à dominação) desembocou na criação de novas disciplinas institucionais (estudos feministas, negros, gays, chicanos, nativos), que *tomaram o poder* em várias universidades americanas, oprimindo e suprimindo as anteriores. Desconstrucionistas como Hillis Miller dedicam-se agora à reflexão sobre as vantagens e perigos dos estudos culturais, sobre o impacto da informática na cultura e sobre as mutações sociais e políticas decorrentes dessas novas tendências (*Illustration*, 1992).

A teorização da pós-modernidade também deve muito à desconstrução. Mas a maioria das práticas estéticas pós-modernas apenas se aproveita de algumas propostas da desconstrução para aplicá-las sem nenhuma crítica, numa espécie de brincadeira em que vale tudo. A negação da história linear resulta em mera colagem de anacronismos, a contestação do Centro desemboca num multiculturalismo neoliberal e ainda etnocêntrico. Desprovidos da grande cultura filosófica e literária de Derrida, alguns leitores pós-modernos, em vez de efetuar como ele um deslocamento crítico e sistemático dos limites do logocentrismo, contentam-se com contestações epidérmicas, e se comprazem nas aporias da desconstrução.

De qualquer maneira, as incidências da desconstrução na teoria e na prática literária contemporâneas são inegáveis, e as questões por ela suscitadas continuam em aberto, provocando controvérsias. Não é isso a prova de sua renovada atualidade?

Leituras de poesia*

Leitura de poesia (org. Alfredo Bosi, São Paulo, Ática, 1996) é um livro discreto e importantíssimo. Discreto, porque ele se apresenta singelamente como "um conjunto de análises e interpretações de textos poéticos brasileiros" (p. 49). Importantíssimo, porque ele surge em tempos de aparente carência crítica. Numa época de vale-tudo estético, em que a obra literária se destina à degustação rápida e egotista, em que o ensino da literatura parece algo anacrônico, tendendo a transformar-se em mero apêndice dos "estudos culturais", um grupo de oito universitários se debruça sobre poemas da modernidade brasileira, com amor, vagar e competência. São eles, pela ordem, além do organizador: Alcides Vilaça, Benedito Nunes, Fábio de Souza Andrade, João Luiz Lafetá, Jorge Koshiyama, José Miguel Wisnik e Murilo Marcondes de Moura. Alguns desses universitários são nomes consagrados da crítica brasileira; outros, mais jovens, são nomes confirmados; e um deles ainda está em suas primeiras provas. A presença dessas três catego-

* *Caderno de Resenhas, Folha de S.Paulo*, 14/2/1997.

rias de leitores de poesia já é, por si só, prova de continuidade e promessa de futuro.

O livro pretende ser uma "amostra significativa das diferentes formas de ler uma obra poética". Uma amostra significativa de leituras depende, em grande parte, de uma amostra significativa de textos. Como diziam Pound e Valéry, a escolha é fundamental. A seleção de poemas analisados é, sem dúvida, significativa: Mário de Andrade, Manuel Bandeira, Murilo Mendes, Jorge de Lima, João Cabral de Melo Neto e Mário Faustino são nomes incontestes da melhor poesia brasileira do século XX.

Os dois nomes restantes surpreendem, um pela não-canonicidade — Caetano Veloso —, outro pela vetustez acadêmica — Raimundo Correia. Já que fui gentilmente solicitada a opinar sobre essas leituras, avanço um julgamento pessoal. A presença de Caetano Veloso nesse conjunto não destoa, a de Raimundo Correia, sim. O soneto "Anoitecer" desafina aí, histórica e esteticamente. Por mais que Bosi se esforce por mostrar as belezas do poema, o leitor de poesia se lembrará, forçosamente, que sobre o referido tema existem coisas bem melhores, de Baudelaire a Pessoa. O próprio fecho do poema "Banzo", de Mário de Andrade, citado na análise, evidencia o convencionalismo do soneto de Raimundo Correia.

Antes de me ater a algumas dessas análises particulares, parece-me importante uma visão geral dessas maneiras de ler e de ensinar a ler poesia. Não há uma linha teórica ou metodológica privilegiada de antemão, mas uma grande abertura de informação e de prática. Um rápido levantamento de nomes citados no volume (que não tem índice onomástico) pode ser ilustrativo. O leque de teóricos e críticos é muito vasto: vai de Croce e Bachelard a Ricoeur e Lacan, passando por Dámaso Alonso, Spitzer, Curtius, Wellek e Warren, Ogden e Richards, Jakobson, Bakhtin, Benjamin, Auerbach, Lukács, Adorno, Horkheimer, Ingarden, Erlich, e muitos outros.

O ensaio inicial de Alfredo Bosi, intitulado "Sobre alguns modos de ler poesia: memórias e reflexões", é um importante balanço dos métodos críticos que contribuíram para a formação dos professores de literatura do final dos anos 50 até os dias de hoje, em especial na Universidade de São Paulo. Dosando sutilmente o relato de sua formação pessoal com a reflexão sobre as teorias poéticas desse período, Alfredo Bosi demonstra várias coisas: primeiro, que um bom leitor de poesia não nasce feito, mas se forma; segundo, que o ensino da literatura na USP ofereceu, nesses quarenta anos, a possibilidade de se conhecerem todas as principais teorias poéticas do século XX e a liberdade de as combinar de modo pessoal.

O ensaio de Alfredo Bosi confirma o que já sabemos, a partir de seus livros, obras de referência obrigatória da cultura brasileira. Bosi é um mestre no manuseio de um vasto repertório de leituras, que ele percorre com a desenvoltura e a despretensão que caracterizam aqueles que possuem um real saber. É bastante ilustrativo de sua honestidade intelectual o fato de que ele tenha refletido com isenção sobre tendências que não abraçou pessoalmente. Assim, a análise que ele faz dos impasses do estruturalismo francês não o impede de reconhecer que esse movimento não foi em toda parte um mero modismo, e que sua superação se iniciou na obra dos próprios estruturalistas, e não por efeito de uma crítica exterior. Bosi é também um mestre estilista, dono de uma escrita clara e cristalina em que irrompem, discretos mas mordentes, numerosos traços de humor e ironia. Esse ensaio introdutor é ao mesmo tempo um precioso documento de história cultural e um deleite, pela fineza das observações, até mesmo daquelas com as quais o leitor possa não concordar.

Não tendo aqui espaço para comentar todas as leituras de poemas, destacarei algumas que me parecem especialmente felizes. A leitura de poemas de *Paulicéia desvairada*, por João Luiz Lafetá, é levada a efeito com uma sensibilidade e uma segurança que nos fazem lamentar ainda mais o desaparecimento recente do crítico. Contestando, de modo elegante, as leituras feitas por Roberto Schwarz e Luiz Costa Lima, que, cada um à sua maneira, viram os "defeitos" desse primeiro Mário de Andrade, Lafetá mostra que a tensão entre o "eu" do poeta e a cidade, entre o subjetivismo e o objetivismo, não se poderia resolver harmoniosamente em benefício de um ou de outro, ou em equilíbrio de ambos, mas é constitutiva do tema e da fatura do livro.

Inspirando-se nas considerações de Krystyna Pomorska sobre o eu lírico do acmeísmo russo (movimento contemporâneo ao nosso modernismo), Lafetá mostra que há uma perfeita simbiose entre o eu e a cidade. As rupturas de tom não se devem a um subjetivismo excessivo do poeta, mas ao confronto do poeta com essa cidade ela mesma em transformação, em fragmentação, em desvario. "Apesar de marcada pela subjetividade, a linguagem do poema mantém grande concretude" (p. 75), nas referências ao real da cidade, tanto um real topológico (ruas, casas comerciais etc.) como um real da linguagem coloquial daquele momento. Assim, em suas tensões e dissonâncias, *Paulicéia desvairada* comprova o que o próprio Mário disse num texto de 1924: "Muitas vezes o defeito é uma circunstância de beleza". O desafio enfrentado pelo poeta era o de unir "a notação objetiva dos aspectos da cidade moderna com o tumulto de sensações do homem moderno"; ora, "o fato de ter tentado forjar essa modernidade da representação foi o lance feliz de Mário de Andrade: nesse instante, e retomando agora a frase de Adorno, um momento histórico fez-se essencial em sua obra" (p. 62).

A leitura de João Cabral por Alcides Vilaça se baseia numa reflexão densa e rigorosa sobre a poesia em geral e sobre o projeto particular do poeta. Como no caso da análise de Mário de Andrade por Lafetá, essa reflexão necessita da análise de mais de um poema, para mostrar constantes e para comprovar a abrangência da leitura defendida. Vilaça é particularmente feliz na demonstração da relação entre a forma de João Cabral e a ética que a anima: "A precisão da linguagem de Cabral é conforme a valores éticos básicos, que lhe dão propriedade expansiva ao mesmo tempo em que determinam seus limites. É uma ética da afirmação do elementar sobre o compósito, do limpo sobre o sujo, do analítico sobre o sintético, do ordenado sobre o caótico, do deduzido sobre o especulado" (p. 149). Essas categorias criam "uma espécie de traduzibilidade geral" entre os poemas, que permitem um diálogo entre vários lugares, artes, ofícios e ritos. É essa "traduzibilidade" que Vilaça demonstra de modo eficiente. Gostaria, porém, de ver mais bem explicitados alguns ataques a "uma leitura estritamente formalista de João Cabral". A não ser como descrição puramente fônica, gramatical ou retórica, que leitura de João Cabral, ou de qualquer poesia, poderia ser "estritamente formalista"?

Benedito Nunes, leitor de Mário Faustino, está, a meu ver, na categoria *hors concours*. Um fino crítico como Benedito Nunes, lendo um poema belíssimo como "Juventude", de Mário Faustino, é algo que coloca a poesia e a crítica brasileiras no seu mais alto patamar. O crítico se desincumbe da difícil tarefa de mostrar a particularidade de um poema cujo tema não poderia ser mais geral: amor e morte, tempo e eternidade. Ao mesmo tempo que usa, discretamente, seu vasto arsenal filosófico, ele procede a uma leitura musical do poema, ressaltando sua "avassaladora sonoridade", seu "efeito encantatório" por iteração, paronomásia e ritmo ondulatório. O poema de Mário Faustino se revela, assim, como próximo da essência da poesia lírica: "ação celebratória" ou, no conceito de

Valéry, desenvolvimento de uma exclamação em face da maravilha de haver mundo e vida.

A leitura da canção "Cajuína", de Caetano Veloso, por José Miguel Wisnik tem a riqueza que só um crítico dublê de músico poderia oferecer. Wisnik analisa a letra e a linha melódica da canção. Os "rendilhados sintáticos e sonoros típicos do cantador popular, sua rítmica, sua melódica, sua instrumentação" sustentam uma indagação filosófica fundamental e complexa. Os diagramas em que Wisnik nos mostra a colocação das palavras na frase musical lembram visualmente essa arte da renda, artesanato tradicional do Nordeste. Interpretando a obra como "uma canção sobre o dom e sobre a falta" (p. 198), ou "troca de dons na falta" (p. 216), o crítico mostra como os significados e os processos poéticos da letra (anagramatização, ritmo, acentuação) são otimizados pela melodia e pelo próprio canto de Caetano. A pergunta metafísica da canção — "existirmos, a que ser que se destina?" — é confrontada com as indagações de Heidegger, de Wittgenstein e da psicanálise, sem que se sinta nesse confronto nenhum pedantismo acadêmico. A fusão erudito-popular, que existe nessa como em outras canções de Caetano, se realiza na leitura com a mesma "naturalidade". A aproximação final com a pergunta do Miguilim de Guimarães Rosa — "Mãe, mas por que é, então, para que é que acontece tudo?" — nos leva a duas verificações: que as grandes perguntas dos artistas são as mesmas dos filósofos e que, como nos dois casos citados, a arte brasileira dá suas melhores respostas na fusão da tradição com a inovação, do regional com o universal.

Esse conjunto de textos críticos demonstra que há uma tradição uspiana de leitura de poesia. Mesmo que os críticos deste volume não sejam todos da USP, a coordenação de Alfredo Bosi supõe certas afinidades. Essa tradição não se caracteriza pela uniformidade teórica ou metodológica, mas pela seriedade no manejo do instrumental crítico, pela ausência de interpretações arbitrárias. É por esse amor e esse respeito ao texto poético que, na dedicatória do volume à memória de João Luiz Lafetá, este é caracterizado simplesmente como "leitor de poesia". Pode haver maior honra e maior prazer?

Casais Monteiro e o modernismo brasileiro*

Poucos intelectuais portugueses exilados se integraram tanto na vida cultural brasileira como Adolfo Casais Monteiro. Exilar-se, para Casais, não foi identificar-se até a perda da diferença; tampouco foi a vivência de um estrangeiro que apenas aguarda o momento da volta à sua terra. Casais viveu plenamente, desde o primeiro momento (1954) até o último (1972), a vida cultural de seu novo país. Para a cultura brasileira, foi um privilégio receber de presente, no seu dia-a-dia, um intelectual dessa estatura. Portugal, por sua vez, só o perdeu no dia-a-dia, pois ele prosseguiu, no Brasil, sua obra de poeta e crítico português. E ganharam ambos os países um intermediário empenhado em reuni-los.

A abundância da produção de Casais na imprensa cultural brasileira prova não apenas seu interesse pela literatura do país — que já demonstrara antes mesmo de exilar-se —, mas também um

* Comunicação apresentada no 2º Congresso Português de Literatura Brasileira, Faculdade de Letras do Porto, Portugal, maio de 1997. Publicado no *Caderno de Sábado, Jornal da Tarde*, São Paulo, 10/5/1997.

verdadeiro empenho em assumir posições e intervir nos debates locais. A situação de intermediário nem sempre foi cômoda para ele. Em várias ocasiões, ele exprimiu um certo mal-estar, decorrente menos de sua posição do que do modo como certos brasileiros o viam. É o que mostra o artigo "Entre a cruz e a caldeirinha" (*Suplemento Literário* de *O Estado de S. Paulo*, 19/3/1960), onde ele desabafava: "Porque não sou de lá nem de cá". Ou, respondendo a um articulista de outro jornal: "Aliás se sou, como ele diz, 'brasileiro adotivo' (o que muito me honra, se o mereço), seja isso desculpa aos olhos de quem ainda pensa que um português é pessoa suspeita por definição" (*SL*, 7/11/1959). Ou então, numa declaração anterior que deveria fazer envergonhar-se aqueles (felizmente poucos) que o tinham como suspeito: "Não sei isolar o bem que quero a meu país do bem que já quero a este" (*SL*, 4/1/1957).

Escolhi, para esta comunicação, uma pequena parte das reflexões de Casais Monteiro sobre a literatura brasileira: seus escritos sobre o modernismo e os modernistas. Não é meu objetivo glosar as considerações do crítico sobre o tema, nem retomar a comparação dos modernismos português e brasileiro esboçada por ele. Essa comparação, incorporando a contribuição de Casais, foi aprofundada e alargada por Arnaldo Saraiva, numa obra indispensável para os estudiosos dos modernismos de cá e de lá (*O modernismo brasileiro e o português — Subsídios para o seu estudo e para a história de suas relações*, Porto, 1986).

Se escolhi os escritos sobre o modernismo brasileiro é porque neles afloram os principais problemas teóricos que preocupavam o crítico, assim como as questões que ocupavam a crítica brasileira daquele momento (fim dos anos 50, começo dos anos 60). O que pretendo fazer é pinçar, nos artigos de Casais sobre o modernismo brasileiro, alguns pontos nevrálgicos, certos nós dos quais alguns já se desataram com o tempo, e outros que continuam atados; ou, se retomarmos a metáfora dos pontos nevrálgicos, alguns pontos que continuam a doer.

A leitura dos modernistas, vinte e tantos anos depois da Semana de Arte Moderna de 22, permitia já aos críticos brasileiros uma visão de conjunto do movimento. Mas as considerações éticas e políticas intervinham nesse julgamento, e, sobretudo, certos escritores que enveredavam por outros caminhos desejavam libertar-se do programa modernista. Os próprios modernistas sobreviventes rejeitavam o rótulo. Mário de Andrade já tinha feito seu *mea-culpa* em 42, na conferência "O movimento modernista". Oswald de Andrade tinha, primeiro, renegado o "sarampão antropofágico", e depois reafirmado a posição anterior, sem obter grande escuta, porque o meio literário já o tinha posto em injusta quarentena. O romance regionalista tinha ocupado o centro do palco literário, e a "geração de 45" restaurara, em parte, a tradição de uma poesia metrificada, expressiva e abundantemente imagética. Somente os concretistas reivindicavam a herança do modernismo.

É nesse contexto que Casais, munido de sua vasta cultura e de sua própria vivência de poeta, julga oportuno recolocar em pauta e analisar os modernistas, com o salutar distanciamento e a relativa isenção que lhe permitia sua condição de crítico português. Suas reflexões eram instigantes naquele momento e, em muitos pontos, continuam ainda hoje em aberto. Em 1961, Casais considerava que o "ciclo" do modernismo não estava encerrado, no sentido de que o espírito desse movimento continuava influente.

Casais colocou-se sempre como um defensor das conquistas estéticas de 22, contra as tendências regressivas. Em 1961, ele escrevia: "Para além das diversíssimas vocações próprias, os homens de 22 descobriram, simultaneamente, um mundo novo e um novo sentido da comunicação poética". Tomando a defesa de Manuel Bandeira, dizia: "Passados tantos anos, ainda há quem tire satisfação aos poetas de 22 por terem ousado libertar a poesia brasileira da 'literatura' ". Às críticas feitas a Manuel Bandeira por poetas da geração de 45, ele respondia: "De fato, uma parte da geração de 45 acha-se em pleno divórcio com o mundo, com a realidade presente dos homens, em plena crise de desvitalização; a sua preocupação essencial parece ser realmente encontrar um novo classicismo — no pior sentido da palavra" ("Bandeira e a geração de 45", em *Figuras e problemas da literatura brasileira contemporânea*, São Paulo, Instituto de Estudos Brasileiros, 1972, p. 126).

As reflexões de Casais sobre o modernismo brasileiro, abundantes, ricas e variadas, giram sempre em torno de determinadas questões, dentre as quais podemos ressaltar as seguintes: relações entre língua e literatura; cosmopolitismo e nacionalismo; modernismo e regionalismo; valores estéticos e valores ideológicos. As questões que ele levanta são fundamentais, e seus julgamentos, por vezes opostos aos dos críticos brasileiros seus contemporâneos, revelam-se, hoje, muitas vezes mais justos do que os deles.

Como se sabe, uma das principais reivindicações dos modernistas brasileiros foi a libertação da língua literária com relação à norma culta, lusitana. Tal reivindicação não podia deixar indiferente um crítico português. As reflexões de Casais sobre esse tema são notáveis por várias razões: o crítico não adota, em nenhum momento, uma atitude de defesa patriótica da norma lusitana ("não sofro de patriotismo literário", dizia ele); conduz a discussão a um âmbito mais vasto de teoria lingüística e literária, e a alarga também no sentido de uma reflexão sobre a história das duas literaturas.

A questão da língua, posta em destaque pelos modernistas, ainda estava candente em 1960, e era confundida então com nacionalismos equivocados. É o que mostram os artigos de Casais: "À volta da língua tem girado, por uma boa parte, a discussão sobre a originalidade da literatura brasileira. Da língua em geral e da língua literária em particular". Para pesar de Casais, editores portugueses e um *scholar* brasileiro haviam afirmado que as obras brasileiras, para serem compreendidas em Portugal, precisavam ser "traduzidas".

Casais rejeita a hipótese de duas línguas diferentes, o que, aliás, não era defendido pelos modernistas. O crítico lembra que o projeto de Mário de Andrade, freqüentemente citado pelos nacionalistas como *Gramatiquinha da língua brasileira*, era, na verdade, o de uma *Gramatiquinha da fala brasileira.* No artigo intitulado "Trópico e modernismo" (*SL*, 25/7/1959), ele se coloca contra tanto "a obstinação lusista" como a "obstinação nativista" (que considera esgotadas) e defende uma teoria da língua que seria, alguns anos mais tarde, a do lingüista Benveniste e a do ensaísta Roland Barthes. Essa teoria é a de que a língua dá forma ao conteúdo do pensamento, e, por isso, cada língua oferece ao usuário determinadas possibilidades e determinados limites. "O escritor brasileiro e o escritor português", escrevia Casais, "sofrem igualmente esse destino de ter a língua portuguesa como maravilhoso instrumento de descoberta, e ao mesmo tempo como imposição insuperável de um particular 'universo'. Nenhum escritor faz de sua língua aquilo que quer, mas aquilo que pode." Para Casais, essa condição de falantes da mesma língua nos une: "Estamos fatalmente ligados uns aos outros por essa comunidade de língua".

Dessa contingência comum, segundo o crítico, decorreriam certas características de nossas histórias literárias recentes. Por exemplo: "a total ineficácia dos 'ismos' [futurismo, dadaísmo, surrealismo] sobre ambas as literaturas". A explicação de Casais para esse fenômeno é original e convincente. Diz ele: "Por quê? Acho eu que porque a nossa língua, e, com ela, as nossas duas tradições literárias [...] não precisarem do gênero de renovação que consistisse em libertar a imaginação e em diminuir o domínio dos valores racionais. É que a língua portuguesa está tão profundamente impregnada de poderes emocionais que o nosso problema seria precisamente o oposto: contrabalançar o excessivo sentimental por um contrapeso intelectual, dado que neste somos deficitários". A mesma observação sobre o déficit da língua portuguesa, no que se refere ao pensamento abstrato, tinha sido feita por Mário de Andrade. Casais Monteiro conclui: "O fato de termos a mesma língua influi basicamente por orientar no mesmo sentido movimentos literários que surgiram em total independência um do outro".

Embora afirmando essa comunidade lingüística e as conseqüentes afinidades literárias, Casais sempre defendeu "a libertação do português escrito e falado no Brasil", não por alguma concessão de metropolitano, mas pelo princípio absolutamente certo, do ponto de vista da ciência lingüística (mais intuída do que conhecida, naquele momento), de que não pode haver nenhuma norma considerada absoluta e imóvel, e que a mesma liberdade de transformação é facultada à língua de Portugal, suposta, pelos puristas, imóvel e normativa.

O cosmopolitismo das vanguardas, aliado de modo aparentemente paradoxal, no modernismo brasileiro, a um projeto nacionalista, permitiu a Casais importantes reflexões sobre o tema. Como na questão da língua (e ligada a ela), a questão do nacionalismo é por ele colocada de modo particular e de modo geral. Casais sempre se posicionou contra os nacionalismos literários, considerando-os impertinentes, do ponto de vista estético, e nefandos, do ponto de vista ideológico. Abominava "aquela demagogia que toma por vezes o lugar da crítica, quando se acham simultaneamente em causa valores literários e questões de nacionalidade" (*SL*, 11/6/1960). Partindo do princípio de que não existem culturas (ou literaturas) autônomas ou auto-suficientes, o nacionalismo literário é algo que ele rejeita sistematicamente. O que não o impede de compreender as características particulares e os benefícios estéticos do nacionalismo, no caso do brasileiro.

Contradizendo alguns estudos recém-publicados, ele afirmava que não se pode estabelecer uma distinção entre uma corrente universalista e uma corrente nacionalista "sem tornar incompreensível o sentido essencial dos mais importantes poetas do modernismo", nos quais a "experiência peculiarmente regional [...] é ao mesmo tempo uma integração no universal" (*Figuras e problemas...*, p. 87). Mário de Andrade era, para ele, o exemplo mais acabado do escritor dedicado a resgatar e consolidar a cultura de seu país, sem que isso o impedisse de ser um escritor universal: "Pela primeira vez na história da cultura deste país, um escritor foi realmente figura universal, isto é, capaz de ser para os outros fonte de cultura, ponto de partida, núcleo central de uma consciência cultural brasileira" (*SL*, 5/3/1960). O mesmo tipo de universalidade alcançada a partir do nacional, e mesmo do regional, ele reconhecerá em Guimarães Rosa.

No artigo "Suscetibilidades irritadas e irritantes", de 1957, Casais apontara "um recrudescimento do nativismo" por parte dos brasileiros. Em polêmica com Afrânio Coutinho, que distinguia duas tradições, "a luso-européia e a nativa em formação", separando, na história literária, os clássicos de cá e os clássicos de lá, ele defende a existência de duas literaturas dentro de uma única cultura: "O fato de o Brasil ter uma literatura própria é precisamente o que torna possível, útil e necessária uma interpretação cultural. Compreender o que há de comum e o que é diverso, compreender o que é específico de uma cultura comum existindo embora em duas literaturas, será um elemento fecundante para o desenvolvimento cultural de ambos os países" (*SL*, 30/11/1957).

No que se refere ao nacionalismo, apenas num ponto específico da comparação entre os dois modernismos, a afirmação de Casais me parece duvidosa, ou pelo menos questionável. É quando ele diz que o modernismo brasileiro foi nacionalista e o português, não; que, em Portugal, não houve confusão entre nacionalismo e modernismo, porque o modernismo reagia contra o saudosismo e o regionalismo. O crítico reconhece que "coube ao escritor modernista brasileiro realizar um ato de participação na vida do país: a consciencialização da existência deste como cultura e civilização específicas". E prossegue: "O modernista português achava-se em situação totalmente oposta, pois que lhe era, até, necessário combater a hipertrofia da consciência nacional, que precisamente se consubstanciava a seus olhos naquele nacionalismo 'à moda do Minho', ou do Alentejo, ou da Beira". É claro que os modernistas portugueses recusavam esse tipo de nacionalismo. Mas o que dizer do nacionalismo esotérico de Pessoa? Como esquecer que as relações de Pessoa com o saudosismo são ambíguas e complexas? A diferença, ao que me parece, está menos na existência ou não de nacionalismo, num ou noutro movimento, do que no tipo de nacionalismo que neles se manifesta, diferença que decorre dos momentos históricos dos dois países. Se o Brasil necessitava de um nacionalismo fundador de cultura, os portugueses (pelo menos na opinião de Pessoa) necessitavam de um nacionalismo restaurador da grande cultura do passado. Daí o *Ultimatum* de Álvaro de Campos ser aquela mistura, única no mundo, de manifesto vanguardista e profetismo nacionalista, de futurismo e saudosismo.

O romance regionalista brasileiro, que se desenvolveu paralelamente ao modernismo, era, para Casais, objeto de indagação. O crítico se sentia partilhado entre a desconfiança e o reconhecimento. Como ele mesmo explica: "A minha geração formou-se numa quase geral repulsa pelo regionalismo em literatura" (*SL*,

4/7/1959). Essa repulsa lhe vinha de um certo regionalismo português, naturalista, pitoresco, folclórico e politicamente conservador. Ora, o romance regionalista brasileiro, em especial o nordestino, revelava-lhe a possibilidade de um regionalismo de outro tipo, esteticamente renovador e ideologicamente progressista. Casais vê-se então forçado a reagir à confusão, que se fazia no Brasil, do regionalismo com o modernismo. O problema, segundo ele, estava no uso ambíguo que se fazia da denominação. Somente determinados "regionalistas" (entre aspas) deveriam ser valorizados, e postos em paralelo, não em identidade, com os modernistas. Assim, diz ele: "O 'Manifesto regionalista' de Gilberto Freyre (1926) manifesta as mesmas virtualidades criadoras que o melhor do modernismo supostamente cosmopolita do Rio e São Paulo, que o precederam de alguns anos" (*SL*, 7/5/1960).

Embora reconhecendo os bons "regionalistas", Casais manteve sempre uma certa desconfiança do termo. Assim, ao tratar de Guimarães Rosa, escrevera anteriormente um artigo intitulado "Guimarães Rosa não é escritor regionalista" (*SL*, 8/3/1958), o que contradizia a opinião de vários críticos brasileiros da época. Casais aí observa, com razão, que considerar Guimarães Rosa regionalista, porque fala do sertão, seria como chamar regionalista a Joyce, porque sua obra se situa em Dublin. O grande valor, para Casais, é sempre o universalismo, e este pode ser alcançado no regionalismo, contanto que este deixe de ser, precisamente, regionalista. E Guimarães Rosa, na feliz expressão de Casais, fizera entrar a voz do povo na literatura "pela inesperada porta da metafísica, quando toda a literatura sertanista acabava por reduzir os sertões a um manancial de pitoresco sem metafísica" (*Figuras e problemas...*, p. 211).

Uma das contribuições importantes de Casais aos debates críticos brasileiros foi a sua resistência sistemática à mistura de valores estéticos com valores ideológicos. Insuspeito de alienação política, Casais não abria mão, entretanto, de seus princípios de julgamento estético, e estes não permitiam tais confusões. Não admitia que se concebesse a obra literária como "reflexo" da sociedade e desenvolvia, sobre o tema das relações história e literatura, considerações que só mais de uma década mais tarde, com a divulgação dos textos de um Tynianov, seriam adotadas pela maioria dos teóricos. Como a afirmação de que "o fenômeno histórico que se chama literatura" tem um "caráter específico" de "resposta a situações e problemas, resposta que tanto pode achar-se adiantada como atrasada com relação às outras formas da evolução humana" (*Figuras e problemas...*, p. 82). Em seus artigos, as declarações contra a confusão do estético com o ético são constantes. Mas é em sua análise da personalidade e da obra de Mário de Andrade que essa questão se coloca de modo exemplar.

No momento em que Casais veio para o Brasil, Mário de Andrade, falecido havia apenas uma década, estava em vias de transformar-se num modelo ético-político, com prejuízo do julgamento estético de sua obra. O próprio Mário contribuíra para isso quando, em sua conferência de 42, condenara o movimento de 22 como festivo e inconseqüente, e em várias entrevistas enfatizara apenas o valor "utilitário" de sua obra. Em seus extraordinários artigos sobre Mário (*Figuras e problemas*, pp. 49-59), Casais exalta não apenas o grande cidadão brasileiro que ele foi, o homem que "deu a sua vida à literatura, às artes plásticas, à musica brasileira", e tudo fez "pela expressão de um Brasil autêntico numa literatura autêntica", mas também e sobretudo o "grande escritor" que ele foi. Ora, certos críticos brasileiros da época não apenas valorizavam mais o Mário cidadão do que o Mário escritor, como também julgavam sua obra dispersa e inacabada, e consideravam *Macunaíma* um romance malogrado.

Vários estudos posteriores sobre o modernismo mantiveram um severo julgamento ético-político do movimento de 22, incorrendo no erro, assinalado por Casais, de tomar o Mário da conferência ao pé da letra. Casais teve a coragem de chamar a Mário "o doente de escrúpulo" e de o contradizer. Diz ele: "Na 'Elegia de abril', na entrevista citada, em 'O movimento modernista', comete Mário de Andrade, ao condenar sua geração, grande injustiça para consigo próprio" e "um erro de interpretação histórica". O escrúpulo de Mário era, segundo Casais, "admirável", mas "tem servido, ai de nós, para todos os inimigos do modernismo fingirem que lavam as mãos, dizendo: 'Vêem, foi ele quem disse'...". O *mea-culpa* de Mário, diz ele, "sempre me pareceu, a sua memória me perdoe, ter qualquer coisa de histeria autodestrutiva".

Os escrúpulos de Mário também serviram (e servem) para o estabelecimento de um já clássico paralelo com Oswald de Andrade, que não teve muitos escrúpulos, e por isso é condenado, por muitos críticos brasileiros, do ponto de vista ético e político. Casais não pôde dedicar maior atenção a Oswald porque, como ele mesmo explica, a obra deste se encontrava indisponível naquele momento. Fato este que também comprovava a injustiça do julgamento puramente ético do movimento de 22, referido por Casais. Sobre os outros modernistas brasileiros que pôde ler (alguns mesmo antes de vir para o Brasil, pelos préstimos de Ribeiro Couto), a maioria das opiniões de Casais resistiu à prova do tempo. Sua grande admiração por Mário de Andrade, Drummond e Bandeira, e os estudos que a eles dedicou, o comprovam.

As reflexões sobre o modernismo brasileiro permitiram que Casais demonstrasse sua coerência teórica, sua acuidade crítica, e exercesse um comparatismo altamente elucidativo com a literatura portuguesa. Tendo sido o modernismo o momento em que a literatura brasileira se tornou de fato pós-colonial, o momento em que, segundo Casais, "entrou de fato a literatura brasileira na fase nacional" (*Figuras e problemas*, p. 64), esse movimento permitiu que aflorassem as principais questões que nos unem à antiga Metrópole, e dela nos desunem. Que um grande crítico português se tenha dedicado a analisar essas questões, foi uma sorte para os dois países.

Em seus numerosos artigos, de ordem mais geral, sobre as relações literárias Brasil-Portugal, ele apontava o mútuo desconhecimento e fazia preciosas sugestões de pesquisas. Podemos observar, hoje, que a situação mudou um pouco. Ele lamentava, naquele momento, a inexistência de especialistas de literatura brasileira em Portugal e de especialistas de literatura portuguesa no Brasil. Hoje, felizmente, eles existem, embora talvez não tão numerosos como se desejaria. Os nacionalismos exacerbados e as suscetibilidades antilusitanas também parecem, felizmente, extintos. Na questão da língua, a influência da fala brasileira em Portugal, por efeito das novelas de televisão, e o acordo ortográfico teriam interessado a Casais. Na verdade, esses são problemas mais portugueses do que brasileiros. O acordo ortográfico, que causa alguns arrepios em Portugal, é simplesmente ignorado pelos brasileiros, avessos ou indiferentes a qualquer norma.

Quanto à penetração da literatura portuguesa no Brasil, causa até estranhamento, hoje, saber, por Casais Monteiro, que em 1957 houve reações desfavoráveis ao fato de se iniciar a coleção "Nossos clássicos", da Editora Agir, com Fernando Pessoa. Hoje, no Brasil, causaria revolta justamente que não pudéssemos considerar Pessoa como "nosso". Mas a verdade é que o conhecimento dos escritores portugueses pelos brasileiros ainda é muito restrito. Somente Pessoa e mais recentemente Saramago conseguiram atingir um grande público.

Resta ainda lamentar o desconhecimento, ou o esquecimento, por parte de muitos estudiosos de literatura brasileira, da contribuição crítica de Casais (assinalemos, como honrosas exceções, a compilação dos artigos publicados no *Suplemento Literário* pela Área de Teoria Literária da Unesp-Araraquara em 1983, e o trabalho de Nádia Battella Gotlib: *O estrangeiro definitivo — Teoria e crítica de poesia em Adolfo Casais Monteiro*, Lisboa, Imprensa Nacional/Casa da Moeda, 1985). Seus artigos estão muitas vezes ausentes das bibliografias passivas do modernismo e dos modernistas brasileiros, em livros e teses; estas, freqüentemente, arrolam os críticos brasileiros e os estrangeiros, deixando o português numa espécie de limbo. A única desculpa (lamentável) que temos é o fato de que na mesma situação de esquecimento se encontram muitos bons críticos brasileiros do passado. No Brasil, não há continuidade dos debates críticos, e isso impede a consolidação de uma tradição. Ainda sofremos de algumas doenças de juventude cultural. Uma verdadeira tradição crítica da literatura brasileira deveria retomar, integrar e rediscutir a grande contribuição de Casais Monteiro.

Antonio Candido: o amor à literatura*

Ler e reler Antonio Candido é algo que todos os críticos ou aspirantes a críticos deveriam fazer regularmente, porque sempre há muito para aprender ou reaprender com ele. Dentre as qualidades que fazem de A. C. um crítico modelar, eu destacaria as seguintes: o amor à literatura, que o faz valorizar o texto mais do que o contexto, o objeto mais do que o método; a enunciação delicada de suas avaliações, que nunca se apresentam como juízos de verdade, definitivos e indiscutíveis; o reconhecimento de valores estéticos independentes de valores éticos e políticos. Essas são qualidades que podem ser aprendidas e cultivadas por quem se dispuser a tomá-las como exemplares. Outras qualidades, essenciais, infelizmente não podem ser ensinadas ou adquiridas: a sensibilidade e a argúcia críticas, a capacidade de reconhecer imediatamente, dentre os escritores contemporâneos, aqueles que o tempo confirmaria como fundamentais. Além disso, A. C. possui uma cultura literária vasta que

* *Mais!, Folha de S.Paulo*, 19/7/1998. Número em homenagem ao crítico por seus oitenta anos.

lhe permite ajuizar em termos não apenas locais mas internacionais. "Provinciano" e "fechado ao mundo" são atributos negativos recorrentes em sua obra, e que a ela não se poderiam aplicar.

Vejamos de perto algumas dessas qualidades. Como se sabe, A. C. é um crítico de formação e inspiração sociológicas. Coube-lhe, mesmo, inaugurar a crítica sociológica moderna no Brasil e fazer escola nesse gênero, a tal ponto que, pelo país afora, os literários das universidades paulistas são vistos como predominantemente sociológicos (o que é só parcialmente verdadeiro). A grande lição da crítica sociológica de A. C. é que esta jamais consistiu, para ele, em utilizar a literatura como simples documento para o estudo da sociedade. Em seus textos teóricos, como em suas análises críticas, é constante a prioridade por ele concedida ao texto literário como tal. Em *Literatura e sociedade*, o "ângulo sociológico" é apontado como um entre vários, em vez de "ser imposto como critério único, pois a importância de cada fato depende do caso a ser analisado". O texto literário tem múltiplas faces e "uma crítica que se queira integral deixará de ser unilateralmente sociológica, psicológica ou lingüística, para utilizar livremente os elementos capazes de conduzirem a uma interpretação coerente". Assim sendo, ele aconselha que se evite "o sociologismo crítico, a tendência devoradora a tudo explicar por meio de fatores sociais". Os fatores sociais são por ele considerados "no seu papel de formadores de estrutura" e, como tal, tão indispensáveis quanto os psíquicos.

Coerente com esses princípios, que fazem de *Literatura e sociedade* um livro que deveria ser de leitura obrigatória em todo curso básico de letras, as análises sociológicas de A. C. são efetuadas com dedos leves, nunca reduzindo as obras aos dados históricos ou sociais, mas procedendo à iluminação mútua do texto e do contexto. Uma análise em que aparece, de modo explícito, o extremo cuidado nesse sentido é a de *Grande sertão: veredas* ("Jagunços mineiros de Cláudio a Guimarães Rosa", em *Vários escritos*). O título do ensaio, que foi inicialmente um curso, sugere uma análise puramente sociológica. Ora, a leitura de *Grande sertão* leva o crítico muito além da questão dos "jagunços mineiros" ou de qualquer regionalismo, o que é por ele assinalado:

> [...] depois de embalados pela leitura, só por um esforço de reflexão podemos pensar em termos históricos ou sociológicos, como até aqui tínhamos feito nestas aulas. Escritor genial, dos poucos que agüentam esse qualificativo em nossa literatura, Guimarães Rosa supera e refina o documento, que não obstante conhece exaustivamente e cuja força sugestiva guarda intacta, por meio da sublimação estética. Por isso, não basta procurar nele em que medida a ficção vale como transposição dos fatos; mas também em que medida o comportamento do jagunço aparece como um modo de ser no mundo, encharcando a realidade social de preocupações metafísicas.

O romance de Guimarães Rosa, como "operação de alta estética", solicita e recebe do crítico uma análise que inclui a reflexão filosófica sobre nosso estar no mundo, os procedimentos técnicos como o foco narrativo e o uso do nome próprio, e o "princípio de reversibilidade", que ele já apontara e demonstrara em estudo anterior. Leitor sensível à "transfiguração estética do real", o crítico voa tão alto com o escritor que, para concluir a análise, parece efetuar um esforço voluntário: "*Recaindo* no documento [grifo meu], observemos que o livro de Guimarães Rosa é meticulosamente plantado na realidade física, histórica e social do Norte de Minas [...]".

A segunda grande qualidade apontada, a enunciação delicada, exigiria espaço maior para ser demonstrada. Basta-nos lembrar, de modo geral e reconhecível para os leitores de A. C., que ele jamais se coloca como um juiz que emite sentenças ou como o analista que achou a verdade única de um texto analisado. Vários de seus ensaios, para nós completíssimos, terminam com uma observação acerca daquilo que faltou estudar ou dizer. E já numa altura em que, do alto de sua obra, ele poderia pontificar, a conclusão de uma análise sua é a seguinte: "Mas não tenho certeza se é mesmo assim" ("As transfusões de Rimbaud", 1991). Esse traço de humor e de auto-ironia é próprio das grandes inteligências.

Isso não quer dizer que não haja, na obra de A. C., afirmações e juízos; somente, estes não são simples asserções mas demonstrações convincentes. A autoridade do crítico não está no performativo "Eu afirmo que", mas na capacidade persuasiva de suas análises, providas ao mesmo tempo de coerência interna e de aderência ao objeto. Os grandes críticos são dotados de uma generosidade de mão dupla: na disponibilidade com que recebem a obra, buscando ver qual o seu projeto e em que medida este se realiza, e na afabilidade com que oferecem sua leitura a outros leitores, tratados como interlocutores inteligentes e não como receptores beócios de um saber superior, ditado de cátedra. O estilo de A. C. é caracterizado por essa delicadeza que consiste em não submeter a obra a uma ideologia ou a um método prévios, e não tratar o leitor como alguém que deva ser desasnado. A própria clareza de sua exposição, jamais hermética ou pedante, é uma forma de urbanidade.

Pelo fato de possuir essa generosidade no trato com o outro, escritor ou leitor, os juízos críticos de A. C. não são atrelados a suas próprias convicções, éticas ou políticas. Sua admiração permanente pela "genial rebeldia" de Oswald de Andrade é uma prova disso. Oswald, o escandaloso, o amoral, o irresponsável, o vira-casaca político, é em tudo o antípoda do homem A. C. No entanto, este soube colocar acima dessas características negativas as qualidades humanas e literárias de Oswald: a vitalidade, a força libertária de seu humor, os acertos de sua intuição e de suas fórmulas ficcionais, nas duas obras que o crítico nos ensinou a ver como um par e como grandes, *Miramar* e *Serafim*. Com a mesma equanimidade, o crítico manifestou-se recentemente acerca de Octavio Paz, geralmente execrado pela esquerda latino-americana. A discordância com as posições políticas de escritor mexicano, expressas na mesma ocasião, não o impediram de reconhecê-lo como "o maior intelectual da América Latina".

Quanto às qualidades que não podem ser ensinadas, a de saber escolher seus objetos de admiração tem sido comprovada pelo único juiz em questão de valor estético: o tempo. Alguém que, em 1943, foi capaz de saudar "o raiar de Clarice Lispector" como "um dos valores mais sólidos e mais originais de nossa literatura", que em 1946 soube ver o regionalismo de Guimarães Rosa como uma "experiência total, autêntica e duradoura" e, em 1957, escreveu um texto-marco sobre a "extraordinária obra-prima *Grande sertão: veredas*" (publicado um ano antes) não precisa provar mais nada como crítico. O reconhecimento atual desses autores, no Brasil e no exterior, como dos mais notáveis na literatura do século XX tem lhe dado, cada vez mais, razão. Suas opiniões acerca da ficção brasileira mais recente, emitidas em 1979 ("A nova narrativa", em *A educação pela noite*), também se revelam hoje justas e proféticas. A. C. observava então a tendência ao "realismo feroz", o abandono dos grandes projetos, a ausência de parâmetros críticos de julgamento, a busca, pelos autores, do impacto produzido pela habilidade ou pela força, pela indiferença à duração da obra, "montagem provisória em era de leitura apressada" etc. O que ele estava descrevendo era o que agora se chama de ficção pós-moderna.

Assim como seus juízos críticos têm resistido ao tempo, suas análises também se mostram imunes ao envelhecimento, pelo estilo, que não apresenta tiques datados, modismos ou lugares-comuns acadêmicos, e pela pertinência, que permanece inteira. Apenas um exemplo: em 1965, A. C. descreveu as "inquietudes na poesia de Drummond" de maneira tão abrangente que se tornou difícil dizer, da obra passada e futura do poeta, algo que não estivesse pelo menos sugerido nesse estudo. Enfim, fazer o elogio de A. C. é chover no molhado e por isso paro por aqui.

Que fim levou a crítica literária?*

Falar de crítica literária, hoje, soa como antiquado. *Crítica* não é mais uma palavra muito usada pelos teóricos da literatura. A crítica foi uma atividade muito exercitada e muito respeitada nos tempos modernos, você ainda deve estar lembrado. Hoje, em tempos ditos pós-modernos, ela anda um pouco anêmica, reduzida ao rápido resenhismo jornalístico, necessário mas não suficiente.

O programa do 5º Congresso da Associação Brasileira de Literatura Comparada (Rio de Janeiro, agosto de 1996) tem a palavra *crítica* em um de seus tópicos: "Práticas e instâncias canônicas: teoria, crítica e historiografia literária". A crítica, assim como a teoria e a historiografia, aí aparece não mais como uma prática autodefinida por seu próprio nome, mas caracterizada como "prática e instância canônica". Considerando-se a desconfiança que hoje inspira tudo o que é canônico, podemos aquilatar todos os problemas

* Comunicação apresentada no 5º Congresso da Associação Brasileira de Literatura Comparada, Rio de Janeiro, UFRJ, agosto de 1996. Publicado em *Mais!*, *Folha de S.Paulo*, 25/8/1996.

atuais dessa prática e todas as dúvidas que pairam quanto à sua legitimidade, oportunidade ou mesmo possibilidade de existência.

A pauta do próximo Congresso da Associação Internacional de Literatura Comparada (Leiden, Holanda, agosto de 1997) representa um excelente termômetro para tomar a temperatura dos debates atuais. Se examinarmos o programa desse congresso veremos que as sete principais seções não contêm a palavra *crítica* nem em seus títulos, nem em suas descrições. O tema geral do congresso é "Literatura como memória cultural". Na parte relativa aos objetivos do congresso, lemos que este pretende enfocar "o papel que representa a literatura como depositária da cultura". Essa função, que "parecia antes tão evidente", suscita agora as seguintes perguntas: "Quais são exatamente os fenômenos culturais preservados na e através da literatura? A literatura é, às vezes, freqüentemente ou sempre um meio de promover a tradição, a continuidade, ou mesmo a permanência? Isso é uma boa coisa? Ou seria, pelo contrário, uma razão para pôr em causa a literatura (e/ou a estética em geral)?".

Considerada apenas como "memória", a literatura fica atrelada a palavras como *depositária*, *preservação*, *tradição*, *continuidade*, *permanência*, não sendo pois de estranhar que a pergunta seguinte seja: "Isso é uma boa coisa?", e a hipótese levantada seja de "pôr em causa" essa coisa. Ora, o conceito de literatura com que a crítica literária moderna lidou, nos últimos dois séculos, mesmo consideradas todas as suas variantes, não tinha esse componente de conservadorismo, de imobilismo e de mero serviço prestado à memória cultural que aí se enfatiza.

O que se vê claramente nessas formulações é a minimização da literatura, aí enfocada como apenas uma das formas da cultura (forma de cuja eficácia se duvida), a redução de sua função à de memória coletiva, e a diluição de seu estudo no contexto mais vasto dos "estudos culturais". A crítica literária, que lidava com uma literatura concebida ela mesma como crítica, transformadora, inovadora, revolucionária, utópica, corre assim o risco de perder, juntamente com seu objeto, sua razão de ser e sua conveniência. Será a crítica uma boa coisa?

Não se trata, aqui, de negar a utilidade e a oportunidade dos "estudos culturais". Trata-se de defender o espaço dos estudos especificamente literários. O "culturalismo" que atinge a área literária, e não apenas ela, ameaça substituir as disciplinas especializadas por um ecletismo destituído de qualquer rigor na formação dos pesquisadores e na formulação de conceitos e juízos. Quanto à literatura, se esta se dilui na "cultura", passa a ser vista apenas como expressão, reflexo, sintoma, e perde sua função de crítica do real e proposta indireta (estética) de alternativas para o mesmo.

A diminuição evidente dos debates sobre a "crítica literária" é significativa do estado agonizante dessa atividade. Um colóquio sobre a teoria e a crítica literária atuais, realizado na Itália em 1990 (Romano Luperini, ed., *Teoria e critica letteraria oggi*, Milão, Franco Angeli, 1991), pretendia fazer um balanço das últimas três décadas. O balanço se parece mais com a inspeção de um campo devastado, em que se recolhem alguns restos talvez ainda aproveitáveis. A contracapa diz que "a crítica literária está em busca de uma nova identidade". Mas nada indica que essa "nova identidade" se esteja configurando. Pelo contrário, o que aí se verifica e se discute é a pulverização dos estudos literários. O título do colóquio já contém a expressão "conflito das poéticas". Percorrendo as comunicações, encontramos referências à "balcanização do objeto literário" (Wladimir Krysinski, p. 141), ao "humanismo desiludido", à perda da compreensão da obra particular e do juízo de valor, à "desagregação da crítica" (Sandro Briosi, pp. 200, 206 e 214), à multiplicação e ao relativismo (Pasquale Voza, p. 345).

Um número especial da revista espanhola *Insula* (nº 587-8, Madri, 1995) colocava em seu título a pergunta: *Hacia una nueva crítica?*. As tentativas de resposta revelavam as mesmas dúvidas expressas no colóquio italiano. No artigo de apresentação, Miguel Casado afirma: "A crise da crítica é apenas uma zona dentro de uma ferida mais extensa e geral: a que se pergunta sobre a verdade da linguagem literária, sobre a dimensão cognitiva de toda linguagem, seus limites e contradições" (p. 3). Em outro artigo, César Nicolás fala da decadência geral da crítica: "A crítica das últimas décadas definha, carente de grandes individualidades e talentos"; e da decadência da crítica universitária, "cadeia de produção em série, saída da maquinaria acadêmica que, na falta de proteínas, engorda o currículo com lipídios e gorduras" (pp. 8-9).

Na verdade a crítica, como foi observado por vários teóricos de nosso século, sempre esteve em crise. A atual crise da crítica começou há cerca de um século e está ligada à "exquise crise" da literatura detectada e aguçada por Mallarmé, crise que se inscreve num contexto filosófico maior: crise do sujeito, crise da representação, crise da razão, crise da metafísica, crise dos valores, crise do humanismo, enfim, crise de tudo aquilo em que se esteavam a instituição literária e o exercício da crítica.

Os efeitos dessa crise geral na crítica literária foram objeto de uma intensa reflexão no anos 50 e 60, quando, em vários países, se fez o balanço da crítica moderna. Nessas décadas foram numerosos os debates e polêmicas sobre a crítica. A grande *História da crítica moderna* (*A history of modern criticism*), de René Wellek, publicada em 1955, aparece-nos agora como a celebração e o réquiem dessa prática em vias de desaparecimento.

Nos anos 50 discutiu-se o *new criticism* e, nos 60, a *nouvelle critique*. Mas esses debates concerniam aos métodos críticos, e não punham em dúvida a validade da crítica em geral. Delineava-se então uma separação nítida entre uma crítica universitária especializada e uma crítica diletante, artista ou impressionista; entre os que defendiam a necessidade de uma teoria literária e os que a isso se opunham. No interior da crítica universitária, desencadearam-se polêmicas relativas aos métodos: o historicismo e o filologismo, de um lado, e as ciências humanas, de outro.

A verdadeira crise da crítica não a ameaçava do interior dela mesma, onde se davam essas querelas. A verdadeira crise que se esboçava era a da própria literatura. Em 1948, em seu famoso ensaio "O que é a literatura?" ("Qu'est-ce que la littérature", *Situations II*, Paris, Gallimard, 1948), Sartre já encarava a possibilidade do desaparecimento da mesma: "Nada nos garante que a literatura seja imortal [...] afinal, a arte de escrever não está protegida pelos decretos imutáveis da Providência" (p. 316).

A crise da literatura é também uma crise do livro. A palavra impressa em livro tornou-se algo arcaico perante os novos meios de comunicação. Entretanto, não é o livro que está ameaçado. Mais do que as mutações tecnológicas elas mesmas, que não excluem a arte de escrever e editar livros, podendo até renová-la, foram as mudanças de visão do mundo, de motivações e de comportamento trazidas por essas novas técnicas que tornaram obsoleta a prática da literatura. O próprio modo de ser da pós-modernidade é avesso à concentração, ao isolamento e à paciência exigidos pela leitura. No discurso de inauguração da Feira de Frankfurt, em 1992, Octavio Paz se referia a esse "mal-estar da literatura" e à "desafeição pela leitura" ("Éloge de la négation", Paris, *Le Monde*, 1/10/1992).

Se adotarmos alegremente o modo de ser pós-moderno, podemos continuar a escrever e a ler livros, mas abraçaremos uma concepção da literatura diversa daquela que imperou desde o século XVIII e abandonaremos, em conseqüência, a idéia de "crítica" que desde então a acompanhava. A crítica, como seu próprio nome indica, supõe julgamento (*krínein*). Claro está, desde Kant, que se trata aí de juízo reflexivo e não de juízo determinante. O julgamento estético supõe valores consensuais, mesmo que estes sejam provisórios. O mesmo Kant dizia que, se não se pode provar o bom fundamento dos julgamentos estéticos, há no entanto pessoas capazes de fornecer argumentos, e comprovar assim certa autoridade nesse terreno. Os críticos são aqueles que fornecem argumentos em apoio a seus julgamentos. Ora, inexistindo na pós-modernidade critérios de julgamento e hierarquia de valores consensuais, a atividade crítica torna-se extremamente problemática. A desconfiança na estética como disciplina idealista e elitista, a proliferação de critérios particulares e o questionamento do "grande relato" que constitui a história literária ocidental solapam as bases de qualquer crítica.

A principal discussão teórica da atualidade se trava em torno do cânone, como podem comprovar a produção teórica da última década e os temas dos congressos literários desse período. Se a autoridade institucional e a razão foram seriamente abaladas pelo romantismo, o gosto, como consenso de uma elite, continuou sendo implicitamente um critério respeitado até meados do século XX, quando a comunidade dos literatos se referia, sem grandes dissensões, ao mesmo cânone da "alta literatura". Até então todos, velhos ou novos críticos, universitários ou não, tinham a literatura e seus representantes canônicos na mais alta estima.

A desconstrução do Centro e dos princípios em que se baseavam o estabelecimento e a defesa do cânone abriu caminho para as propostas de revisão baseadas em critérios extraliterários: reivindicações de grupos (as chamadas minorias) ou de nações (as antigas colônias). É curioso que essas reivindicações não tenham vindo no sentido da abolição de qualquer cânone, o que seria mais condizente com a recusa de um Centro, mas no sentido da exclusão de autores e obras anteriores, e da inclusão forçada de outros autores e obras nesse mesmo cânone.

Cânone, como o próprio nome indica, é algo de sagrado e consagrado. A origem do cânone, como se sabe, é religiosa. A história do cânone ocidental começa no Renascimento como a listagem dos Pais da Literatura, análoga à dos Padres da Igreja. Essa listagem se mantém mais ou menos a mesma do século XVI ao XVIII, sob o nome de tradição. Desde o século XVIII, o cânone sofreu profundas revisões, baseadas no conceito de "gênio" e na valorização do novo. Desde então, o cânone ficou aberto, mas nem por isso ficou escancarado.

Reconhecendo, com Kant, que o único critério canônico era "um longo assentimento", a durabilidade da estima (ou, como diz Borges, "uma longa imortalidade"), o cânone mantinha-se aberto a novas inclusões, mas estas necessitavam de apoio argumentativo e de tempo para legitimar-se. Ora, o que agora se reivindica na guerra do cânone é a consagração imediata, o que, uma vez mais, torna absolutamente supérfluo o conceito de cânone.

A canonização imediata dos antigos excluídos e as exclusões correlatas são exigidas em nome do "politicamente correto", e poucos são os que têm a coragem de mostrar o quanto isso interessa à criação e ao fortalecimento de novas áreas de poder dentro das instituições de ensino, em particular as universitárias. Áreas de poder que, como tais, põem-se logo a brigar entre si, tornando o cânone — que, por definição, é uno e consensual — cada vez mais duvidoso.

Ora, não pode existir crítica literária se não houver um conjunto de valores estéticos reconhecidos e, por conseguinte, um cânone de referência. Não pode mais existir crítica se não houver um conceito forte de literatura, tal como houve durante os dois últimos séculos e como ainda havia na alta modernidade literária. Para os modernos, a literatura não era mera depositária da tradição, conservadora de formas e idéias peremptas, ou divertimento inócuo destinado a concorrer com os CD-ROM e os *video games*. Era forma de conhecimento, exercício da liberdade, crítica do real, mito verdadeiro, utopia, projeto. E a crítica literária, sua correlata, era diálogo, ampliação da leitura, extensão do saber e da ação da obra.

Talvez agora seja o momento de rever o trabalho de desconstrução efetuado nas últimas décadas. Rever não significa renegar nem voltar atrás, mas avaliar o novo momento e as novas estratégias por ele exigidas. Propostas como a da morte do sujeito, do descentramento, da escritura e da crítica-escritura (que eu mesma teorizei e defendi nos anos 70) tiveram efeitos positivos. Elas puseram em xeque as autoridades opressoras, abriram caminho para novos gêneros, para as literaturas emergentes e a cultura de massa. Mas essas propostas também tiveram efeitos perversos: foram assimiladas como criatividade espontânea, como dispensa de qualquer competência ou formação, como irresponsabilidade autoral, como desprezo pela tradição e pela alta cultura. Além disso, a generalização anônima do texto, a abolição de gêneros e hierarquias servem aos interesses da informática, da globalização econômica e da indústria cultural, que necessitam de produtos transnacionais com rótulos novos, uma espécie de "moda mix" na cultura e nas artes.

Quanto à velha literatura, talvez seja o momento de reler a conclusão de Sartre, no ensaio acima citado: "[A arte de escrever] é o que os homens fazem dela, eles a escolhem escolhendo-se a si mesmos. Se ela estivesse fadada a se tornar pura propaganda ou puro divertimento, a sociedade recairia no lodo da vida sem memória dos himenópteros e dos gastrópodes. É claro que isso não é muito importante: o mundo pode passar muito bem sem a literatura. Mas pode passar ainda melhor sem o homem".

Note-se que alguns dos próprios criadores, voluntários ou involuntários, dos conceitos pós-modernos acima referidos atentaram para os riscos dos usos desses conceitos e esboçaram ou esboçam um movimento de retração ou resistência. Não foi por acaso que Barthes, já em 1977, na aula inaugural do Collège de France (*Aula*, São Paulo, Cultrix, 1980), retomou a palavra *literatura* para celebrá-la como *máthesis* (lugar de saberes) e *mímesis* (lugar de "fulgor do real"). Ao insistir na "responsabilidade da forma", ele estava assim prosseguindo seu longo e tenso diálogo com Sartre, iniciado com *O grau zero da escritura*, nos anos 50. À sombria previsão-advertência de Sartre, relativa à possibilidade do desaparecimento da literatura, Barthes respondia, na *Aula*, que era preciso teimar, afirmar o Irredutível da literatura, "agir como se ela fosse incomparável e imortal".

Lyotard é muito citado entre nós a partir de *A condição pós-moderna* (*La condition postmoderne*, Minuit, 1979). Ora, em *O pós-moderno explicado às crianças* (*Le postmoderne expliqué aux enfants*, Galilée, 1986), ele retifica muitas das afirmações da obra anterior; explica que ali estava expondo um estado de coisas que de modo algum o alegrava ("Eu não proponho um partido intelectual, eu escrevo seu *Tombeau*", p. 114); que houve um desfalecimento do projeto moderno ao qual é preciso resistir (p. 64); que o trabalho das vanguardas modernas foi importantíssimo, que esse trabalho "salva a honra do pensamento, se não da humanidade" (p. 114). E aponta os riscos do pós-moderno: o "ecletismo cínico" (p. 18), "o qualquer coisa" (*le n'importe quoi*), o "relaxamento" (p. 23), o multiculturalismo como "mercadoria turística e cultural" (p. 63). Sua proposta é que o pós-moderno deveria prosseguir o trabalho de *perlaboração* iniciado pelas vanguardas modernas: "Se abandonarmos tal responsabilidade, é certo que nos condenaremos a repetir sem nenhum deslocamento a 'neurose moderna'" (p. 125).

A mesma ênfase na responsabilidade, isto é, na ética, se encontra nos últimos trabalhos de Derrida, o qual, tendo visto todos os efeitos indesejáveis de sua teoria da desconstrução, trata agora dos "indesconstrutíveis" (a justiça, os direitos humanos) e dedica-se a resgatar o que não deve ser desconstruído em Marx, Freud, Lacan. Quanto à literatura, suas referências sempre foram as do cânone da modernidade: Lautréamont, Mallarmé, Joyce, Artaud.

Esse estado de coisas pós-moderno, que atingiu o ensino da literatura, nos leva agora a pensar em nossa responsabilidade como intelectuais, críticos e professores. Talvez seja o momento de nos deslocar, com relação à *dóxa* triunfante, a *dóxa* pós-moderna. Deslocar-se, dizia Barthes, pode ser "*abjurar* o que se escreveu (mas não, forçosamente, o que se pensou) quando o poder gregário o utiliza e serviliza" (op. cit., p. 27). Deslocar-se não é voltar atrás, para manter imutáveis os valores e métodos do passado, mas reavaliá-los, elaborar novos conceitos e novos discursos adequados à situação presente. Será que, ao efetuarmos a liquidação sumária da estética, do cânone e da crítica, não jogamos fora, com a água do banho, uma criança que se chamava Literatura?

Consideração intempestiva sobre o ensino da literatura*

Os problemas atuais do ensino da literatura decorrem da situação incerta em que se encontra a própria literatura neste fim de século, época que se convencionou chamar de pós-moderna. No momento atual a literatura está sendo questionada em sua produção e em sua recepção, encontrando-se ameaçada em seus próprios fundamentos. Como atividade autônoma, a literatura data de meados do século XVIII. Como instituição e matéria de ensino, ela alcança o auge de seu prestígio no período que vai do início do século XIX até meados de nosso século. Seu prestígio decorria, então, de uma determinada concepção da cultura, que implicava a estima consensual pelas humanidades e a valorização da tradição escrita. Essa tradição estava sacramentada num cânone, fundamentado em determinados valores, o qual orientava a organização dos programas e dos manuais escolares.

Entretanto, desde o fim do século passado, quando o lugar social e institucional da literatura parecia ainda assegurado, os

* *Incidências*, nº 1, Lisboa, Edições Colibri/Universidade Nova de Lisboa, 1999.

escritores da modernidade procediam a um profundo questionamento dos fundamentos de sua prática e da inscrição da mesma na sociedade. Como disseram Blanchot e outros, a literatura caminhou em direção à sua própria essência, num movimento ao mesmo tempo autoglorificador e suicida, e colocou-se em franca oposição aos valores da sociedade burguesa, rejeitando assim o seu lugar institucional.

O ensino, como instituição, tem por objetivo manter os fundamentos da sociedade, e não questioná-los de maneira profunda. Assim sendo, o ensino de uma literatura que punha em xeque seus próprios fundamentos como prática social, e, indiretamente, as práticas sociais em seu conjunto, começou a apresentar-se como problemático. As produções das vanguardas do início do século, por seu aspecto demolidor e anárquico, agravaram o divórcio entre a prática da literatura e seu ensino. Entretanto, o ensino da literatura pôde manter-se sem grandes problemas, na medida em que esse ensino, até meados de nosso século, continuou apoiado nos princípios da literatura anterior (princípios neoclássicos e moderadamente românticos), ignorando as práticas literárias mais recentes e fazendo de conta que a intituição literária permanecia incólume.

Na verdade, a literatura da alta modernidade não era ensinável. Se ensinar é repetir (como apontava Barthes), obras que se apresentam como únicas, e cujo valor maior é a transformação do código anterior (segundo o formalismo russo e a semiótica), não têm nada a ensinar, pelo menos no sentido de fornecer valores fixos e formas repetíveis pelos aprendizes. O ensino da literatura (assim como a crítica literária) foi, assim, ameaçado pela própria prática dos escritores modernos, inassimilável aos objetivos práticos e socializantes de qualquer representação ou aprendizagem.

A partir da segunda metade de nosso século, uma nova situação configurou-se, e, nesta, a literatura tem sido relegada a um lugar cada vez mais desimportante. A produção literária começou a sofrer de exaustão. Os gestos revolucionários das vanguardas já haviam sido assimilados e neutralizados pela sociedade, o "novo" tornou-se repetitivo. Enquanto isso, os avanços tecnológicos dos meios de comunicação e a própria vida cotidiana na "sociedade do espetáculo" habituaram o público a um consumo rápido e caótico de informações, em tudo diverso da concentração e da lentidão exigidas pela leitura do texto literário.

Os efeitos dessa situação no ensino da literatura têm sido devastadores. Seduzidos pelas novas ofertas da informática e dos meios de comunicação de massa, e na esperança de captar o interesse dos alunos, muitos professores de literatura têm tentado assimilá-las em suas aulas. Ora, a única maneira de aderir a essa nova situação é abandonar de vez tudo o que justificava o ensino anterior da literatura, desde o mais elementar: o livro, a leitura solitária, seletiva e reflexiva. Não é possível uma verdadeira aliança entre as antigas análises de textos e a espetacularização dos mesmos, a não ser como mais um dos numerosos simulacros da indústria cultural. Um CD-ROM com imagem, som e hipertexto pode ser, no máximo, um arremedo das infinitas possibilidades sinestésicas sugeridas por um texto literário. Ou uma contextualização auxiliar, como a dos verbetes de uma enciclopédia.

Enquanto isso, na universidade, a reflexão teórica foi tomando o lugar do estudo dos textos literários. Depois do encantamento pelo estruturalismo e pela semiótica, logo transformados em aplicação mecânica de modelos classificatórios, os universitários receberam, com um entusiasmo compreensível, mais filosófico e político do que propriamente estético, as propostas teóricas do pós-estruturalismo. A crítica do logocentrismo, o questionamento da verdade e da origem, assim como o processo do sujeito clássico, substancial e unitário, e a conseqüente proposta de descentramento, de liberação das margens e valorização da diferença, passaram a ocupar os professores de literatura e a fornecer-lhes um arsenal discursivo de prestígio acadêmico local e internacional.

As propostas dos teóricos pós-estruturalistas franceses — Derrida, Foucault, o último Barthes — foram lidas nos Estados Unidos de modo superficial, batizadas com o nome genérico de "desconstrução", e de lá reexportadas para as universidades de outros países. A "desconstrução", concebida e praticada por Derrida como uma crítica fina dos discursos idealistas do Ocidente, transformou-se, nos Estados Unidos, numa demolição grosseira e generalizada dos saberes anteriores, a serviço de posições "politicamente corretas" e de apoio às chamadas minorias. As boas intenções apregoadas também serviam, é claro, à criação de novas áreas de poder dentro das universidades.

Avaliadas a partir de posições ideológicas, as obras literárias foram afogadas na enxurrada dos "estudos culturais", que têm pouco de estudo e pouco de cultural, por recorrerem a um ecletismo não interdisciplinar mas adisciplinar, e por se aplicarem a objetos cujo valor é indeterminado. O resultado dessa tendência foi nocivo para os estudos literários, porque redundou no questionamento dos valores estéticos e cognitivos das obras e no nivelamento da prática literária com outras práticas culturais, dentro das quais ela perde sua especificidade e até mesmo sua legitimidade. As brechas abertas pela "desconstrução" foram aproveitadas por professores de literatura que não gostam de literatura, mas estão interessados em outras coisas: sociedade, ideologia, política, enfim, tudo o que, na literatura, aparece de forma indireta e refratada, e que agora se pretende atingir *por meio dela*, como se os textos literários fossem meros documentos e discursos apenas referenciais.

Reduzidas a essa condição de discurso entre outros, as obras literárias perderam qualquer privilégio com relação a outros tipos de texto. A própria noção de texto alargou-se para abrigar até mesmo as manifestações não verbais. Desinteressados daquilo que é específico da prática literária, e numa atitude de complacência para com o meio ambiente, muitos professores de literatura passaram a cuidar de manifestações paraliterárias da comunicação de massa. Evidentemente, todas essas manifestações merecem estudo, mas o problema é que elas começaram a tomar o lugar antes ocupado pelos textos literários nos currículos e nas aulas. As intenções expressas pelos novos professores de literatura são aparentemente louváveis: levar os alunos à descoberta do prazer de ler, liberar sua criatividade. Mas se o "prazer de ler" é concebido como facilitação e adesão ao gosto médio do público, e se a liberação da criatividade se dá sem a prévia e concomitante consolidação de uma bagagem cultural, e sem o desenvolvimento da capacidade crítica, os resultados são ou inócuos ou lamentáveis.

Mais grave do que isso, para o ensino da literatura, foi o questionamento do cânone ocidental em nome do "politicamente correto", que resultou em censuras e exclusões nos currículos escolares. Ora, mesmo quando não assume esse aspecto inquisitorial (puritano) que assumiu nos Estados Unidos, a reformulação dos currículos, à luz das questões ideológicas atuais, resulta em abrir espaços para a inclusão de representantes de classes, etnias e gêneros sexuais particulares, empurrando para fora (tanto em função do princípio da escolha como em função da simples falta de tempo no calendário escolar) as obras menos exemplares para essas posições ideológicas, isto é, aquelas que "não passam de obras de arte"; ou, pior, aquelas que se propõem como arte, atividade considerada pelos "culturalistas" como idealista, eurocêntrica, anacrônica e ideologicamente suspeita.

Defender o cânone ocidental ou o nacional pode parecer (e muitas vezes é) uma posição conservadora. Entretanto, se considerarmos que o "cânone" é apenas uma tábua de referência de determinada cultura (por acaso, a nossa), e que os currículos escolares, até segunda ordem, devem permitir aos alunos o conhecimento de sua própria tradição cultural, assim como a de outras culturas, não estaremos defendendo o cânone, mas apenas permitindo o acesso ao mesmo. O cânone, como outras tábuas de referência de nossa cultura, não é um repertório imóvel e sagrado; está sujeito a transformações, em nome de valores que mudam segundo as épocas, e que é preciso sempre revisar, reformular, reinventar, por meio de um juízo reflexivo e da busca de um consenso ampliado. A alegação pós-moderna da relatividade dos valores (como se isso fosse uma descoberta recente) é levada até o extremo da negação de qualquer valor, mesmo que provisório ou transitório.

Ora, a abolição pura e simples dos repertórios culturais só pode resultar em descultura, e a descultura não necessita do apoio das instituições de ensino. Os jovens não precisam ser introduzidos na descultura global; estamos todos imersos nela. Aquilo de que os jovens precisam é de cultura, a qual é sempre conhecimento de uma tradição, condição mínima até mesmo para a contestar e renovar. E o acesso dos jovens à cultura é uma responsabilidade dos professores (afirmação ou óbvia, ou antiquada, segundo o ponto de vista).

A literatura, tal como a entendemos desde o início da modernidade, não é ensinável. Mas a leitura literária não apenas pode ser ensinada como necessita de uma aprendizagem, e é por isso que os professores de literatura ainda existem. O conhecimento aprofundado das obras nas quais cada língua atingiu o máximo de suas potencialidades expressivas e sugestivas é o que garante o prosseguimento da atividade literária, quer do lado dos leitores, quer do lado de futuros e eventuais escritores. Se os professores negligenciarem a tarefa de mostrar aos alunos os caminhos da literatura, estes serão desertados, e a cultura como um todo ficará ainda mais empobrecida.

O mestre da crítica brasileira, Antonio Candido, fez uma vez uma conferência na qual defendia o direito à literatura como um dos direitos humanos. Isso me parece não apenas verdadeiro, mas oportuno como tática. No momento atual, em que todos pretendem defender alguma causa minoritária, a defesa de uma disciplina tão ameaçada é uma boa causa que os professores de "literatura literária", essa corporação quase extinta, deveriam adotar. A manutenção do ensino da literatura não deve (nem pode mais) ser defendida com argumentos apriorísticos, mas com base em seus benefícios. Segundo Antonio Candido, a literatura deve ser ensinada porque atua como organizadora da mente e refinadora da sensibilidade, como oferta de valores num mundo onde eles se apresentam flutuantes.

A esses argumentos, podemos acrescentar outros, que são decorrentes: a obra literária é sempre uma leitura crítica do real, mesmo que essa crítica não esteja expressa, já que a simples postulação de uma outra realidade coloca o leitor numa posição virtualmente crítica com relação àquilo que ele acreditava ser o real. E, finalmente, a escrita e a leitura literárias são exercícios de liberdade: liberdade no uso da linguagem, esclerosada e estereotipada no uso cotidiano, e liberdade do imaginário, oposto a uma suposta fatalidade da história.

Mas, para que o ensino literário continue dando seus frutos, é necessário que o professor, antes do aluno, continue acreditando nas virtudes da literatura. Se o próprio professor não confia mais no objeto de seu ensino, e não faz deste um projeto de vida, é melhor que escolha uma profissão mais atual, menos exigente e mais rentável.

Pastiches críticos*

Antes de começar uma tese de literatura, é conveniente que o candidato escolha algum dos estilos disponíveis na praça. Para orientar o neófito nessa árdua tarefa, darei alguns exemplos de estilos críticos, aplicados aqui à frase inicial de *O Ateneu* (1888). A escolha deve ser feita em função das preferências do Orientador e, se possível, da futura banca. Qualquer engano a esse respeito pode ser fatal.

A frase é a seguinte: "Vais encontrar o mundo, disse-me meu pai, à porta do Ateneu. Coragem para a luta" (Raul Pompéia, *O Ateneu*, ed. Afrânio Coutinho, Rio de Janeiro, Civilização Brasileira/OLAC, 1981, p. 29).

* *Nicolau*, ano VII, nº 50, Curitiba, Imprensa Oficial do Paraná, 1993, e *Terceira Margem*, Revista da Pós-Graduação em Letras da UFRJ, ano II, nº 2, 1994. Acrescentei aqui mais um tipo de crítica, pelo fato de tê-la visto efetivamente aplicada ao *Ateneu*.

1. NARRATOLOGIA

A narrativa começa por um discurso direto, proferido pela personagem pai. Mas o narrador é a personagem filho, indiciado pelo possessivo *meu*. Trata-se, portanto, de um narrador representado, pessoal e participante, embora por enquanto imóvel e de boca calada. A função da personagem pai é a de sujeito do discurso, e a do filho, de receptor do mesmo. As qualidades da personagem pai são a sabedoria e a virilidade. As do filho, ainda não sabemos, porque ele ainda não disse nem fez nada. A identificação estabelecida no diálogo-monólogo do pai (mundo = Ateneu = luta) é um índice premonitório da ação futura da narrativa. Em suma, já dispomos de elementos suficientes para desconfiarmos de que quem manda é o pai, e de que o filho vai participar pessoalmente de várias seqüências de ação interessantes para ele, como narrador, mas bastante desagradáveis, como personagem.

2. ESTUDO DOS *INCIPIT* ROMANESCOS

A primeira tarefa do romancista é a de começar o texto, de designar seu ponto de partida e, portanto, de realizar a passagem para um novo espaço lingüístico que exige uma confrontação com o arbitrário, ligado à origem do discurso e ao ato de começar. Antes do texto, havia um espaço de não-texto, que não deve ser confundido com o nada. É um espaço de não-dito que cessa de existir quando começa o dito, isto é, o dito cujo romance. A partir daí, como veremos, o escritor enfrentará o problema de continuar, não menos árduo do que o de começar. É importante que se distinga o estudo dos *incipit* do estudo do peritexto, tão urgente e fascinante quanto o primeiro. Sem falar do paratexto, cuja análise nos levaria muito longe do *incipit*, do texto propriamente dito, de Raul Pompéia, distraindo-nos de nosso objeto de análise.

3. CRÍTICA PSICANALÍTICA LACANIANA

A fala inaugural do romance é a fala do Pai, a palavra da Lei. Se o Outro é o lugar do significante, o enunciado de autoridade não tem outra garantia senão sua própria enunciação, já que é inútil buscá-lo em outro significante, o qual não existe fora desse mesmo enunciado. Aquele que aí toma a palavra é o Legislador, isto é, o impostor. O legislador ocupa realmente o lugar do Outro, a saber, o lugar da Mãe. O *grande A* do Ateneu toma o lugar do *pequeno a* objeto do desejo, que estará doravante sujeito à Lei, à castração. O significante *Ateneu* pode então ser lido como aquilo-a-que-se-atém-o-eu, ou o que o eu teme e que designaremos doravante por *o atemeu*. Em tempo: os que contestam essa análise do texto estão manifestando uma resistência e recalcando algo. E, quanto mais denegarem, mais se entregarão. E não me venham dizer que o discurso psicanalítico é tão autoritário quanto o do pai do narrador, porque essa contestação será imediatamente analisada como sintoma.

4. CRÍTICA SOCIOLÓGICA MARXISTA

Numa sociedade fundada sobre a injustiça social e sustentada pela ideologia, isto é, a inconsciência do sujeito com relação a suas reais condições de existência, a palavra do pai é a palavra de má-fé característica do burguês. Ao ingressar no aparelho repressivo de Estado que é o Ateneu, o menino Sérgio se verá prisioneiro da classe dominante a que pertencem seu pai, os professores e todos os alunos do liceu. A luta que lhe é anunciada é a disputa pelo poder escorado no capital; mas a luta real é a luta de classes, que se trava fora dos muros da instituição. A verdadeira coragem é a do proletariado, excluído do Ateneu, e a ele a História dará a vitória. O discurso do pai é um discurso fora do lugar, porque não leva em conta a real situação do país, monarquista, escravagista e falsamente liberal, naquela data. Em tempo: todos os que afirmam o contrário são formalistas e reacionários.

5. CRÍTICA GENÉTICA (ESTUDO DOS MANUSCRITOS)

O prototexto da primeira frase de *O Ateneu* apresenta uma variante de grande interesse. No prototexto, lê-se: "disse meu pai à porta". A mudança para "disse-me meu pai, à porta" é extremamente significativa. Na variante, não se sabe a quem o pai dirigia sua fala. Poderia tê-la dirigido a outro menino que não o filho, e que ali também se encontrasse. A presença ou ausência da vírgula também altera profundamente o significado do texto. Sem a vírgula, o leitor poderia pensar que o pai está falando com a porta, o que o induziria a grave erro quanto à saúde mental da personagem. A correção introduzida por Raul Pompéia mostra seu extremo cuidado com a precisão do enunciado, e demonstra que tal precisão não foi alcançada no primeiro impulso. O movimento seguido desde a primeira forma até a segunda pode ser assim representado, para maior clareza da exposição: prototexto → texto. Observação: todo texto tem um prototexto, exceto aqueles que não o têm, ou que foram escritos em computador. Felizmente, ainda não havia computador no tempo de Raul Pompéia e assim dispomos dessa riquíssima variante.

6. CRÍTICA SEMIÓTICA

A relação Pai-Filho-Ateneu é uma relação triádica de desempenho. O Ateneu é um objeto, transformado pelo pai em sin-signo provido de inúmeros quali-signos. A fala do pai funciona como Interpretante na relação do filho com o Ateneu. O livro *O Ateneu* contém numerosos hipo-ícones, isto é, imagens com qualidades de Primeiras Primariedades. Os signos iniciais do romance não são, entretanto, icônicos, mas simbólicos. A primeira sentença é assim primeira como sentença e como representamem. Ao mostrar ao filho a porta do liceu, o pai utiliza um indicador, que pretende colocá-lo em conexão real com o objeto. Entretanto Ateneu, nome próprio, é apenas um hipo-seme não indicador. Nada garante, portanto, que o filho tenha decodificado corretamente o signo Ateneu e, muito menos, o indicador seletivo universal "mundo". Aliás, do que é mesmo que estávamos falando?

7. CRÍTICA DESCONSTRUCIONISTA

Ao identificar o Ateneu ao mundo, o pai pressupõe um mundo provido de centro, isto é, de Verdade. O pai é o porta-voz da metafísica ocidental, um defensor do logocentrismo, um platônico inveterado. Na verdade, o Ateneu nada mais é do que uma construção substitutiva que, na ausência de centro ou origem, é mera produção de significação estabelecida mediante uma operação de diferença(s). Na ausência de um centro e de um sujeito essencial, qualquer interpretação dessa primeira frase de *O Ateneu* permanecerá sempre incompleta, não podendo jamais esgotar o objeto texto em sua totalidade. Assim sendo, nunca chegaremos à análise da segunda frase do romance e nosso estudo do mesmo permanecerá indefinidamente diferido. Felizmente, essa diferência pode ocupar as duzentas páginas necessárias para compor nossa tese.

8. CRÍTICA PÓS-MODERNA

Percebe-se imediatamente que *O Ateneu* não passa de uma narrativa moderna. Ao dizer ao filho que ele vai encontrar "o mundo", o pai se revela tributário de uma metanarrativa totalizante e legitimadora. Ao preparar o filho para "a luta", ele mostra que tem um projeto, o que é próprio das ilusões dos modernos. O pai se coloca, além disso, como um sujeito que não tem a menor dúvida de sua consistência (se o filho o contestar, levará um cascudo). Podemos, entretanto, propor uma leitura pós-moderna desse início de romance se supusermos que ele não é, de fato, o início de *O Ateneu*, mas apenas uma citação lúdica do mesmo, grafitada no muro de uma escola. Tal leitura não nos levará a nenhuma conclusão (as conclusões são velhas manias modernas), mas será voluntariamente superficial e irônica.

9. CRÍTICA FEMINISTA

Como a esmagadora maioria dos romances, *O Ateneu* é uma história de homens escrita por um homem. O livro começa com as palavras de um homem dirigidas a outro homem. Note-se que o próprio nome do liceu, Ateneu, é um nome próprio masculino e que designava, na antiga Grécia, um local de reunião de literatos do sexo dito forte. Esse universo masculino se anuncia como um palco de luta, um lugar agressivo, destituído de sensibilidade, de afetividade, de fluidez, qualidades femininas que têm sido exploradas pelo patriarcado para oprimir as próprias mulheres. Por isso é que nós, mulheres, devemos lutar contra todos os Ateneus, todos os pais, todos os filhos, e, portanto, exigir a retirada do romance de Raul Pompéia de nossos programas escolares e universitários.

10. CRÍTICA *GAY*

O "mundo" que o filho encontrará no Ateneu é, evidentemente, um mundo *gay*, já que se trata de um internato masculino. As mulheres pelas quais ele eventualmente será atraído na verdade não contam, e a "luta" do filho terá por objetivo "sair do armário". Aliás, o próprio Raul Pompéia...

Índice onomástico

ESTA OBRA FOI COMPOSTA PELA SPRESS EM MINION E IMPRESSA PELA PROL EDITORA GRÁFICA EM OFF-SET SOBRE PAPEL PÓLEN SOFT DA COMPANHIA SUZANO PARA A EDITORA SCHWARCZ EM OUTUBRO DE 2000